한국어 교원을 위한 쓰기 숙달도 평가 안내서

한국어 쓰기 평가론

한국어 교원을 위한 쓰기 숙달도 평가 안내서

한국어 쓰기 평가론

김성숙·정여훈·조인옥·한상미 지음

머리말

이 책은 한국어 쓰기 숙달도 평가를 현장에서 수행하는 원리와 방법에 대한 설명서이다. 최근 한국 문화가 세계적으로 확산되어 한국에 대한 관심이 증가하면서 한국어 학습자도 지속적으로 늘고 있다. 이에 따라 외국어, 혹은 제2언어로서의 한국어 숙달도를 객관적으로 평가받고자 하는 외국인이나 재외동포 수험자들이 늘어났고 이러한 변화는 한국어 능력 평가 시장에도 영향을 주고 있다. 이러한 흐름을 반영하듯 국내외에서 시행되고 있는 주요 한국어 능력 평가에서는 그간 평가 수행의 어려움으로 인해 실시하지 못했던 말하기와 쓰기 등 표현 영역의 숙달도 평가를 시행하고 있다. 이러한 일련의 현상은 세계 속 한국의 위상 변화와 함께 사회 각 영역에서 높아지는 한국어 표현 능력의 필요성과도 무관하지 않다.

연세대학교 언어연구교육원 한국어학당에서는 이와 같은 한국어 능력 평가에 대한 수요에 부응하고자 온라인 한국어 숙달도 평가 도구 개발 과제를 수행하여 어휘와 문법 지식의 이해를 비롯하여 쓰기, 말하기, 듣기, 읽기 영역의 숙달도를 평가할 문항을 다수 개발하였다. 연세대학교 한국어학당은 1959년 국내 최초의 대학 부설 한국어 교육기관으로 설립된 이래 60여 년에 걸쳐 세계 150여 개국의 18만여 외국인 및 재외동포 학생들에게 한국어를 가르치며 교육, 연구, 평가 관련 경험을 축적해 오고 있다.

이 책에는 연세대학교 한국어학당에 제출된, 온라인 한국어 숙달도 평가 도구 개발 과제 보고서에서는 미처 다루지 못한 내용이 실려 있다. 이 책은 쓰기 평가 관련 용어의 기본 개념과 평가 구성 요인에 대한 세부 고찰을 통해 연세대학교가 자체적으로 개발한 쓰기 문항이 무엇을 어떻게 평가하고자 하는 것인지를 이해하기 쉽게 설명하는 것이 주목적이다. 이를 위해 외국어 평가 유형 및 제2언어 교육 분야에서 통용되는 쓰기 능력의 개념, 한국어 쓰기 능력 평가를 위해 채점자가 숙지해야 할 주요 개념 및 내용을 살펴보고 한국어 쓰기 숙달도 평가 구성 요인, 채점 체계, 평가 기준, 평가 방법에 대해 구체적으로 설명하고자 한다.

쓰기 숙달도 평가가 듣기, 읽기 등 여타 이해 영역 평가에 비해 어려운 요인 중에는 쓰기 숙달도를 객관적으로 평가할 수 있는 전문 채점 인력의 부족과 이들의 훈련 및 관리의 어려움도 한몫을 한다. 이에 저자들은 한국어 쓰기 숙달도 평가를 준비하는 한국어 교원과 예비 교원 그리고 예비 한국어 평가 전문가를 위해 한국어 쓰기 숙달도 평가에 필요한 기초 개념과 평가 원리, 구체적인 채점 방법에 대해 사례를 들어 쉽게 설명하였다. 이 책의 내용이 한국어 쓰기 숙달도 평가를 수행하고자 하는 한국어 교원 및 예비 평가 전문가에게 도움이 되길 바란다.

2024년 8월 저자 일동

차례

[그림 차례]

[표 차례]

[자료 차례]

[1장]

쓰기 능력 평가의 요건

1. 쓰기 능력 평가의 필요성

2. 쓰기 능력 평가 연구의 필요성

3. 측정과 평가의 차이

4. 타당도의 종류

이 장에서는 한국어 쓰기 숙달도 평가를 수행하기 전에 채점자가 알아야 할 기초 지식 중에서 쓰기 능력과 측정, 평가의 개념에 대해 살펴본다. 그리고 고부담 평가의 결과를 타당화하기 위해 필요한 타당도의 종류에 대해 알아본다.

√ 글을 잘 쓸 수 있다는 것은 어떤 능력을 가리키는가?

√ 쓰기 능력 평가가 필요한 상황에는 어떤 것이 있는가?

√ 한국어로 글을 잘 쓰기 위해서는 어떤 지식이 필요한가?

√ 한국어 학습자의 쓰기 능력을 타당하게 평가하기 위하여 시험 시행 기관에서는 어떤 준비를 해야 하는가?

글은 인간이 세계를 해석하고 그 해석의 결과를 공유하는 다양한 방식 가운데 하나이다. 근대 이후 대중의 문자 생활이 보편화되면서 개인은 세계 속 개별 공동체의 구성원으로서 자신의 위치를 확인하고 공동체 안팎의 다른 구성원과 소통하려는 의도에서 다양한 장르의 담론(discourse) 텍스트를 생성해 왔다.

담론이란 특정 사회 집단에 속한 개인이 사고와 감정, 신념과 가치 등을 표현하여 대사회적으로 유의미한 역할을 수행 중임을 나타낼 수 있는, 특정 사회에서 공유되는 인공적 기표(artifacts)이다(Gee, 1996: 131). 이렇게 특정한 언어와 기호로 표상되는 특정 공동체의 인위적 담론 양식을 익히려면 일정 시간 이상 교육이 필요하다. 가정 및 일상생활에 필요한 일차적 담론 지식은 모국어 문식성이 성장함에 따라 자연스럽게 습득되지만, 학교나 직장, 종교 생활을 하는 데 필요한 이차적 담론 지식은 교육을 통해서만 학습된다(Freeman, 2007: 4).

한국어 학습자에게[1] 필요한 것은 이차적 담론 생성을 위한 기초적 혹은

1) 본고에서 지칭하는 '한국어 학습자'란 한국어를 제2언어나 외국어, 이중언어로 학습하는 재외교포 및 동포, 외국인을 포괄하는 개념이다. 한국어 학습자 가운데에는 입양, 이민, 이주, 파견 등 이유로 한국어를 유창하게 구사하지 못하는 재외동포가 많다. 이들은 '내국인'과 상대적인 개념으로 쓰이는 '외국인'이라는 개념에서 '국외자'라는 배타적인 느낌을 받기도 한다. 따라서 성인이 된 이후 여러 가지 이유로 한국어를 제2언어나 외국어, 상속어(heritage language)로 배우는 학습자 집단을 객관적으로 지칭하기 위해 '한국어 학습자'라는 개념을

고급의 쓰기 능력이다. 기초적인 쓰기 능력은 단기간의 집중적인 학습을 통하여 익힐 수 있지만 모국어 화자도 공적 편지, 보고서, 논문처럼 특수한 사회·문화적 배경을 가진 전문적인 담론에 관해서는 해당 장르가 유통되는 환경에 대한 기본적 문식성이 없을 때 표현과 이해가 모두 쉽지 않다. 일반적으로 대학생이라면 정보를 해독하여 주장을 전개하는 일정 수준의 문식성이 있을 것으로 기대하지만, 국내 대학에 등록한 모든 대학생이 고른 수준의 학술적 문식성을 갖추고 있는 것은 아니다.[2] 한국어 능력 4급 이상이라는 입학 자격 요건을 충족하고 대학에 들어와서 교양 및 전공 수업을 듣는 학생들의 학술 과제 수행 능력은 그 편차가 매우 크다.

COVID19 이후에는 기존 학문 목적 유학 인구에 더하여 한국 문화에 대한 관심 때문에 취미로 한국어를 배우기 시작하는 일반 목적 학습자도 크게 늘었다. 언어 간 번역 및 통역을 돕는 인공지능 기술이 획기적으로 발전하는 것을 보고서 외국어 학습의 무용론을 제기하는 사람도 있으나 사람과 사람 사이의 의사소통은 단순 언어적 차원의 번역이나 통역을 넘어서는, 감정의 교류 행위이다. 특히 한국어는 화용적, 사회문화적 함의가 고도로 발달한 언어여서 자동 번역이 어려운 언어군에 속한다. 다음 대화 맥락을 기계적 번역에 의존하여 반응한다면 어떻게 될지 생각해 보자.

가: 도와줘서 정말 고맙다. 나: 고맙긴. 너 그렇게 말하면 나 진짜 섭섭하다.	A: Thank you so much for your help. Me: Thank you. I feel really sad when you say that.

사용하였다. 제2언어란 학습자의 모국어는 아니지만 사회생활을 위한 의사소통 수단으로 해당 국가나 문화공동체에서 널리 사용되는 언어를 말한다. 유학생이 한국에 와서 사용하는 한국어도 본인의 제1언어는 아니므로 제2언어로 볼 수 있다.

2) 미국에서는 제2차 세계대전이 끝나고 여성과 노동자 계급이 대거 대학에 입학하는 한편, 유학이 보편화되면서 20세기 전반까지 거의 동질했던 대학생 집단의 성격이 달라졌다. 이 이질적인 학부생 집단이 대학에 적응할 수 있는 방법론을 찾기 위한 고민의 결과가 광범위한 ESL 연구 성과로 축적된다.

한국어는 대단히 맥락 의존적인 언어이기 때문에 통사적으로 어휘나 문법의 사전적 의미를 완벽히 알아도 상황 맥락에 대한 이해가 없으면 의사소통에 성공하기 어려운 경우가 적지 않다. 4급 이상의 교육과정에서 관용표현이나 사자성어, 속담, 유행어 등에 대한 학습이 집중적으로 이루어지는 이유도 이 때문이다. 관광, 쇼핑, 취식 등 기초적인 의사소통을 수행할 학습 수준을 넘어섰다면 취업, 진학, 친교의 심화 등 전문적 목적의 의사소통을 위하여 한국어 화행(speech act)에 대한 학습이 필요하다.

정서적인 이유로나 뇌 건강 유지 등의 목적으로도 인간이 제2언어나 외국어를 사용하여 특정 상황에 적절한 의사소통을 하는 능력은 향후로도 오랫동안 필요할 것이다. 기계가 제공하는, 맥락이 배제되거나 제한된 맥락의 내용 전달에 머무르지 않고 한국어 어휘와 문법 및 화용적 지식 그리고 사회문화적 배경지식에 대한 이해를 바탕으로 주어진 맥락에 적절한 반응을 하는 것이 한국어 의사소통의 본질이기 때문이다.

1. 쓰기 능력 평가의 필요성

쓰기 능력에 대한 평가 결과는 진학이나 취업을 위한 선발 수단으로 쓰여 수험자의 장래에 결정적인 영향을 미치는 경우가 많다. 특히 대학(원)생이라면 한 학기 수업의 성취도를 주로 보고서 평가로 갈음하기 때문에 숙달된 학술적 쓰기 능력을 갖추는 것은 대학 생활의 성공을 좌우하는 관건이 된다.

해외 작문학 관련 연구에서도 학술 과제 수행의 성공 여부를 예견할 주요 요소로 학술적 쓰기 능력을 주목하였고, 이에 따라 미국은 2005년부터 SAT (Scholastic Aptitude Test)에 작문을 포함시켰다. TOEFL이나 IELTS 등 영미권의 대규모 평가에서도 2004년부터 작문의 비중이 높아졌으며 캘리포니아 대학의 제2언어 학습자를 위한 입학시험이나 미시간 대학의 영어능력자격시험을 비롯해 미국 내 여러 대학에서 작문은 중요한 입학 사정 수단으로 활용되고 있다(Constance, 2004: 2).

현재 외국의 대규모 학문 목적 언어 시험에서는 말하기, 듣기, 쓰기, 읽기의 4개 언어 기술을 표현 영역과 이해 영역으로 통합하거나 각기 평가하는 등의 다양한 방법으로 유학생의 대학 수학 능력을 측정하고 있다. 이 시험들은 직접 쓰기 평가 문항의 채점 척도를 명시함으로써 채점자와 수험자에게 타당한 평가 지침과 목표 숙달 수준을 제시한다.

그런데 대표적인 학문 목적 언어 능력 평가 도구인 미국의 TOEFL은 제2언어 학습자를 대상으로 한 시험임에도 문항 개발 초기에는 원어민의 언어 지식 검사 성취도에 기초해 준거를 설정하는 한계가 있었다.[3] 이후 학문 목적 영어 시험(TEEP, ELTS, IELTS)을 개발하면서도 이전부터 준거로 삼았던 원어민의 언어 지식수준에 대해서는 특별한 검토를 하지 않았다. 그 이유는 외국어 교육의 궁극적인 목적이 언어 학습자로 하여금 원어민의 이상적인 언어 수행 능력에 근접하도록 하여 의사소통에 장벽을 느끼지 않도록 만드는 것이라고 생각하였기 때문이다. 하지만 '이상적인 원어민의 말하기·듣기 평가 성취 수준'에 근거한 이상적인 언어 수행 능력이란 허구적 개념(Tim McNamara, 1996/2003: 263)이다. 외국어 평가 도구에서 상정하는 목표 숙달 등급은 외국인이 수행한 수준별 난이도를 계량하여 구체화한 결과여야 하기 때문이다.

이후 영어 교수법은 점차 자국의 문학과 문화를 일률적으로 강조하던 데에서 벗어나 상호 문화 존중의 관점에서 영어 학습자의 실제적 요구에 부응하는 언어 교육으로 전환되기 시작하였다. 그 과정에서 수험자별 목표 능력의 숙달도 편차를 반영해 표준화된 점수를 산출하는 쪽으로 영어 평가의 방향이 수정된다. 이는 문항반응이론에 근거해 수험자 수준과 문항 난이도를 표준화한 문제 은행을 구축함으로써 가능해진, 평가의 진전된 양태이다.

---

3) 1980년대까지 많은 외국어 평가 도구의 평정 척도는 원어민의 성취 수준을 기준으로 한다. 미국에서는 1950년대에 외교연구원(FSI, Foreign Service Institute)이 개발한 평정 척도를 써 왔는데 이는 원어민의 숙달도가 외국어 숙달도를 정하는 데 중요한 기준이 된다고 보는 심리측정학이 최고조에 달했던 시기에 만들어진 척도이다.

연세대학교 언어연구교육원에서도 2022년부터 1년 6개월 동안 CEFR과 ACTFL은 물론 국내외 각종 평가 관련 선행 연구를 검토하고 숙련된 교수자들의 경험적 지식 내용을 반영하여 한국어 쓰기 능력을 타당하게 평가할 온라인 한국어 숙달도 평가 도구 및 채점 기준을 개발하고 2023년 2월 25일 제1회 평가자 양성 워크숍을 시행하였다. 문항반응이론의 통계적 방법과 델파이 방법의 질적 연구를 통해 구인을 설계한 채점 기준표[4]에 근거해 제1회 모의평가를 수행하였고 그 결과를 채점하여 채점자 양성 워크숍을 위한 실습 자료를 확보하였다. 이와 같은 절차를 거쳐서 개발한 한국어 쓰기 능력 평가 도구 및 채점 기준을 소개하여 전문적인 쓰기 평가자 양성에 기여하고자 하는 것이 이 책의 목적이다. 국제적으로 통용 가능한 1~6 등급의 언어 숙달 체계로써 한국어 학습자의 쓰기 능력을 타당하게 측정할 평가 문항과 채점 준거 및 점수 배점 기준을 소개하고 실제 교실 현장에서 다양한 목적으로 사용하는 데 참고할 자료를 제시하고자 한다.

2. 쓰기 능력 평가 연구의 필요성

2006년부터 학문 목적 한국어 학습자의 쓰기 지도에 관한 연구는 활발히 진행되고 있지만 쓰기 평가 준거 관련 연구는 그리 많지 않다(강현화, 2010: 70). 2023년 이후 국립국제교육원이 IBT TOPIK(인터넷 기반 한국어능력시험)을 시행하고 쓰기와 말하기 평가가 본격화되면서 2024년에는 TOPIK이 CEFR(유럽공통참조기준)에 비추어 타당한 평가 도구인지를 검증하는 연구가 있었고 세종학당재단이 실시하는 SKA(세종한국어평가)가 국제 표준에 부합하는 평가

4) 평가 준거의 개념으로 쓰이는 채점 기준(rubric)은 붉은색을 의미하는 라틴어 ruber에서 유래하였다. 중세에 rubric은 미사 전례나 재판 진행을 돕기 위해 빨간색으로 적은 지침을 의미했고, 그래서 지금도 rubric은 수행 평가나 프로젝트, 쓰기 시험 등 수험자가 주관적으로 답안을 작성하는 평가 국면에서 평가자가 참조할 만한 권위 있는 채점 기준을 뜻한다.

체계임을 검증하는 연구도 수행되었다. 영어 말하기 능력 평가(OPic) 준거로는 ACTFL의 초심자(초·중·고급), 중급자(초·중·고급), 상급자(초급) 등 7단계 기준이 있지만 영국 영어와 중국어를 비롯하여 국가 수준의 언어 평가 등급은 대부분 CEFR의 6단계로 수렴되는 추세이다.

한국어능력시험의 쓰기 능력을 국제적으로 표준화할 객관적 지표가 없었기 때문에 대학에서는 전공별로 유학생의 학술적 문식성에 개인차가 큰데도 수준별 분반 수업을 진행하기 어려웠고, 특례 입학반이나 기초 글쓰기 수업 등으로 분반 수업을 개설해도 해당 수업의 차별화된 목표를 구체적으로 실현하기가 어려웠다. 따라서 TOPIK과 SKA가 전 세계적으로 통용되는 CEFR 기준과 맞는지를 확인하는 것은 꼭 필요한 연구였고 이제 교육 현장에서는 학습 목표에 CEFR 연계 기준을 명시해야 할 것이다.

이처럼 한국어능력시험이 국제 기준에 부합하는 준거 체계를 갖추었다고 해도 이를 어떻게 수행할 것인가는 별개 문제이다. 보통 쓰기 수행은 텍스트라는 읽기 결과물을 산출하기 때문에 문어적 표현 능력을 위주로 평가되곤 한다. 또 이러한 문어적 표현 능력은 어법의 숙달도와 함께 언어학적 지식에 포함되므로 쓰기 능력은 자주 언어학적 지식수준과 혼동되기도 한다. 그러나 국내 인문계 고등학생의 쓰기 지식과 쓰기 수행 간 상관(0.4 미만)을 조사한 박영민(2009: 191)은 양자 간 인과 관계를 추정하기 어렵다고 밝혔다. 내국인의 쓰기 지식도 쓰기 수행에 인과적 영향을 미칠 수 없다면 한국어 학습자의 쓰기 지식을 측정하여 쓰기 수행 능력을 평가하는 현행 대학 부설 한국어교육기관의 어휘, 문법 수준 성취도 평가 방법은 재고되어야 한다. 체계적인 쓰기 능력 평가 연구가 필요한 이유는 다음 세 가지로 정리할 수 있다.

첫째, 대학 글쓰기 수업에서뿐만 아니라 유학생의 입학 전 한국어 교육을 담당하고 있는 국내 각 언어교육기관의 의사소통 중심 한국어 쓰기 교수요목에도 표현 기능과 텍스트 조직 범주, 내용 체계 간에 급별 연계성이 적고 쓰기 텍스트의 등급별 위계성이 부족하다. 대개 교육과정은 반복과 심화를 통한 위계적 구조의 나선형 원리를 기반으로 한다. 하지만 현재 일반 목적 한국어 교육과정에서 쓰기 영역은 해당 급에서 숙달해야 할 어휘와 문법 표현 위주여서 수준별 텍스트의 조직 방식 등 절차적 지식을 충분히 교수하지 못하고 있다. 이로 인하여 구체적 텍스트에 기반한 실제적 수행 능력을 평가하는 대신 어휘와 문법의 이해도로써 쓰기 성적을 갈음하곤 한다.

둘째, 그동안 대규모 한국어능력시험에서 직접 쓰기 평가에 적용된 채점 기준은 소수 전문가 집단의 직관이나 숙련된 경험에 의거해 수립되는 경우가 많았다. 물론 평가자의 직관과 경험도 평가 도구를 개발하여 시행하는 과정에서 중요한 역할을 한다. 그러나 이론과 실제 양 측면에서 타당한 평가 기준을 정립하기 위해서는 직관적 연구에 대한 양적 연구의 검증 절차가 뒷받침되어야 한다. 구체적인 채점 기준표가 타당하게 마련되었다면 이를 바탕으로 전문적인 채점자 양성을 위한 교육 워크숍을 정례화할 필요가 있다.

셋째, 유학생이 학술적 과제를 성공적으로 수행하도록 준비시키는 대학 기초 글쓰기 수업의 교수요목 설계와 수준별 분반 운영에도 한국어 쓰기 능력 평가 연구는 도움을 줄 것이다. 대학의 담론 규범에 맞게 전문적인 내용을 논증하는 학술 과제를 수행할 때, 일반 목적 한국어 교과과정을 이수하고 바로 대학에 들어온 유학생이 느끼는 인지적 부담은 상당히 크다. 학술 담론 텍스트는 여타 담론 장르와 다른 양식적 특성이 있기 때문에 모국어 화자라도 그 세부 규범을 배우지 않으면 전문 독자의 요구에 부응하는 수준으로 써내기가 어렵다. 한국어 쓰기 능력에 대한 국제 통용 준거 및 등급 설정, 이를 기초로 한 평가 도구 개발 및 시행 관련 연구는 학습자와 교수자 전체에 한국어 쓰기 능력의 타당한 목표 숙달 수준을 제시함으로써 다양한 상황의 과제를 수사적으로 성공시키는 데 기여하게 될 것이다.

3. 측정과 평가의 차이

평가(evaluation)란 학습자의 기술, 지식, 능력을 표집하고 관찰하여 가치를 부여하는 모든 종류의 방법을 포함하는 것으로, 측정(measurement)이나 검사(testing)보다 광범위한 개념이다. 일반적으로 평가의 본질은 판단을 염두에 둔 것으로 가치(value)에 근거한 결정을 내리는 것이다. 한편 측정은 어떤 실재에다가 특정한 규칙을 적용해 측량 가능한 수적 가치를 부여하는 것으로 평가의 한 방법에 속한다. 하지만 모든 평가가 측정을 포함하는 것은 아니며, 어떤 경우는 숫자로 나타내기 어려운 평가 결과도 있다. 많은 연구자들은 평가를 통해 심사와 결정, 즉 사정이 이루어진다고 보고 평가와 사정을 혼용하기도 하는데, 교육기관에서 '사정'은 해당 교과목의 전반적 운영과 관련된 개념이다. '사정'은 개별 학습자가 무엇을 배웠는가와는 다른, 행정적 차원의 접근인 것이다. 즉, 평가(評價, evaluation)는 대상이 가진 장점을 판단해 그 가치에 해당하는 값을 결정하는 절차이고, 사정(査定, assessment)은 그 평가 결과를 해석해 실무 행정에 적용하는 과정을 말한다. 따라서 타당한 절차를 거쳐 수행된 평가 결과라야 관계자들의 사정 과정에 신뢰할 만한 지표를 제공할 수 있다.

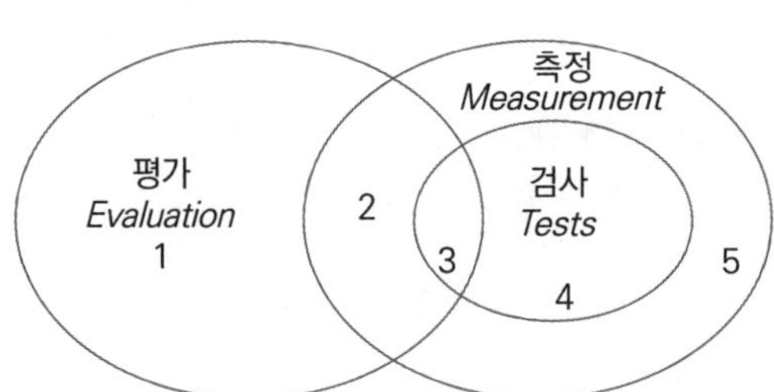

〈그림 1-1〉 평가의 개념도(Bachman, 1990)

바흐만(Bachman, 1990: 22~23)은 평가와 측정, 검사의 개념을 명확히 구분하기 위해서 〈그림 1-1〉을 제안하였다. 이 벤다이어그램의 1번 영역에서 이루어지는 평가는 글의 문제를 진단하여 보고서 하단에 상세한 설명을 덧붙이는 질적 평가를 가리킨다. 그리고 질적 평가와 양적 측정이 교차하는 2번 영역에서 이루어지는 평가는 산출된 텍스트에 순위를 매겨 성적을 부여하는 해석 행위이고, 3번 검사 영역에서 이루어지는 평가는 특정 커리큘럼 안에서 학생의 학습 능력이 얼마나 향상되었는가를 진단하는 성취도 평가나 준거 참조 절대 평가에 해당한다. 일반적으로 정의적, 인지적 영역은 직접 측정이 불가능한 잠재적 특성(latent trait)을 가지므로 공인타당도를 확보한 특정 검사 도구를 사용하여 이렇게 간접 측정할 수밖에 없다. 평가가 배제된 4번 영역의 검사(test)는 MBTI 심리검사지와 같이 특정 연구를 수행하는 연구자가 조사 목적으로 사용하는 측정 도구를 일컫는다. 한편 평가나 검사 개념이 배제된 5번 영역에서 이루어지는 측정은 모어 화자가 언어 연구를 위해 주제별로 특정 코드를 부여하는 맥락과 같이 조사 결과를 질적으로 범주화하고자 구획을 정하고 분류하는 작업에 해당한다.

이 책에서 함께 방법론을 검토하고자 하는 한국어 쓰기 평가는 3번 영역에 속한다. 즉, 한국어 학습자가 가진 한국어 쓰기 능력 수준을 유럽공통참조기준(CEFR) 등 공인된 준거 기준에 따라 측정한 뒤 그 숙달 정도를 타당한 양적 범주로 구획하는 작업이다. 이러한 측정 평가의 목적은 수험자의 쓰기 능력을 타당하게 평가하여 수준별 학습 콘텐츠를 맞춤 제공하기 위함이다. 한국어 쓰기 수준에 대한 양적 평가 결과가 타당하게 축적되면 신뢰할 만한 쓰기 자동 채점의 시기도 앞당기게 될 것이다.

4. 타당도의 종류

타당도란 평가 도구가 의도한 내용을 제대로 측정하고 있는가를 판단하는 것으로, 검사 점수와 수험자의 응답 간 상관 정도와 관계가 있다. 메식(Messick, 1995)은 '타당도란 검사 점수의 해석과 그에 따른 실천이 얼마나 적합한지를 이론적 근거와 경험적 증거로써 해석하는 종합적인 판단'이라고 정의한다.

그가 제안한 내용(content), 실제(substantive), 구조(structural), 결과(consequential), 외적 준거(external), 일반화(generalize) 등에 기초한 타당도 개념은 FACETS 프로그램의 다국면 라쉬 모형에서 다음과 같이 적용된다.[5] 먼저 검사 내용에 기초한 타당도(The content aspect of validity)를 검증하기 위해서는 검사 내용에 정통한 전문가 집단을 구성한 후 검사가 측정하고자 하는 내용을 개별 문항이 제대로 반영하고 있는지를 확인해야 한다. 설문을 통해 확보한 개별 문항의 평균 점수 또는 델파이 방법처럼 내용 전문가들이 검토한 의견의 일치 정도를 계량해서 검사 구인의 적절성을 검증할 수 있고, 다국면 라쉬 모형이 제공하는 각 평가 문항의 적합도 지수로도 내용 타당도를 검토할 수 있다.

둘째, 실제에 기초한 타당도(The substantive aspect of validity)는 수험자의 문항 반응 형태가 문항 개발자의 의도와 어느 정도 상관이 있는가를 알아보기 위한 것이다. 즉, 실제 자료를 가지고 검사가 측정하고자 하는 요인과 수험자 반응의 일치 정도를 확인하여 개별 문항의 양질 정도를 판단한다. 다국면 라쉬 모형에서는 평정 척도 및 수험자의 적합도 지수, 수험자와 문항의 분포 양상을 통해 확인할 수 있다. 한국어 쓰기 텍스트에 대한 누적된 평가 결과로써 수험자 집단의 타당한 유형화를 위한 연구를 지속해야 한다.

셋째, 내적 구조에 기초한 타당도(The structural aspect of validity)는 검사 점수가 검사가 의도하는 심리적 구인을 제대로 측정하고 있는가를 검증하는 개념이다. 구인(構因, construct)이란 '심리적 특성이나 행동 양상을 설명하기 위하여 존재를 가정하는 심리적 요인'이라 정의된다. 따라서 구인 타당도를 검증하기 위해서는 먼저 구인에 대한 정의를 내리고 가설을 설정한 후 그 가설을 경험적으로 실증하고, 실증된 결과를 해석하는 절차를 따른다(성태제·

---

5) 1980년대 이후 문항반응이론은 문항 특성의 분석, 수험자 능력 추정, 평가 척도와 언어 능력 측정 기준표 개발 및 검증, 문제은행에 근거한 검사지 제작, 검사지 난이도의 균질화, 편파성 문항 추출 그리고 컴퓨터 기반 검사를 개발하는 데 유용한 연구 방법으로 광범위하게 사용되었고 영어 능력 평가 분야에서 관련 연구 논문이 점증하고 있다(Linacre, 1989, 2005; Lunz & Wright & Linacre, 1990).

시기자, 2006: 169). 요인 분석 방법으로도 이 구인 타당도(construct validity) 검증이 가능한데, 다국면 라쉬 모형에서는 응답 반응 간 상관관계 또는 측정 모형의 적합한 정도로써 구인 타당도를 검증한다.

넷째, 검사 결과에 기초한 타당도(The consequential aspect of validity)는 검사 점수 결과의 공정성과 관련된 개념이다. 이는 수험자가 수행하기에 부적절한 내용 유무와 평가자가 핵심 내용을 간과해서 발생한 불합리성의 정도를 측정하기 위함이다. 다국면 라쉬 모형에서는 평가자의 일치성 정도를 분석함으로써 추정할 수 있다.

이제까지 평가 준거 및 척도를 개발하는 많은 연구에서 요인 분석 방법을 통해 구인 타당도를 검증해 왔으나, 1980년대 이후 요인 분석만으로는 일반화 가능도를 정확하게 검증할 수 없다는, 전통적인 통계 방법의 한계가 지적되었다. 요인 분석에 의해 검증된 척도가 다른 문화권에 번안되어 사용되기도 하고, 척도 개발 때 응답했던 대상 집단과는 성격이 다른 집단에게 그 척도를 활용하게도 되는데, 이렇게 수험자가 달라질 경우 중범주 이하의 차원에서 적절한 문항 수나 난이도를 검증하기 어렵기 때문이다. 따라서 요인 분석 방법으로 구인된 문항들이라도 그 문항의 적합도와 난이도를 정확하게 확인하여 일반화하기 위해서는 또 다른 통계 방법의 검증이 필요한데, 여기에 적합한 연구 방법이 바로 문항반응이론에 기초한 다국면 라쉬 모형이다.

라쉬 이론은 피험자 능력과 과제 난이도로써 피험자의 과제 수행 정도를 확률적으로 추정하는 문항반응이론이다. 리나크레는 이 기본 공식에다가 평가자의 엄격성 변인을 포함시킴으로써 과제 난이도 및 평가자의 엄격성 편차로부터 비교적 독립적으로 피험자 능력 모수치를 추정해낼 수 있는 Facets 모형을 개발하였다.

다국면 라쉬 모형을 기초로 FACETS 프로그램을 만든 리나크레(Linacre, 1989b)는 과제와 평가자로 인한 변량이 전체 점수의 1/3~2/3 정도를 차지하며, 이는 수험자 능력으로 인한 점수 차이와 같을 정도로 심각한 비중임을 지적하였다. 개별 평가자의 독특한 특성이 평정 변량의 상당한 원인이 된다는 것이다. 그동안 훈련을 거쳐 이 '바람직하지 않은' 특성을 제거하려고 노력해 왔으나 이러한 차이를 제거하는 것이 바람직한가 또는 가능한가에 대해서도 의문의 여지가 있었다. 그러므로 평가자 훈련의 최대 목표는 평가자 내 일관성을 확보하여 평가자 특성에 대한 통계적 모형화가 가능하게 하는 것이고, 그 이상의 변량에 대해서는 복수 평정이나 평균 점수, 혹은 다국면(多局面) 분석과 같은 방법을 써서 조정할 필요가 있다(McNamara, 1996: 178).

다국면 라쉬 모형을 써서 검사 도구를 개발할 경우 서열 척도인 수험자의 반응이 로짓(logit)이라는 등간 척도로 전환되므로 보다 객관적인 척도를 제작할 수 있다. 로짓 추정치는 다음과 같은 점에서 유용하다. 첫째, 문항의 상대적 난이도를 알 수 있다. 둘째, 난이도가 중복적이거나 적합도가 떨어지는 문항을 선별할 수 있다. 셋째, 개별 문항이 측정하고자 하는 개념을 높은 수준부터 낮은 수준까지 고루 다루는지 파악할 수 있다. 넷째, 임의로 정한 척도 구분이 적절한지 평가할 수 있다. 이러한 장점들로 인해 다국면 라쉬 모형은 최근 평가 관련 연구에서 폭넓게 활용되고 있다.

헨닝과 데이비슨(Henning & Davidson, 1987)의 연구는 다국면 라쉬 모형을 적용해서 ESL 쓰기 수행 평정 척도의 특징을 연구한 최초의 논문이다. 헨닝과 데이비슨은 캘리포니아 대학교의 작문 수업에서 5점 척도의 5개 평가 준거 영역으로 ESL 대학생이 작성한 글을 채점하고 다국면 라쉬 모형을 사용하여 각 문항의 난이도와 그에 따른 쓰기 능력 추정 오차 및 문항 적합도 통계치를 추출하였다. 분석 결과 각 평가 영역은 총점과 유의미한 상관이 있었고, 이후 이 연구는 ESL 쓰기 능력 측정 도구 제작 시 각 평가 영역의 점수를 합산하는 것에 대한 논리적 근거를 제공하였다. 이 연구에서 문항의 난이도는 기계적 오류(mechanics), 표현(expression), 구조(structure), 조직(organization), 내용(content) 준거 순으로 점차 어려워졌으며, 따라서 어법상 오류를 개선하는 것보다는 내용을 논리적으로 전개하는 것이 ESL 학습자에게 더 어려움을 확인하였다. 연세대학교 한국어학당이 개발한 문제은행은 이러한 선행 연구 결과를 반영하여 채점 기준표를 작성할 때 내용의 적합성 여부를 제1요인으로, 담론 구조와 관련된 조직 영역 지식을 제2요인으로, 표현 관련 지식을 제3요인으로 설계하였다.

다음은 다국면 라쉬 모형을 이용한 연구의 결과 데이터 중 일부이다.

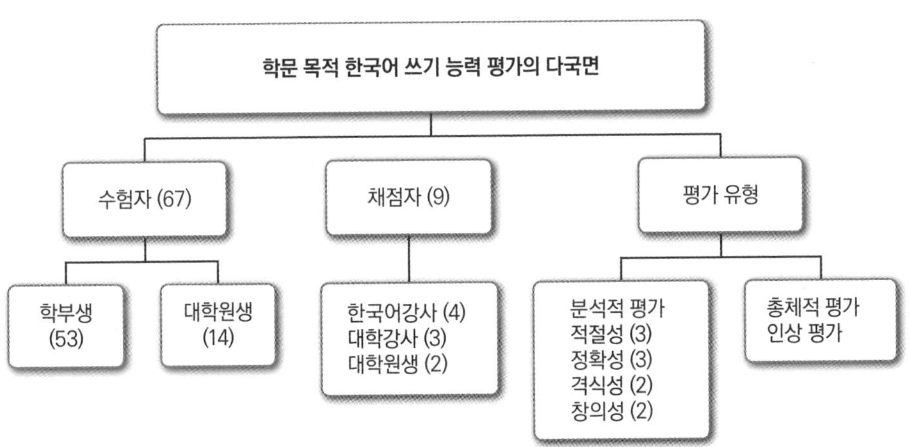

〈그림 1-2〉 학문 목적 한국어 쓰기 능력 평가의 다국면 모형(김성숙, 2011: 96)

```
Vertical = (1N,1*,2A,3A,4N,S) Yardstick (columns lines low high extreme)= 0,4,-2,3,End
+----------------------------------------------------------------------------------------------------+
|Measr|+Examinee                                              |-Rater          |-Scoring method |Scale|
|-----+-------------------------------------------------------+----------------+----------------+-----|
|   3 +                                                       +                +                + (3) |
|     | 59                                                    |                |                |     |
|     |                                                       |                |                |     |
|     |                                                       |                |                |     |
|   2 + 54 63 67                                              +                +                +     |
|     | 58                                                    |                |                |     |
|     | 60 65                                                 |                |                |     |
|     |                                                       |                |                | --- |
|   1 + 22                                                    +                + 6              +     |
|     | 25 42 43 45 57                                        |                | 3              |     |
|     | 2  8  9  49                                           |                | 1              |  2  |
|     | 4  12 17 19 20 21 23 24 31 38 39 41 47 50             |                |                |     |
*   0 * 3  5  18 28 30 32 35 37 44 48 56 64                   * F              * 8  11          * --- *
|     | 6  13 15 16 27 29 33 34 40 61 62 66                   | A B C D E G H  | 2  4  5  7  9  |     |
|     | 1  7  10 11 36 51 52                                  | I              |                |  1  |
|     | 14 46                                                 |                |                |     |
|  -1 + 26 53                                                 +                +                +     |
|     | 55                                                    |                |                | --- |
|     |                                                       |                | 10             |     |
|     |                                                       |                |                |     |
|  -2 +                                                       +                +                + (0) |
|-----+-------------------------------------------------------+----------------+----------------+-----|
|Measr|+Examinee                                              |-Rater          |-Scoring method |Scale|
+----------------------------------------------------------------------------------------------------+
```

〈그림 1-3〉 학문 목적 한국어 쓰기 능력 측정 단면의 분포도(김성숙, 2011: 96)

다국면 라쉬 모형을 참조하면 수험자 능력, 채점자 엄격성, 문항 난이도 등을 상대적으로 고려하여 특정 채점자가 특정 문항에 대하여 특정 수험자의 응답에 부여할 점수를 수학적으로 예측할 수 있다. 〈그림 1-3〉은 FACETS 프로그램을 이용하여 김성숙(2011)의 연구에 참여한 수험자의 능력, 채점자의 엄격성, 평가 문항과 척도의 난이도를 수평적으로 비교한 결과이다.

FACETS 프로그램을 이용한 다국면 라쉬 모형에서는 특정 문항에 대해 특정 평가자가 평가할 경우 특정 수험자가 성공할 확률의 척도 등 평가에 영향을 미치는 세부 국면 정보를 로짓(logits) 단위(〈그림 1-3〉의 왼쪽 제1열)를 써서 한 평면에 제공한다.

제2열 수험자 국면은 0을 기준으로 수치가 높을수록 평균 이상의 높은 능력을 나타내며,[6] 1~67의 숫자는 개별 학생에게 부여된 코드 번호이다. 2로짓상에 위치한 '54, 63, 67'과 같이 수평적으로 같은 행에 위치한 수험자는 학문 목적 한국어 쓰기 능력 수준이 유사한 수험자로 볼 수 있다. 이 연구에 참여했

6) 로짓 단위는 확률적 표현으로 0보다 높은 능력 추정치를 가진 수험자는 문항 성공 확률이 50% 이상이고, 0보다 낮은 수치를 가진 수험자는 해당 문항 성공 확률이 50% 미만이다.

던 유학생의 학문 목적 한국어 쓰기 능력은 -1.14로짓에서 2.65로짓 사이에 총 1.51로짓 차이로 분포하고 있다.

제3열에는 이들 수험자의 학문 목적 한국어 쓰기 능력을 채점한 평가자의 엄격한 정도가 제일 엄격한 수준(위)에서 제일 관대한 수준(아래)까지 수직적으로 제시되어 있다. 개별 평가자에게는 이름의 자모 순서에 따라 알파벳(A, B, C, D, E, F, G, H, I)으로 기호를 부여하였는데, 채점자 A, B, C, D, E, G, H가 수평적으로 같은 행에 있는 것은 엄격한 수준이 유사하기 때문이다. 이 그림에 따르면 채점자F(0.06로짓)가 가장 엄격한 채점자이고 채점자I(-0.43로짓)가 제일 관대한 채점자로 그 편차는 0.49로짓이다. 이는 -1.14로짓에서 2.65로짓 사이에 총 1.51로짓의 차이로 분포하고 있는 수험자 편차의 1/3에 해당하는 차이이다. 따라서 이 연구에서 측정한 수험자 능력의 편차가 채점자 변인보다는 수험자 고유의 쓰기 능력 편차에 더 크게 기인했음을 알 수 있다.

제4열의 문항 난이도 분포를 전체적으로 볼 때, 1.10로짓으로 가장 난이도가 높은 6번 문항은 학부생(시험 답안 1번~23번, 보고서 24번~53번) 가운데 최고 점수를 받은 22번 수험자의 학문 목적 한국어 능력 추정치인 0.96로짓을 상회한다. 따라서 이 분석적 채점기준표는 학부생의 학문 목적 한국어 능력을 천장효과(ceiling effect)[7] 없이 광범위하게 변별하였다고 해석할 수 있다. 이들 유학생에게는 인용 표기 지식(6번 문항)이 가장 부족하고 표지를 정확하게 작성하는 지식(1번 문항)도 상대적으로 부족하다. 반면 어법이나 어휘, 문체의 정확성과 관련된 지식(10번 문항)은 일반 목적 한국어 교육에서 숙달된 능력으로 난이도가 가장 낮다.

이 문항 난이도를 제2열의 수험자 능력 분포와 비교하면, 개별 수험자가 특정 문항에 대해 어려워하는 정도를 알 수 있다. 특정 수험자의 능력 범위

7) 천장 효과란 처치가 매우 효과적이거나 검사의 난이도가 너무 낮아서 검사에 응한 모든 수험자가 매우 높은 점수를 얻는 경우를 일컫는다. 반대로 처치 효과가 전혀 없거나 검사의 난이도가 높아서 모든 수험자가 매우 낮은 점수를 얻는 경우는 바닥 효과(bottom effect)라고 한다. 천장 효과나 바닥 효과가 있을 경우에는 집단 비교가 불가능하다(성태제, 2005: 213).

가까이에 있는 문항들은 해당 수험자의 능력을 가장 잘 변별할 수 있는 문항들이다. 예를 들어 0로짓에서 1로짓의 학문 목적 한국어 쓰기 능력을 가진 수험자는 1번(표지)과 3번(격식 있는 서론), 6번 문항(인용표기)에서 2점을 받을 확률이 크다. 그리고 -1 이상 0로짓 미만의 쓰기 능력을 가진 수험자는 2번(서론의 도입)과 4번(배경지식), 5번(일관성), 7번(구조의 논리성) 그리고 9번(격식 있는 결론)문항에서 1점을 받을 확률이 크다.

제5열에는 총체적 평가와 분석적 평가에 적용된 3등간 척도의 상대적 난이도가 위계적으로 제시되어 있다. 수직적으로 제시된 각 척도의 넓이는 수험자가 해당 척도의 아래에 있는 점수를 받을 가능성에 비해 해당 척도의 위에 있는 점수를 받을 가능성이 얼마나 되는가를 나타낸 것인데, 이 평가에서는 비교적 등간격을 이루었다.

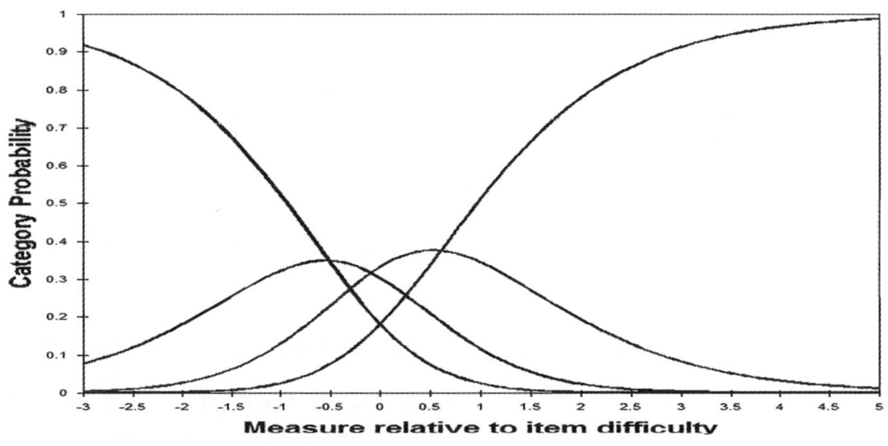

〈그림 1-4〉 개별 문항의 3등간 척도에 대한 범주 확률 곡선(김성숙, 2011: 107)

이 학문 목적 한국어 쓰기 능력 평가 준거는 4개의 양적 척도 점수를 가지고 있었다. 0점은 해당 능력을 전혀 가지고 있지 않은 상태를 나타내고 3점은 해당 평가 문항에서 측정하고자 하는 능력을 모국어 화자와 유사한 정도로 구사할 수 있는 능력을 나타낸다. 그리고 해당 과제를 수행하는 데 필요한 주요 능력의 숙달 정도나 오류의 정도를 수준별로 등급화하여 1점과 2점의 채점 기준을 설정하였다. 이와 같이 3등간 척도로 구획한 3점 만점의 등급 기준이 적절한지를 검증하기 위하여 FACET 프로그램을 이용해 〈그림 1-4〉와 같은 범주 확률 곡선(category probability curve)을 도출하였다.

이 그림에서 X축은 수험자 능력의 로짓 점수이며, Y축은 특정 척도가 선택될 확률(category probability)을 나타낸다. 좌표면의 각 곡선은 왼쪽에서 오른쪽으로 0점에서 3점까지의 단위 척도이다. 이상적인 모형은 0점에서 3점까지의 각 범주가 X축에서 적어도 한 번은 가장 높은 값을 가지는 언덕 모양이어야 하는데, 〈그림 1-4〉에서 범주 확률 곡선이 등간으로 넓게 그려진 것을 보면 이 연구의 분석적 평가 문항이 상정한 3등간 척도 범주는 본래의 의도대로 기능하고 있다고 추정할 수 있다.

[2장]

쓰기 능력 평가의 준거

1. 쓰기 기능의 유형

2. 쓰기 평가의 종류

3. 채점 기준표의 구성 요소

4. 쓰기 능력 평가 준거

5. 쓰기 능력 평가 등급

이 장에서는 쓰기 능력 평가를 위해 평가자들이 기본적으로 알아야 할 개념을 설명한다. 먼저 글을 써서 의사소통하는 담화 장르와 기능에는 어떤 것이 있는지, 쓰기 능력을 평가하여 수험자의 당락을 결정하는 국면에는 어떤 것이 있는지를 살펴본다. 그리고 그러한 쓰기 평가 점수로써 수험자의 특정 수행 능력에 대한 예측적 타당도를 높이려면 어떤 채점 기준표가 필요한지를 알아본다.

√ 쓰기, 글짓기, 글쓰기, 작문은 어떤 상황 맥락에서 변별적으로 쓰이는가?
각 명칭의 함의는 무엇이 같고 다른가?

√ 한국어 교실 안팎에서 사용되는 쓰기 장르와 기능에는 어떤 것들이 있는가?

√ 쓰기 평가라는 개념을 생각하면 머릿속에 무엇이 떠 오르는지 최대한 많이 적어 보자.

√ 쓰기 평가의 채점 기준표에는 어떤 요인이 필요한가?

1. 쓰기 기능의 유형

일반적으로 글은 과제의 목적이 전달이냐 표현이냐에 따라 그리고 과제가 상정한 독자가 개인이냐 공인(公人)이냐에 따라 크게 ① 사적 정보 전달, ② 공적 정보 전달, ③ 사적 의사 표현, ④ 공적 의사 표현의 네 영역으로 구분된

〈표 2-1〉 쓰기 과제의 성격과 독자 유형에 따른 기능 범주 분류(김성숙, 2011: 20)

기능 \ 독자	개인 ←		→ 사회
정보전달↑	① 사적 정보 전달 • 답장하기 • 메모하기 • 추측하기	소개하기 요약하기 발표하기	② 공적 정보 전달 • 기술하기 • 공지하기 • 광고하기 • 명령하기 • 분류하기 • 설명하기 • 안내하기 • 홍보하기 • 기사 쓰기 • 조사 보고하기 • 탐구 보고하기 • 실험 보고하기
	변명하기, 충고하기, 조언하기	추천하기	논증하기, 추론하기
↓의사표현	③ 사적 의사 표현 • 감상하기 • 거절하기 • 격려하기 • 부탁하기 • 불평하기 • 사과하기 • 안부 묻기 • 연기하기 • 용서하기 • 위로하기 • 축하하기 • 칭찬하기 • 취소하기	경고하기 계획하기 금지하기 설득하기 요청하기 의뢰하기 제안하기 주장하기	④ 공적 의사 표현 • 거부하기 • 건의하기 • 계약(해지)하기 • 논평하기 • 사퇴하기 • 연설하기 • 청구하기 • 항의하기

다. 이 4개 기능 영역이 교차하는 영역까지 포함하면 〈표 2-1〉과 같이 9개 기능 범주 공간이 마련된다.

'읽기와 듣기'가 개별적인 이해 영역인데 반해 '쓰기와 말하기'는 상호 소통을 전제한 표현 영역이므로 능동적으로 과제를 수행해야 하는 부담이 더 크다. 초급 학습자에게는 일상적 의사소통을 목적으로 하는 실용적 텍스트 작성 능력이 필요하고 중고급 학습자에게는 학술용 혹은 사무용 보고서 양식에 맞게 특수한 문제 해결 과정을 논리적으로 기술하는 능력이 필요하다. 한국에서 대학이나 대학원 과정을 이수하는 유학생은 전공에 따라 실험 보고서나 조사 보고서, 에세이, 졸업 논문 등을 써야 하고 시험 답안지, 발표 자료, 강의 노트 등의 실용적 쓰기 과제도 수행해야 한다.[1)]

일반 목적 언어 학습에서 목표로 하는 '기초적 의사소통 기술'은 '발화적 유창성(oral fluency)'(Blanton, 1993)이라고도 불리는데, 목표 언어 환경에 장시간 노출되는 몰입식 언어 수업에서 3년 정도의 비교적 짧은 시간에 습득될 수 있다. 그러나 '인지적·학술적 언어 유창성'은 이와 다르다. 일정 수준의 언어적 지식은 물론 활자 매체에 대한 문식성도 있어야 하므로(Cummins, 1985) 이를 제대로 습득하기까지는 4년 이상 10년 정도의 긴 시간이 필요하다. 한국어를 전문적으로 구사하고자 하는 학습자는 이 '인지적·학술적 언어 유창성'을 토대로 문어적 문법과 통사 구문을 활용하고 전문적인 개념의 복합어를 사용해서 학술 담론 텍스트를 생산해야 한다.

그런데 흥미로운 점은 한국어 학습자가 모국어로 습득한 인지적·학술적 언어 유창성 능력과 새로 배우는 학술 한국어 구사 능력 간에 강한 정적 상관이 있다는 점이다. 모국어로 높은 수준의 인지적·학술적 언어 유창성을 갖춘

1) 학술 담론에는 단순한 내용과 구조를 지닌 소논문(article), 과제 수준의 간략한 보고서(paper), 조사·답사·관측·수집·실험 등의 결과를 정리하거나 사실 발견을 목적으로 하는 보고서(report), 비평적 해석이 주목적인 평론(review), 주제의 전문성이 강조된 전공 논문(monograph), 체계적이고 전문성이 강한 학술논문(treatise), 일반적·포괄적인 의미의 에세이(essay), 학사학위용 졸업논문(thesis), 석사학위논문(a master's thesis), 박사학위논문(dissertation, a doctorial dissertation), 연구논문(research paper) 등이 있다(박규준, 2010: 188 참조).

학생은 외국어로도 학술적 문식성을 쉽게 체득하는 경향이 있다. 이는 모국에서 대학 교육을 받고 국내 대학원에 진학한 경우 고등학교 졸업 후 바로 유학을 온 학부생에 비해 일반적으로 학술 공동체에 이입되는 속도가 빠르다는 점과 김성숙(2011: 19)에서 수행한 분석적 채점 결과 전반적으로 대학원생의 학술 담론 구조 및 내용 영역 쓰기 지식 수준이 학부생에 비해 더 높은 것에서도 확인할 수 있다.

모국어와 목표 언어 간 인지적·학술적 언어 유창성의 상관이 높은 원인은 모국어로 구조화된 특정 장르 관련 스키마가 목표 언어로 쉽게 전이되기 때문이다. 이러한 인지적 전이 과정은 촘스키가 제안한 변형생성문법이론의 원리로 설명할 수 있다. 촘스키는 변형생성문법이론으로 인간이 특정 담화를 생성해내는 인지 구조를 설명하였다. 이 원리로부터 변형생성구조이론의 개념을 도출할 수 있다. 변형생성구조이론을 가정하면 한국어 학습자가 언어를 초월해서 보편적 장르의 글을 생성해내는 초인지구조를 설명하는 데 유용하다. 모국어로 형성한 제반 장르 텍스트의 구조 관련 지식은 일정 수준의 목표 언어 숙달도를 바탕으로 쓰기 과제를 수행할 때 참조할 수 있는 절차적 지식으로 전환되기가 쉽기 때문이다.

일반 목적 한국어 교육에서는 초급에서 기본 어법과 관련된 양식적 지식을 집중적으로 강화하고, 중급에서 단락 연결 등 글의 구조적 지식을 숙달하며, 고급에서 창의적 내용을 생성하는 데 주력한다.

〈표 2-2〉 한국어 수준별 쓰기 지식 성장 과정(김성숙, 2011: 25)

한국어 능력	특화 지식	교수 방법	전략	목표 기능	사고 유형
고급	내용	표현적 글쓰기	기의의 표현 expression	차별(差別)화 differentiate	사회 비판적
중급	구조	반영적 글쓰기	구조의 반영 reflection	차용(借用) remake	자기 성찰적
초급	양식	모방적 글쓰기	기표의 모방 representation	동화(同化) assimilate	정보 전달적

양식 관련 지식은 난이도가 가장 낮은 쓰기 지식으로, 한국어로 작성된 글의 구조나 내용 관련 수준이 높다면 양식 관련 쓰기 지식은 반드시 평균 수준 이상일 것을 기대할 수 있다. 어법의 정확성 관련 지식은 전문적인 수사법을 배우기 이전 단계인, 한국어 중급 하까지의 과정에서 숙달되기 때문이다. 하지만 김성숙(2011: 130)이 53명의 학부 유학생의 보고서 채점 과정에서 확인한 바와 같이 양식 영역 쓰기 지식 수준이 평균 이하인데 구조나 내용 관련 쓰기 지식 수준이 높은 유형이 18%나 되는 것을 보면 모국어로 습득한 인지적·학술적 유창성이 개인의 한국어 숙달 수준보다 높게 쓰기 과제 맥락에 구현될 수 있고 이러한 특수성도 쓰기 채점 국면에 반영되어야 한다.

2. 쓰기 평가의 종류

대학 수학 능력 검증을 위한 대규모 쓰기 능력 평가의 양상은 유럽과 미국에서 그 체계가 다르다. 프랑스의 baccalaureate, 영국의 A-level, 독일의 Abitur 등 유럽의 대학입학자격시험 안에 있는 쓰기 능력 평가에서는 쓰기 능력뿐 아니라 내용 지식도 평가 대상이 된다(Foster & Russell, 2002: 25). 미국도 한때는 대학 입학 자격시험으로 내용 지식까지 검증하는 논술 평가를 시행한 적이 있으나[2] 1930년대 후반부터 미국의 대학입학평가위원회는 에세이 점수의 신뢰도와 직접 평가에 소요되는 경비 문제를 이유로 쓰기 능력 평가를 선다형으로 바꾸었다.

그러나 선다형 평가의 실제적 타당성 문제가 끊임없이 제기되면서 2000년을 전후로 GRE(Graduate Record Exam), MCAT(Medical Colleges Admissions

2) 1894년 하버드대학에 입학하기 위해서는 제시된 문학 작품 목록 중 한 편의 주제에 대해 에세이를 써야 했고, 여러 대학이 대학 입학 시험에서 이러한 평가 방법을 따랐다(Trachel, M., 1992).

Test), ACT(American College Testing), SAT(Scholastic Aptitude Test) 등에 직접 쓰기문항이 추가되었다.[3] 이렇게 쓰기 능력 평가 방법은 평가의 실제성을 고려해 선다형과 단답식 문항의 간접 평가에서 포트폴리오를 활용한 생태학적 평가 등 직접 평가 방식으로 옮겨가고 있으며 2000년대 이후에는 직접 쓰기 평가의 타당도 입증 연구가 활발히 진행되고 있다(Huot, 2002).

정희모(2009: 293)는 대학 글쓰기 평가의 타당도를 높이기 위한 방안으로 획일적인 과제 선별과 교실 현장의 시험 방식을 피할 것을 제안한다. 실생활의 과제를 부여하여 쓰기 동기를 강화하고 다양한 장르와 다양한 분량이 포함되어 있는 포트폴리오 평가를 함으로써 평가 표본의 수를 늘려 평가자 간 신뢰도 문제를 개선할 수 있다고 본다. 이는 신뢰도와 타당성이 검증된 평가 척도가 부재한 국내 대학 글쓰기 수업의 한계를 극복하기 위한 방안이다.[4]

쓰기 교실의 평가 방법으로는 시험, 과제물, 관찰 등이 있는데, 대규모 쓰기 능력 평가인 결과물 중심 평가에서는 주로 직접 평가와 간접 평가 방식이 활용된다. 직접 평가는 평가의 실제성 측면에서 선호되는데, 평가 준거를 어떻게 세분하느냐에 따라 총체적 평가, 원소적 평가, 분석적 평가, 주요 특성 평가, 포트폴리오 평가 방법 등이 있고 시행 방법에 따라 지필 시험과 IBT 숙달도 평가로 구분할 수도 있다.

---

3) IBT TOEFL은 Listening, Structure, Reading, Essay Writing, Speaking으로 구성된다. 운영상 어려움으로 Speaking 시험은 가장 늦게 추가되었지만 Structure와 Essay Writing은 처음부터 문항 형식이 달랐다. Essay Writing은 전자문서로 작성하거나 종이에 직접 쓸 수도 있고 연필로 쓸 때는 평가 결과가 나오는 데 시일이 좀 걸리더라도 이를 허용하여 실제 작문 능력을 따로 측정하고 있다.

4) 만약 신뢰도와 타당성이 검증된 평가 척도를 개발한다면 한국어 숙달도가 높지 않은 대학 기초 글쓰기 수업의 유학생에게 이상적인 평가 환경을 조성해 줄 수 있다. 즉, 학기초에 실시한 진단 평가 결과에 근거해 수준별로 분반한 교실에서 초보 필자가 숙련된 필자로 성장해가는 과정에 대한 포트폴리오 평가를 실시하고, 학기말에 다시 한 번 표준화된 평가 척도에 의한 성취도 평가를 하는 것이다. 그러면 유학생은 단계별로 자신의 학술적 쓰기 능력 수준을 명확히 인지하게 되고, 한국어로 글을 쓰는 과정에 대한 절차적 지식도 숙달하게 될 것이다.

2.1. 총체적 평가(Holistic scoring)

총체적 평가란 일정한 점수의 연속선 위에 특정 수험자의 쓰기 능력을 위계화하는 측정 절차이다. 총체적 평가자는 한 편의 글에 대해 "제반 구성 요소를 함께 파악한 전반적인 인상에 기초하여 단일한 점수를 부여해야 한다"(Wolcott et. al., 1998: 71). 모국어 화자의 쓰기 능력을 평가할 때는 숙련된 평가자가 내용의 일관성이나 창의성을 총체적으로 평가하는 것이 문장의 표면적 오류 정도를 계량적으로 따지는 것보다 더 정확할 때가 있다. 화이트(White, 1984)는 실제 독자가 글을 읽을 때는 글이 가진 개별 국면의 장단점보다 전반적인 내용이나 인상을 더 중시할 것이므로 이러한 평가 방법이 더 실제적이라고 본다.

그러나 목표 언어에 대한 숙달도가 낮은 언어 학습자가 작성한 글을 한국어 교육 경험이 없는 교수자가 평가하는 경우, 구조나 내용이 가진 긍정적인 자질에 대한 평가에 인색해질 수 있다. 그리고 평가자가 부여한 단일 점수는 상대 평가에 의해 정해진 서열일 뿐, 개별 수험자가 가신 쓰기 능력 가운데 무엇이 우수하고 부족한지를 정확히 계량하지는 못한다.

또한 총체적 평가는 대규모 평가에서 훈련된 평가자를 중심으로 고급과 초급의 쓰기 능력은 일관되게 변별할 수 있지만, 중급 쓰기 능력의 미세한 편차를 변별해 특정 점수로 구체화하기는 어렵다. 총체적 평가가 객관적이려면 평가자들이 글의 전반적인 인상에 영향을 주는 문장 부호나 문법, 수사적 측면 등의 오류 정도를 균등하게 다루어야 하는데, 좋은 글에 대한 평가자 간 우선 순위가 달라 주관적인 변인이 작용할 가능성이 적지 않기 때문이다(Wolcott & Legg, 1998: 72).[5)]

---

5) 총체적 평가 방법은 측정 방법뿐만 아니라 쓰기의 본질과 작문 연구 자체의 중요성을 새로이 인식하도록 만들었다는 점에서 중요하다. 우리는 학생이 좀 더 명료하게 사고하고 더 빨리 배우고 더 많이 발전할 수 있도록 글을 쓰게 한다. 읽기처럼 쓰기도 창조적이고 상상력이 풍부한 지적 능력인 총체적 사고를 하기 위한 훈련이다. 평가에서 총체론이 급성장한 것은

그래서 총체적 평가를 할 때에도 채점 기준표가 필요하다. 바우한(Vaughan, 1991)이 여러 기관의 배치고사에서 사용 중인 제2언어 쓰기 능력에 대한 총체적 평가 준거를 조사한 결과에 따르면, 대체로 수사적 구성과 문법, 관용표현, 어휘, 철자법, 문장 부호에 대한 언급이 포함되어 있었다. 라이온(Lyons, 1991)은 제2언어 쓰기 능력 평가를 위한 총체적 평가 범주를 내용, 구성, 문법의 3개 대범주로 구분하였고, 와이즈먼(Wiseman, 2008)은 제2언어로 학술적인 글을 쓰는 능력을 평가하기 위해 이 3개 대범주에다가 사회 언어적 능숙도와 과제 완수 정도에 대한 기준을 추가하여 5개 범주를 설정하고 그 결과를 분석적 평가 결과와 비교하여 유의미한 상관을 확인하였다.

제2언어 영어에서 총체적 채점 기준표로 잘 알려진 사례는 TOEFL 쓰기 시험의 평가 척도이다. 이 평가 척도에는 여섯 개 쓰기 숙달 수준에 대한 통사 자질과 수사 자질에 대한 질적 기술이 포함되어 있다. 총체적 채점은 과거 25년 이상 쓰기 평가에서 활용될 만큼 긍정적 특성이 많다. 실용적 관점에서 볼 때, 주요 특성 평가가 매번 상이한 측면에 초점을 두고 여러 번 쓰기 답안을 다시 읽어야 하는 것에 반해, 총체적 채점은 한 번에 읽어내기 때문에 채점 속도가 더 빠르고 (그러므로 비용이 덜 들고) 단일한 점수를 부과할 수 있다. 총체적 채점 옹호론자인 White(1984)는 총체적 채점이 독자의 주의를 글의 결점이 아니라 강점을 보도록 이끄는 경향이 있고, 그래서 필자들은 자신이 잘한 것에 대해 보상을 받는다고 주장한다. 반면 총체적 평가를 할 때 전공이나 정치적 성향, 중앙 쏠림 경향과 같은 평가자 고유의 자질이 영향을 미치며 또한 개별 수험자의 특질을 복합적으로 고려하는 평가자의 직관 능력 수준도 최종 점수에 영향을 준다고 보는 우려의 목소리도 높다. 총체적 채점 지침서는 평가 시 필수적인 것을 중심으로, 다음과 같이 글의 특정 국면에 주목하도록 설계된다.

부분적 능력의 총합이 아닌 총체적 사고 구성 행위로서의 읽기와 쓰기에 대한 이러한 관점을 반영하는 것이다(White, 2008: 28).

〈자료 2-1〉 TOEFL 쓰기 채점 기준표(ETS, 2000)

6점 수준의 에세이는
- 쓰기 과제를 효과적으로 다룸
- 내용이 잘 조직되고 잘 전개됨
- 논지를 뒷받침하거나 아이디어를 명확히 설명하기 위해 내용을 적절하고 명료하게 상세화함
- 언어 사용에 일관된 재능을 보임
- 가끔의 오류가 있어도 통사적 다양성과 적절한 단어 선택 능력을 발휘함

5점 수준의 에세이는
- 과제의 어떤 부분들을 다른 곳보다 더 효과적으로 다룸
- 내용이 대체로 잘 조직되고 전개됨
- 논지를 뒷받침하거나 생각을 명확히 설명하기 위해 내용을 상세화함
- 언어 사용에 재능을 보임
- 일부 오류가 있어도 어느 정도 통사적 다양성과 어휘 선택의 폭을 보임

4점 수준의 에세이는
- 과제의 일부분에서 글쓰기 화제를 적절하게 다룸
- 내용이 적절하게 조직되고 전개됨
- 논지를 뒷받침하거나 생각을 명확히 설명하기 위해 약간 상세한 내용이 있음
- 통사와 용법이 적절하기는 하지만 일관된 기능으로 나타나지는 않음
- 종종 의미를 모호하게 하는 오류들이 포함됨

3점 수준의 에세이는 하나 또는 그 이상의 다음과 같은 약점이 나타날 수 있음
- 부적절한 조직이나 전개
- 내용을 일반화하거나 명료화하는 데 필요한 상세한 내용이 부적절하거나 불충분함
- 단어 선택이나 단어 형태가 두드러지게 부적절함
- 문장 구조나 용법에서 오류가 잦음

2점 수준의 에세이는 다음과 같은 약점이 하나 또는 그 이상 심각하게 결함으로 드러남

- 심각한 수준의 혼란스러운 조직이나 전개
- 상세한 내용이 거의 없거나 전혀 없음, 또는 무관한 상술
- 문장 구조나 용법에서 심각하고 높은 빈도의 오류가 있음
- 초점에 심각한 문제가 있음

1점 수준의 에세이는
- 글의 앞뒤가 맞지 않음
- 글의 전개가 제대로 되지 않음
- 심각하고 지속적인 쓰기 오류를 포함함

0점 아무런 답이 없거나 단순히 화제를 그대로 베꼈거나 화제에서 완전히 벗어났거나 외국어로 쓰였거나 알파벳 하나로 키보드를 쳤다는 흔적만 있는 경우, 쓰기 답안은 0점으로 채점됨

2.2. 원소적 평가(Atomistic scoring)

총체적 평가와 달리 원소적 평가는 객관적 평가 기준을 적용하여 개별 쓰기 답안이 가진 특정 속성을 측정하는 직접 쓰기 평가 방법이다. 그래서 원소적 평가를 할 때는 문장의 평균 길이, 문장 종결 성분의 평균 길이, 수의적 성분인 수식어의 사용 비율 등 문장의 복잡성 정도나 통사적 성숙도를 계량할 수 있는 단위가 동원된다(박영목, 1999: 19). 원소적 평가 관련 연구는 주로 t-단위와 같은 구문의 복잡성이나 문법적 오류 측정을 중심으로 수행되었는데, 이 원소적 평가 준거 항목을 어떻게 설정해야 할 것인가에 대해서는 아직도 국내외에서 타당화 연구가 진행 중이다. 그런데 전문가 평정 결과 내용 타당도는 확보하였으나 실험 결과가 좋지 않은 평가 준거도 있어서 내용 타당도와 외적 타당도를 모두 갖춘 원소적 평가 준거를 설정하기는 쉽지 않다.

틴달과 파커(Tindal & Parker, 1989)는 요인 분석 방법을 써서 쓰기 성취도 평가에 적용할 수 있는 원소적 평가 척도 2개를 모색하였는데, 이들 요인은

총점의 83%를 설명한다. 먼저 저작(著作) 의존적인 제1요인(production-dependent variables)은 전체 어휘 수나, 맞춤법이 정확한 어휘 수, 맥락에 맞게 쓰인 어휘 수 등의 발생 빈도에 근거한 것으로 작성된 글의 분량과 관계가 있다. 반면 저작 독립적인 제2요인(production-independent variables)은 맞춤법이 정확한 어휘 수나 맥락에 맞게 쓰인 어휘 수 등의 평균이나 백분율에 근거한 것으로 글의 분량과 독립적으로 수험자의 쓰기 지식을 평가하고자 설정한 요인이다.[6)]원소적 평가의 효용성에 관해서는 상반된 입장이 있다. 스탠포드 성취도 시험(Stanford Achievement Test)과 같은 간접 평가와의 상관을 비교하며 그 타당성을 입증하려는 연구(Deno, Marston, & Mirkin, 1982)가 있는가 하면, 어휘력과 기계적 실수의 정도만을 측정하는 것은 실제성이 떨어지므로 쓰기 능력 평가 방법으로 적절하지 않다는 주장(Lynch & Jones, 1989)도 있다. 대체로 많은 연구자들은 맞춤법의 정확도나 어휘 수만을 계량하는 원소적 평가에서는 내용 생성이나 구성, 수정과 같은 과정 요인이 간과되기 때문에 미숙한 필자의 문제를 제대로 진단하고 처치하기 어렵다고 여긴다(Defort, 2002: 8~10).

비테(Witte, 1983)는 문상의 화제와 화제 구조를 중심으로 대학생이 작성한 텍스트를 분석하였다. 정희모·김성희(2008)는 비테의 연구 방법을 차용하여 국내 대학생을 대상으로 원소적 평가 준거가 될 수 있는 지표들의 효용 정도를 확인하였다. 이들은 원소적 평가 척도로 t-단위 수, 문장 화제 수, 어휘 수/t-단위 수, 병렬적 화제 진행 수, 순차적 화제 진행 수, 확장된 병렬적 화제 진행 수, 응집성 지표 수, 비문 수/전체 문장 수, t단위 수/화제 수 등을 선정해서, 고득점 답안과 저득점 답안을 비교하였다. 그러나 많은 정보를 하나의 의미 단위로 묶어내어 t-단위 당 어휘 수가 많은 지표에서만 유의미한 통계적 차이가 있었을 뿐, 응집성 지표나 화제 진행 방식 등에서는 숙련된 필자와 미숙한 학생 간에 유의미한 차이를 발견할 수 없었다. 이는 비교 지표에 대한 내용

6) 원소적 평가는 학생이 작성한 답안에서 계량 가능한 특성을 평가 대상으로 삼기 때문에 평가자간 신뢰도가 .90~.99로 매우 높은 편이다(Houck & Billingsley, 1989).

타당도는 높으나 통계적 타당화 작업이 어려운 원소적 평가 방법의 한계 때문이라고 할 수 있다.

2.3. 분석적 평가(Analytic scoring)

분석적 평가 방법은 디드리히(Diederich, 1974)에 의해 처음 체계화되었다. 분석적 평가 방법을 사용하면 문법, 구성, 내용 등 개별 평가 준거 항목의 점수를 통해 수험자가 가진 쓰기 능력의 장·단점을 구체적으로 알 수 있다. 그래서 분석적 평가 결과는 쓰기 능력을 구성하는 다양한 구인의 성숙 정도가 상이한 제2언어 학습자의 쓰기 능력에 대해서 총체적 평가의 단일 점수보다 더 많은 내용을 설명한다. 또한 분석적 평가자는 글의 특정 자질에 주목하게 되므로 편견을 자제할 수 있고, 명료한 평가 준거는 평가자 간 변인을 줄인다. 하지만 평가 시간이 제한되는 제2언어 학습자의 대규모 쓰기 능력 평가에서는 평가의 효율을 고려해 분석적 평가의 준거 영역 중에서도 맞춤법이나 글자 수 등 계량 가능한 형식적인 측면을 기준으로 단일 점수를 부여하려는 경향이 강했다.

뮬렌(Mullen, 1977)은 네 가지 준거 영역 점수와 작문 총점의 상관을 회귀분석하였는데, 그 결과 4개 준거 영역은 총점과 의미 있는 상관을 보였다. '어휘의 적절성' 준거는 전체 총점 변량의 84%를 설명하였고 글의 분량, 구문의 정확성, 자료의 조직 척도가 순서대로 투입되었을 때 설명 변량은 각각 91%, 93%, 94%로 증가하였다.

제이콥 등(Jacobs et. al., 1981)도 수사법과 어법에 각 50%씩의 비중을 두고, 내용(30%), 조직(20%), 어휘(20%), 언어 사용(25%), 수사법(5%)의 평가 항목별로 가중치를 두어 채점한 ESL 대학원 유학생의 작문 채점 과정을 보고하였다.

송과 카루소(Song & Caruso, 1996)는 분석적 쓰기 능력 평가를 위해 중심생각, 뒷받침 문장, 글의 전개 과정 등을 포함하는 6개의 수사적 요소와 유창성, 문장, 문체, 문법 등 4개의 언어적 요소를 포함하는 10개 주요 특질을 선정하였다. 이 준거로 영어 모국어 화자 30명과 비모국어 화자 32명이 작성한 글을 4명의 채점자가 평가한 결과, 내·외국인 수험자는 각자의 장단점에 대해 유용한 피드백을 받을 수 있었다. 이로써 분석적 평가가 내·외국인을 막론하고 다양한 유형의 오류 분포를 보이는 중급 수준 수험자의 쓰기 능력을 변별적으로 점수화할 수 있다는 점이 확인되었다.

오제다(Ojeda, 2004: 54)는 일반적으로 잘 쓴 보고서와 못 쓴 보고서를 구별할 때는 총체적 평가가 유용하나 대학 입학 여부를 결정짓는 중급 상과 하의 쓰기 능력을 미세하게 변별해야 할 때는 분석적 평가 방법을 쓸 것을 제안하였다. 그는 ESL 쓰기 능력 평가 관련 선행 연구를 검토하여 주제, 전개, 구성, 표현 등 4개 요인을 준거로 하는 분석적 평가 틀을 개발하고 보고서 평가에 적용하여 유의미한 결과를 얻었다.

그런데 분석적 평가의 준거 영역을 설정할 때, 비모국어 화자가 작성한 글에 대한 직접 평가 국면에서 글의 질을 결정짓는 데 큰 역할을 하지 않는 문장 수준의 기계적 오류 개선 능력이 과대평가되는 경향이 있어 왔다. 수험자의 글에 자연스러운 의미 전달을 방해하는 오류가 많을 경우 글에 대한 선반적 인상이 나빠져 평가자는 논증 구도나 창의성 요소를 객관적으로 평가하기가 어렵기 때문이다. 따라서 타당도가 높은 분석적 채점 기준표를 개발하려면 글쓴이의 국적과 쓰기 목적 등을 고려하여 평가 준거의 세부 항목을 구별하고 개별 문항에 적정한 차등 배점을 하기까지 정교한 노력이 필요하다.

차등 배점을 통해 문항에 점수를 부여하고 이를 종합하는 방식에는 전문가 판단 방법, 경험· 통계적 방법 등이 있는데(임인재, 1993), 국내의 각종 국가고시에서는 전문가의 식견을 통한 주관적 판단에 근거하여 점수를 부여하는 방법이 주로 사용되어 왔다. 2009학년도 의학교육입문검사에서 내용 전문가들이 차등 배점을 부여할 때 고려하는 요인을 추출한 결과, 예상 정답률, 문항 풀이 시간, 교육과정상의 중요도 등 3가지 차등 배점 요인이 추출되었다. 차등 배점은 동점자를 해소하는 효과가 있었다(김주훈 외, 2010: 197).

2.4. 주요 특성 평가[7)]

주요 특성에 기반한 채점 관련 연구는 미국 학교의 대규모 시험 프로그램인 국가 수준의 성취도 평가 National Assessment of Educational Progress에서 수행된 Lloyd-Jones(1977)의 업적이 크다. 주요 특성 평가에서는 학생들의 특수한 담론(예컨대, 설득이나 설명) 작성 능력을 중요하게 여긴다. 그래서 쓰기 과제마다 다음 사항을 포함하여 채점 기준표를 만든다. (a) 특정 쓰기 과제 (b) 과제가 요구하는 기본 수사적 특성(예를 들면, 설득적 에세이, 축하 편지) (c) 과제에서 예상되는 수행에 대한 가설 (d) 과제와 주요 특성 간 관계에 대한 진술 (e) 쓰기 수행의 수준을 설명하는 평가 척도 (f) 각 수준의 쓰기 답안 예시 (g) 각 쓰기 답안이 해당 점수를 받은 이유에 대한 설명이 그것이다. 〈자료 2-2〉에는 주요 특성 평가를 위한 채점 지침서의 일부가 실려 있다. 주요 특성 평가는 쓰기 과제가 달라질 때마다 채점 지침서를 개발해야 하므로 시간과 노력이 많이 들어간다. Lloyd-Jones(1977)에서는 채점 지침서를 만들 때 과제당 평균 60~80시간이 소요되는 것으로 추정했다. 이 때문에 주요 특성 평가는 학생이 작성한 쓰기 답안에서 학생의 능력에 대한 풍부한 정보를 얻을 수 있음에도, 많은 평가 프로그램에 일반적으로 적용되지 못했다. 하지만 Hamp-Lyons(1991)가 지적한 것처럼, 주요 특성 평가는 초중등 과정의 제2언어 학습자에게 아주 유용하다. 학교의 공식 언어에 유창하지 못한 부모는 자녀가 해당 언어로 할 수 있는 것을 기술한 것을 보며 언어 지도에 도움을 받을 수 있기 때문이다.

---

7) 정희모·김성숙·유혜령·서수현 역(2017), 『쓰기 평가』(글로벌콘텐츠) 6장의 일부 내용을 요약함.

〈자료 2-2〉 주요 특성 평가 지침서(Lloyd-Jones, 1977)

지시문: 그림을 주의 깊게 보라. 아이들이 뒤집힌 배 앞에서 뛰며 즐거워하고 있다. 그림의 아이 중 하나라고 상상해 보라. 그 아이들을 가까이에서 바라보고 있는 어떤 사람이라고 상상해도 좋다. 어떤 일이 벌어질지 그 사람이 말하는 것처럼 말해 보라. 좋은 친구에게 본인의 감정을 강렬하게 표현하는 방식으로 이것을 이야기하듯이 써 보라. 당신의 친구도 그 경험을 느낄 수 있도록 쓰라. 글을 쓸 공간은 다음 세 페이지에 걸쳐서 제공된다.

국가 수준의 성취도 평가 NAEP 채점 지침서: 보트 위의 어린이들

출제 배경

주요 특성: 특정 시점으로 창의적인 내용을 상술하여 감정을 상상적으로 표현하기

채점 지침서

전체 과제

0 응답 없음. 문장 조각
1 점수를 매길 만은 함
2 읽기 어렵거나 문해력이 부족함
3 그림을 전혀 참고하지 않음
9 모르겠음[8)]

대화의 사용

0 이야기에서 대화를 사용하지 않음
1 이야기에서 한 사람을 직접 인용하고 그 한 사람을 한 번 이상 말함
두 개 진술이어도 동일인에 대한 것이거나 다른 사람인지가 확실하지 않으면 1점
생각에 대한 직접 인용도 포함됨. 가정법 시제도 사용할 수 있음
2 이야기에서 둘 또는 그 이상의 사람들 간 대화를 직접 인용

시점

0 시점이 결정될 수 없거나 시점을 통제하지 못함
1 시점이 다섯 아이 중 하나에게 일관되게 있음. "만일 내가 그 아이들 중 하나라

면…"이라는 문장을 포함하고 아이들 중 하나인 참여자를 상기함

2 관점이 일관되게 관찰자 중 한 사람에게 있음. 관찰자가 아이들 놀이에 함께 했을 때, 시점은 여전히 "2"에 있음. 시점을 확인하기 어려운 경우라도 글에 최소한의 증거가 있는 경우 포함

시제

0 시간을 헤아릴 수 없음. 또는 시제를 통제하지 않음

1 현재 시제: 과거 시제가 이야기의 주된 흐름이 아닌 경우는 현재가 될 수 있음

2 과거 시제: 과거 시제 기술이 현재 시제로 받아들여지는 경우에도 전체 답안의 기준 시제는 "과거"로 함. 때때로 현재는 과거 사건을 위한 프레임을 만들기 위해 사용됨

이 경우 실제적인 기술은 과거이므로 전체 답안의 기준 시제를 과거로 함

3 가정 시제: "만일 내가 보트 위에 있었다면"이나 "만일 내가 거기에 있었다면 나는 했을 것이다." 혹은 "내가 보트에 올라탔다면 나는 … 할 것이다." 같은 미래 시제 포함. 만일 적은 부분이 가정 시제이고 나머지가 과거이거나 현재로 시제가 통제되는 경우, 전체 답안의 기준 시제는 현재나 과거로 함

2.5. 포트폴리오 평가[9)]

포트폴리오는 건축, 디자인, 사진 등 시각 예술 관련 분야에서 통용되는 표준적인 평가 양식이다. 제1언어 쓰기에서도 오래 전부터 포트폴리오 평가가 이루어졌고 최근에는 미국의 대규모 학력 평가에서도 포트폴리오 평가가 도입되었다. 쓰기 평가 역사에 대한 Hamp-Lyons와 Condon(2000)의 논의를 보면, 영국의 교육 제도에서는 50년 이상 서류철을 사용해 쓰기 수업을 관리해 왔고 미국에서는 1970년대 초반부터 일부 교수자들이 포트폴리오를 사용하기 시작

8) NAEP 채점에서는 무응답 혹은 불완전한 응답에 대해 일괄 0점을 부여하지 않는다. 상이한 코드로써 학생의 성취 수준을 세분하기 위함이다. 이 채점 지침서의 숫자는 명목척도일 뿐 서열척도가 아니다.

9) 정희모·김성숙·유혜령·서수현 역(2017), 『쓰기 평가』 9장 포트폴리오 평가 내용을 요약함.

했다. 포트폴리오란 '특정 영역에 대한 학생의 노력, 진전, 성취 수준을 다른 학생(또는 다른 사람)에게 전시하는, 학생 작품에 대한 유목적적인 수집'으로 정의할 수 있다(Northwest Evaluation Association, 1991: 4; Wolcott, 1998에서 인용). 쓰기 평가의 측면에서 포트폴리오는 일정 기간 이상 서로 다른 목적으로 작성된, 문어(文語) 텍스트를 수집한 것이다. 포트폴리오 평가는 다양한 상황에 사용되므로, 포트폴리오를 어떻게 구성하고 평가하는지에 따라 광범위한 변형이 가능하다. Hamp-Lyons와 Condon(2000)에서는 어느 정도 차이는 있겠지만 포트폴리오에는 다음과 같은 아홉 가지 특성이 나타난다고 밝혔다.

1. 포트폴리오는 단일 쓰기 표본이 아니라 여러 편의 쓰기 작품을 수집한 것이다.
2. 상이한 장르, 독자, 목적 하에 필자가 수행한 쓰기 능력의 범위를 보여 준다.
3. 학습의 풍부한 상황이 반영되므로 필자의 성취 수준을 광범위하게 보여 준다.
4. 최종 평가 전에 쓰기 결과물의 수정 기회와 동기를 제공하는 지연된 평가이다.
5. 일반적으로 포트폴리오에 포함될 부분은 교수자의 안내에 따라 학생이 선택한다.
6. 지연된 평가와 선택은 학생 중심 통제의 기회를 제공한다. 즉, 학생은 지정된 평가 준거들을 가장 잘 충족할 부분을 선택해서 제출 전에 수정할 수 있다.
7. 포트폴리오에 작품을 배치하면서 학생은 자신의 작업 과정을 성찰한다. 필자로서의 발전 과정과, 배치한 글이 그러한 발전을 어떻게 보여주는지 자기 성찰적인 글을 쓰도록 요구되기도 한다. 이렇게 포트폴리오에는 성찰과 자기 평가의 과정이 있다.
8. 언어적 정확성, 논증 조직, 전개 능력 등 구체적 항목의 성장을 측정할 수 있다.
9. 특정 교사와의 관계를 초월하여 개별 학생의 지속적인 발전을 측정할 수 있다.

Hamp-Lyons와 Condon(2000)은 이 아홉 가지 특성 중 가장 중요한 요소로 수집, 성찰, 선택을 꼽았다. 포트폴리오에서 평가의 목적은 학생의 쓰기 능력에 대해 단일 텍스트가 제공할 수 있는 것보다 더 많은 증거를 참조하는 데에 있기 때문에, 당연히 다양한 쓰기 표본을 수집해야 한다. 수집의 범위는 조건의 개수에 따라 다양화된다. 완성된 결과물만 포함시키기도 하고 필자의 쓰기 과정과 수정 양상을 반영하기 위해 최종고 이전 원고들까지 포함시키기도 한다. 이러한 수집은 매우 엄격한 지침 하에 구성될 수도 있고 학생의 재량에 맡겨질 수도 있다. 적은 쓰기 표본만 포함되기도 하고 보다 많은 쓰기 표본이 포함되기도 한다.

그러나 쓰기 표본을 수집했다고 해서 바로 평가 수단으로 쓰지 않는다. 성찰과 선택이 필요하다. 포트폴리오를 형성하는 것은 사려 깊은 성찰의 결과로서 쓰기 표본은 특정한 내용으로 배치된다. 성찰 과정이 자기 성찰적 에세이 양식으로 포트폴리오에 명시적으로 포함되기도 한다. 자기 성찰 에세이에서 필자는 독자에게 포트폴리오 내용을 소개하고 개별 표본이 선택된 이유를 기술하며 해당 글이 필자의 강점과 발전 양상을 어떻게 반영하는지 설명한다.

포트폴리오 평가의 유용성을 판단하는 데 구인 타당도, 신뢰도, 실제성, 상호작용성, 환류 효과, 실용성을 요인으로 하는 Bachman과 Palmer의 모델(1996)이 참조된다. 대규모 검사와 같이 제한 시간이 있는 쓰기 평가에 비해 포트폴리오가 갖는 이점(구인 타당도, 실제성, 상호작용성, 환류 효과)을 알아보고, 반대로 포트폴리오 평가가 불리한 점(신뢰도, 실용성)도 살펴보자.

구인 타당도

포트폴리오 평가에서는 더 광범위한 쓰기 구인을 타당하게 추론할 수 있다. 주요 쓰기 구인으로는 첫째, 상이한 목적과 독자를 상정한 다양한 장르의 쓰기 표본을 포함시켰으므로 평가 결과를 좀 더 확신을 가지고 일반화할 수 있다는 점, 둘째, 다수의 초고를 포함시킴으로써 내용과 조직을 수정하고 문장 수준의 오류와 어법, 맞춤법 오류를 편집하는 등 쓰기 과정 관리 능력을 추론할 수 있다는 점이다.

구인 타당도 측면에서 제2언어 필자에게 중요한 이점은 필자에게 추가 시간이 제공되는 혜택이다. 제한 시간이 있는 쓰기 시험은 모국어 필자가 아닌 경우 불리할 때가 있다. 평가받기 전에 글을 수정하고 편집할 별도의 시간을 준다면 평가가 아닌 상황에서 학생이 어떻게 글을 쓸지에 대해 제한 시간이 있는 시험 때보다 더 사실에 근접한 쓰기 맥락을 제공할 수 있다. 그런 점에서 특별히 주목해야 하는 것은 유럽 언어 포트폴리오 프로젝트 위원회(Council of Europe, 2000)이다. 이 프로젝트에서 COE 회원국들은 자국의 포트폴리오 평가 모델을 개발하였으며, 모든 포트폴리오는 '유럽 공통 참조 기준: 학습, 교수, 평가'에서 합의한 언어 숙달도 수준을 참조하였다(Council of Europe, 2000). 이 프로젝트는 쓰기 능력뿐만 아니라 일반적인 언어 숙달도 평가 문제를 다룬 것이지만, 제2언어 교육에서 포트폴리오 사용에 대해 혁신적으로 접근했다는 의미가 있다.

실제성

제2언어 쓰기 상황의 필수 구인인, 목표 언어의 사용(Target Language Usage) 면에서도 포트폴리오 평가의 실제성은 중요한 요인이다(Bachman & Palmer, 1996: 29). 포트폴리오의 가장 큰 장점은 특정 전공의 쓰기 능력을 단 한 편의 에세이가 아니라, 실제적 목적 하에 작성된 여러 쓰기 표본으로 평가하도록 설계된 점이다. 여러 편의 에세이를 완성하고 작성된 에세이 전부를 최종 포트폴리오에 포함시키는 쓰기 교실 프로그램들에서, 평가 과제(포트폴리오 내용)와 목표 언어 사용 과제(교실의 제2언어 쓰기 과제)는 교육과정과 최종 산물을 동시에 평가 대상으로 삼는다는 점에서 둘 다 실제적이다.

상호작용성

상호작용성은 '검사 과제를 성취함에 있어 수험자의 개별적 특성이 관여하는 범위와 유형'(Bachman & Palmer, 1996: 25)을 말한다. 수험자는 자신의 언어 능력, 메타 인지 전략, 주제 관련 지식, 정의적인 스키마 등을 불러내 검사 과제와 상호작용한다. 이 정의대로라면, 제한 시간이 있는 쓰기 평가를 포함하여 내용을 생성하고 조직하는 쓰기 과제라면 모두 상호작용적일 수 있다. 하지만 포트폴리오의 내용을 수집, 선택, 배열하는 행위에는 상당한 메타인지 전략이 필요하고, 포트폴리오 제작자의 주도적인 참여가 요구된다. 포트폴리오 내용을 구성하면서 쓰기 과정에 대해 더 상세히 배우도록 유도하고 동기유발 요인도 제공할 수 있기 때문에, 포트폴리오 과제의 상호작용성은 학생에게 대단히 유익하다. 다만, 쓰기 중점 수업 맥락에서는 더 효과적이겠지만 제2언어 쓰기와 같이 제한된 쓰기 기능을 숙달해야 할 때에는 덜 적절할 수도 있다.

환류 효과

포트폴리오 평가의 이점으로 구인 타당도 이외에 가장 빈번하게 언급되는 것은 학생, 교사, 프로그램에 미치는 환류 효과이다. Murphy와 Camp(1996)는 포트폴리오가 학생에게 미치는 세 가지 근본적인 이점을 논한다. 첫째, 포트폴리오는 성찰과 자기 인식 계발의 기회를 제공한다. 이 두 인지 요소는 학습에 중요한 역할을 한다. Hamp-Lyons과 Condon(2000)에 따르면, 성찰의 기회는 특히 학술적 맥락의 제2언어 필자에게 중요하다. 체계적으로 조직되어 운영되는 학술적 포트폴리오에는 쓰기 과정에 대한 양질의 성찰과 피드백 기회가 있다. 언어를 배우는 데 그리고 학문 목적 쓰기 과정의 요구를 이해하는 데 어려움을 겪는 학생일수록 초고와 수정고를 돌려받고 그에 대해 성찰하는 과정을 통해서 보다 성공적인 필자로 성장해 갈 수 있다. 둘째, 주도적으로 책임감을 가지고 글을 쓰는 상황과 일정 부분을 통제하며 포트폴리오 내용을 선택하는 과정을 통해, 학생은 자기 글에 대한 주인 의식을 발전시킨다. Murphy와 Camp(1996: 113~114)에 따르면, '포트폴리오 작성 과정에서 학생들은 자기 작품을 판단하고 자신의 쓰기 과정을 점검하고 자신의 목적을 설정하며, 자신은 물론 함께 작업한 이들을 소개하는 방법을 배운다.' 셋째, 학생들에게 자신의 포트폴리오 작업을 평가하고 수정할 분명한 준거와 기회가 주어진다면 학생들은 포트폴리오를 자기 평가와 기준을 개발할 근거로 사용할 수 있다.

신뢰도

포트폴리오에는 채점의 신뢰도를 떨어뜨리는 부분이 분명히 있기 때문에, 신뢰도 면에서는 시간 제한이 있는 대규모 쓰기 검사에 비해 불리한 게 사실이다. 대규모 포트폴리오 평가에서는 종종 시간 제한이 있는 쓰기 검사에 비해 상대적으로 신뢰롭지 않은 결과가 나타난다. 주 수준의 쓰기 평가가 이루어지는 지역으로 널리 알려진 버몬트 주 쓰기 평가에서 1993년 4학년과 8학년의 쓰기 포트폴리오에 대한 채점자 간 신뢰도는 각각 .56과 .62였다. 성실한 교사들이 포트폴리오 판정에 일관된 기준을 적용하려고 애를 쓰는 것은 분명하지만, 개별 교실에서 포트폴리오 평가 국면의 신뢰도는 교사에게 주요 관심사가 아닐 수도 있다. 직접 수업을 하는 교사보다는 학생이나 교육과정에 친숙하지 않은 사람이 포트폴리오를 읽을 때 그리고 평가 결과에 대한 학생의 이해관계가 높을 때에 신뢰도는 더욱 더 중요해진다.

포트폴리오 평가의 신뢰도를 높이려면 Hamp-Lyons와 Condon(2000: 134)에서 지적한 바와 같이, 특정 수준을 예시한 anchor portfolio 즉, 평가자 훈련에서 채점 기준표의 특정 수준을 예시하는 데 사용된 포트폴리오에 너무 의지해서는 안 된다. 본래 포트폴리오는 상이한 쓰기 유형의 집합적 표본이기 때문에, 앵커 포트폴리오를 특정한 채점 수준을 대표하도록 만들기란 거의 불가능하다. 결과적으로 포트폴리오가 다양화, 개방화되면 될수록, 채점의 신뢰도를 높이기가 점점 어려워질 것이다.

포트폴리오에 대해 가장 논쟁적인 지점은 포트폴리오 내 텍스트의 질이 상이하다는 데 있다. 균질하지 않은 수준의 단일 쓰기 답안을 판정할 때 평가자가 어려움을 겪는 것처럼, 특히 총체적 채점을 하면서 개개 쓰기 답안이 채점 준거를 어떻게 충족시키는지를 살펴야 할 때처럼 개개 텍스트의 완성 수준이 상이하다면 포트폴리오 채점자도 유사한 곤란을 겪는다. 평가자는 텍스트 고유의 장점을 고려하지 못하게 되거나 균질하지 않은 수준의 텍스트에 단일 점수를 부여하는 데 어려움을 겪을 수도 있다. 포트폴리오의 최종 텍스트에 대한 평가자 반응은 평가자가 이전의 과정 텍스트들에 어떻게 반응했는지에 따라 긍정적으로 혹은 부정적으로 달라질 수 있다는 점도 우려스럽다. 최종 채점에 불공정한 편향으로 작용할 수 있기 때문이다. 이러한 '후광 효과'를 말끔히 제거하기는 불가능하지만 평가자 훈련 동안 평가자 인식을 개선시킴으로써 어느 정도 완화할 수는 있다. 포트폴리오 전체를 급히 훑어보기보다 각각의 쓰기 표본이 갖고 있는 고유의 장점에 대해 평가자가 충분히 생각하도록 유도하는 것도 후광 효과를 줄일 수 있는 방안이다.

Herman 등(1996: 51)은 다음 조건 중 하나 이상이 충족되면 포트폴리오 평가의 신뢰도가 쉽게 확보될 수 있다고 자신한다. 첫째, 포트폴리오의 내용을 가능한 한 유사한 것으로 구성한다. 둘째, 고도로 훈련된 소수의 채점자가 있다. 셋째, 경험 있는 채점자가 잘 다듬어진 채점 기준표를 사용한다. 넷째, 준거가 명확하게 구분되고 수행 수준의 예시 자료가 있다. 다섯째, 오랜 시간 사용자와 채점자들이 밀접하게 협력하면서 누적해 온 경험과 가치를 공동체가 공유한다. 수험자의 삶에 중대한 결과를 초래하는 대외적 평가에 포트폴리오를 사용할 때에는 반드시 이러한 신뢰도 개선 조건을 충족하려고 노력해야 한다.

실용성

포트폴리오 평가에서 가장 큰 문제는 쓸 수 있는 자원의 양이나 유형이 제한적인 데 있다. 특히 교실 경계를 넘어서는 포트폴리오 평가에 필요한 인적 자원과 시간은 엄청나다. 특정 프로그램 전체를 대상으로 하는 포트폴리오 평가 체계를 제대로 개발하려면 상당한 규모의 자원을 대학 안팎에서 끌어와야 한다. 평가 기준을 설정할 때에도 꾸준히 전문가 자문을 받아야 하므로 이러한 과정에 시간과 에너지를 들일 가치가 있다고 믿는 교수 요원들을 확보해야 한다. 물론 포트폴리오를 구성할 기간만큼 프로그램을 지속하는 학생도 필요하다.

이러한 조건들을 필수적이라 강제한다면, 자율적으로 입학한 학생들이 몇 주간만 수업을 받는 성인 교육 프로그램 상황에서 포트폴리오 평가는 거의 불가능하다. 이러한 프로그램의 교수자는 시간제 계약직인 경우가 많으며 강의 이외의 학생 상담이나 추가 근무 비용을 받지 못한다. 또한 이러한 프로그램에서 쓰기는 상대적으로 덜 중요하게 여겨지므로, 포트폴리오 평가 프로그램을 전면적으로 도입하자고 설득하는 것은 교육과정 개발에 동의를 얻어내는 것보다 더 많은 시간과 노력이 필요할 것이다.

〈자료 2-3〉 포트폴리오 채점을 위한 총체적 지침(Wolcott, 1998)

6점 포트폴리오는 질적인 면에서 일관되게 수준 높은 작품을 담고 있다. 교실 밖에서 완성된 작품은 주의 깊게 수정되었고 교실 안에서 쓴 글 역시—오류가 조금 있긴 해도—탄탄하다. 내용이 창의적이거나 깊이가 있고 본인이 직접 작성했음을 알 수 있다. 전반적으로 유창하게 썼으며 정확하고 섬세한 어휘가 선택되었다. 글의 전개가 자연스럽고 조직도 대체로 적절하다. 필자는 문법, 어법, 맞춤법을 다루는 언어 능력이 견고하다.

5점 포트폴리오는 질적인 면에서 일반적으로 높은 수준의 작품을 담고 있다. 교실 안에서 쓴 글은 그리 탄탄하지 않을 때도 있지만, 교실 밖에서 완성된 작품은 주의 깊게 수정되었다. 내용이 어느 정도 창의적이거나 깊이가 있고 글의 전개와 조직도 만족스럽다. 쓰기 스타일이 다양하고 어휘가 정확하게 선택되었다. 문법, 어법, 맞춤법은 대체로 정확하다. 필자 본인이 과제 대부분을 수행하였다.

4점 포트폴리오는 질적인 면에서 대체로 탄탄한 작품들로 구성되었다. 교실 밖에서 완성한 작품은 어느 정도 주의 깊게 수정되었고 교실 안에서 쓴 글은 적당한 수준이다. 내용도 어느 정도 수준으로는 전개되었다. 조직은 대체로 적당한데 전체적으로 볼 때 일부 오류가 보인다. 필자가 포트폴리오 완성에 일정 시간과 노력을 들였음을 알 수 있다.

3점 포트폴리오에 실린 작품은 질적인 면에서 고르지 않다. 교실 밖에서 쓴 쪽글에 수정된 흔적이 있긴 하지만 약간에 불과하고 전반적이지는 않다. 교실 안에서 쓴 글에는 상당히 서툰 구석이 자주 눈에 띈다. 내용이 얕고 조직과 전개도 서툴다. 필자가 문법, 어법, 맞춤법을 수정했어도 오류는 여전히 남아 있다. 문장 구조와 어휘 선택도 대체로 단조롭다. 필자가 과제에 수동적으로 참여한 흔적이 종종 보인다.

2점 포트폴리오에 실린 작품은 전반적으로 수준이 낮다. 교실 밖에서 글을 쓰고 수정한 것에도 문제가 있고 교실 안에서 쓴 글도 매우 수준이 낮다. 내용이 얕고 전개 역시 어색할 때가 잦다. 문법, 어법, 맞춤법 오류가 전반적으로 나타나며 문장 구조는 대체로 단순하다. 쓰기 시험에 임하는 자세도 매우 수동적이다.

1점 포트폴리오의 작품들은 매우 서투른 것들이다. 교실 밖에서 쓴 작품을 수정하려고 했을지 모르나 그러한 노력이 거의 보이지 않는다. 교실 안에서 작성된 글에는 오류가 다양하게 나타난다. 내용 전개와 조직 면에서 개선되어야 할 부분이 많다. 문법적으로 문제가 많고 통사 구조도 혼란스럽다. 필자는 과제에 거의 공을 들이지 않은 것 같다.

2.6. IBT 외국어 숙달도 평가

숙달도 평가는 전반적이고 포괄적인 언어 의사소통 능력의 정도를 측정하는 시험으로 특정 교육과정이나 수업 과정에 국한된 것이 아니라 수험자의 성공적인 의사소통 숙달도 측정에 목표를 두는 평가이다(김유정, 1999: 168). 즉, 수험자가 어떤 학습 경험을 가졌고 그 학습 기간 동안 어떤 학습 내용을 얼마나 성취했는지가 중요한 것이 아니라 수험자 개인이 습득한 목표어의 전반적인 숙달 정도를 측정하는 것이다. 대규모 고부담 숙달도 평가는 기존의 지필 시험에서 Computer Based Test, Internet Based Test로 응시 여건을 수험자 친화적으로 개선하는 기술 발전이 계속되고 있다.

이번 항에서는 IBT 외국어 숙달도 평가 중에서 대표적으로 세 개 시험이 논의된다.[10] 대표적인 영어 숙달도 평가로 알려진 TOEFL, First Certificate in English(FCE), International English Language Testing System(IELTS)에 대해 알아보고자 하는데 이 시험들은 모두 쓰기가 독립된 영역으로 포함된 어학 시험이다. 이들 시험 결과는 전 세계적으로 대학 입학 허가나 고용을 위한 언어 숙달도의 인증 목적으로 사용된다. 각각의 평가에 대한 개요와 쓰기 평가의 문항 유형, 채점 기준 등에 대해 알아보도록 한다.

TOEFL(Test of English as a Foreign Language)

대표적인 IBT 평가인 TOEFL iBT는 중앙 채점 네트워크에서 읽기와 듣기 영역은 컴퓨터가 채점하고, 말하기와 쓰기 영역은 자동화된 AI 채점과 고도로 교육받은 다수의 채점자가 결합하여 채점을 진행한다. 이로써 응시자의 언어 능력을 완전하고 정확하게 평가할 수 있으며, 직접 면담에서 발생할 수 있는 채점자의 편견을 최소화할 수 있다. 또한 일관성과 최고 품질을 보장할 수 있는 체계를 갖추게 된다(황성은, 2022: 334~337).

TOEFL 쓰기 시험은 1998년 7월 컴퓨터를 기반으로 본격 시행되었다. 컴퓨터 기반 TOEFL은 듣기, 읽기, 말하기, 쓰기의 네 영역에서 시행되며 전체 시험 시간은 컴퓨터 지도 시간을 필수로 포함하여 대략 두 시간 반 정도이다. 쓰기 영역 시험은 30분을 엄수해야 한다.

TOEFL 쓰기 시험은 논증적 에세이를 쓰는 과제이다. 주장을 생성하고 조직하는 능력, 이러한 생각을 예시나 근거를 토대로 뒷받침하는 능력 그리고 부과된 화제에 반응하여 표준 문어 영어로 작문하는 능력을 측정하는 것이다. TOEFL이 학문 목적 수험자를 대상으로 개발되었기 때문에 실제성의 측면에서

10) 정희모·김성숙·유혜령·서수현 역(2017), 『쓰기 평가』 7장 쓰기 평가 사례의 일부 내용을 요약하였고 2024년 12월 기준으로 확인된 정보 내용을 보완함.

논증 양식이 채택되었다.

TOEFL의 쓰기에는 크게 두 가지 유형이 있다. 첫 번째 유형은 수험자가 지문을 읽고 동일 주제의 짧은 강의를 들은 후 컴퓨터로 답안을 작성하는 통합형(Integrated) 쓰기 유형이며 시간은 20분이 주어진다. 읽기 지문은 〈자료 2-4〉와 같이 제시되며 수험자는 3분 동안 지문을 읽고 중심 내용을 찾으며 핵심 내용을 파악한다. 강의 듣기 후에 읽기 자료가 다시 제공되므로 첫 읽기 단계에서 내용을 외울 필요는 없다. 강의 듣기의 경우 주제는 읽기 지문과 같지만 관점이 다른 내용으로서 2분가량 듣게 된다. 수험자는 노트 필기를 하면서 읽기 지문에서 다루어진 내용과 무엇이 다른지를 비교하며 강의를 들어야 한다. 강의는 1회만 들려준다.

〈자료 2-4〉 TOEFL iBT 쓰기 문제 유형 1(ETS, 2024)

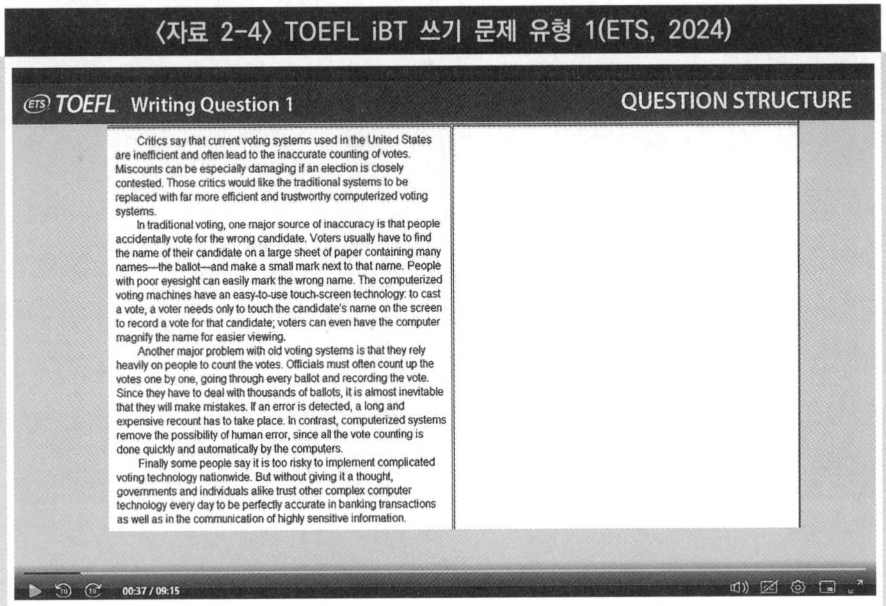

Critics say that current voting systems used in the United States are inefficient and often lead to the inaccurate counting of votes. Miscounts can be especially damaging if an election is closely contested. Those critics would like the traditional systems to be replaced with far more efficient and trustworthy computerized voting systems.

In traditional voting, one major source of inaccuracy is that people accidentally vote for the wrong candidate. Voters usually have to find the name of their candidate on a large sheet of paper containing many names—the ballot—and make a small mark next to that name. People with poor eyesight can easily mark the wrong name. The computerized voting machines have an easy-to-use touch-screen technology: to cast a vote, a voter needs only to touch the candidate's name on the screen to record a vote for that candidate; voters can even have the computer magnify the name for easier viewing.

Another major problem with old voting systems is that they rely heavily on people to count the votes. Officials must often count up the votes one by one, going through every ballot and recording the vote. Since they have to deal with thousands of ballots, it is almost inevitable that they will make mistakes. If an error is detected, a long and expensive recount has to take place. In contrast, computerized systems remove the possibility of human error, since all the vote counting is done quickly and automatically by the computers.

Finally some people say it is too risky to implement complicated voting technology nationwide. But without giving it a thought, governments and individuals alike trust other complex computer technology every day to be perfectly accurate in banking transactions as well as in the communication of highly sensitive information.

강의가 끝나면 다시 읽기 지문이 나오는데 화면 상단에 쓰기 문항이 함께 제시된다. 수험자는 강의의 내용을 요약하고 요약한 내용이 읽기 지문의 내용과 어떻게 관련되는지 서술해야 한다. 이때 답안의 분량이 정해져 있지는 않지만 ETS에 따르면 일반적으로 유효한 응답은 150단어에서 225단어 정도이다.

두 번째 문항 유형은 학술 토론형(Academic Discussion) 문항으로 대학에서 이루어지는 온라인 학술 토론을 배경으로 한다. 교수가 특정 주제에 대한 질문을 온라인에 게시한 후 두 명의 다른 학생이 교수가 제시한 주제에 대한 의견을 올렸고 이후 수험자가 온라인 토론에 참여하여 토론에 기여하는 내용으로 답안을 작성해야 한다. 두 번째 과제는 10분 동안 진행되며 답안에 수험자의 견해가 명확히 드러나야 하며 응집성이 있어야 하고 근거나 사례로 잘 뒷받침되어야 한다. 두 번째 문항의 예시는 〈자료 2-5〉와 같다.

〈자료 2-5〉 TOEFL iBT 쓰기 문제 유형 2(ETS, 2024)

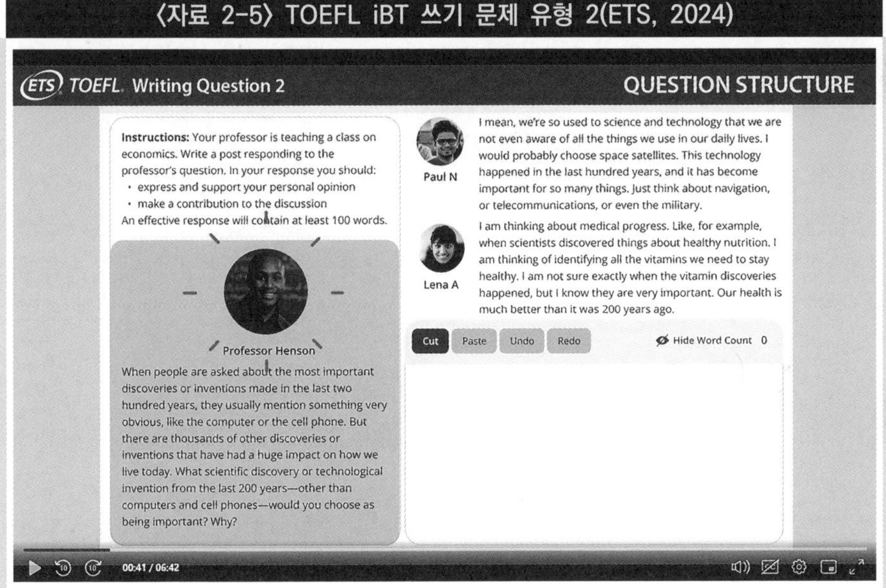

TOEFL 쓰기 채점 기준에는 과제에 대한 이해 정도, 글의 조직과 전개, 세부 근거의 사용, 맞춤법 및 통사적 다양성과 적합한 단어 선정 등의 항목이 포함된다. 답안은 각각 0점부터 5점까지의 총체적 평가 척도로 채점되며 원점수는 0점~30점의 척도화된 섹션 점수로 변환된다. 문항 유형별 채점 기준은 〈자료 2-6〉과 같다.

〈자료 2-6〉 TOEFL iBT 쓰기 채점 기준(ETS, 2024)

통합형 쓰기 채점 기준

5점 수준의 답안은
- 강의에서 중요한 정보를 성공적으로 선택하고 이 정보를 읽기 지문에서 제시된 관련 정보와 관련하여 일관되고 정확하게 제시함. 내용이 잘 조직됨. 가끔 오류가 있으나 내용이나 연결의 부정확성 혹은 모호한 표현으로 이어지지 않음.

4점 수준의 답안은
- 강의에서 중요한 정보를 대체로 잘 선택하고 이를 읽기 지문과 관련지어 응집성 있고 정확하게 잘 제시함. 그러나 강의의 일부 내용이나 읽기 지문에서 언급된 요점과 관련하여 사소한 누락, 부정확, 모호함 또는 부정확함이 있을 수 있음. 더 잦은 혹은 눈에 띄는 오류가 있다고 해도 글의 명확성이나 연결성을 해치지 않는다면 이 수준에서 채점됨.

3점 수준의 답안은 강의의 중요한 정보를 포함하고 있으며 읽기 지문과 관련된 내용을 전달하지만 다음 중 한 가지 이상의 문제점이 있음.
- 답안이 대체로 과제 수행에 맞춰져 있지만 강의에 언급된 요점과 읽기 지문에 언급된 요점 간의 모호하고 구체적이지 않으며 불분명하거나 다소 부정확한 관련성만 전달함.
- 강의에서 언급된 주요 요점이 한 가지 생략됨.
- 강의나 읽기 지문에서 언급된 일부 주요 요점이, 혹은 강의와 읽기 간의 관련성이 불완전하거나 부정확하고 모호함.
- 잦은 문법 사용의 오류로 인해 의미와 관련성을 전달하는 데 눈에 띄게 모호한 표현이나 모호한 의미가 발생할 수 있음.

2점 수준의 답안은 강의의 관련 정보를 일부 포함하지만 심각한 언어적 실수, 혹은 강의의 중심 내용이나 강의와 읽기 지문과의 관련성 등에서 심각한 수준의 생략 또는 부정확성을 보임. 이 수준의 답안은 다음 중 한 가지 이상의 문제점이 있음.
- 강의와 읽기 지문 간의 전반적인 관련성을 상당히 잘못 표현하거나 완전히 생략함.
- 강의에서 언급된 중요한 요점을 심각하게 생략해 버리거나 심각하게 잘못 표현함.
- 주요 시점에서 연결, 의미를 크게 모호하게 하거나 읽기 지문이나 강의 내용에

익숙하지 않은 독자에게 주요 개념에 대한 이해를 모호하게 할 가능성이 있는 언어 오류를 보임.

1점 수준의 답안은 다음 중 한 가지 이상의 문제가 있음.
- 강의에서 유의미하거나 관련성 있는 내용을 거의 또는 전혀 제공하지 않음.
- 사용된 언어 수준이 너무 낮아서 의미를 도출하기가 어려움.

0점 수준의 답안은 읽기 지문의 문장을 단순히 베꼈거나 주제를 완전히 벗어났거나 외국어로 쓰였거나 키보드를 입력한 흔적만 있거나 비어 있음.

학술토론형 쓰기 채점 기준

5점 완벽히 성공적인 답안

이 수준의 답안은 온라인 토론 내용과 관련성이 높고 토론에 매우 명확하게 기여하며 언어 사용에 대한 일관된 능력을 보여줌.
- 관련성이 높고 매우 자세한 설명, 예시와 세부 정보가 있음.
- 통사적 다양성과 정확하고 적절한 단어 선택 능력을 발휘함.
- 시간제한이 있는 상황에서 능숙한 작성자의 답안에서도 발생할 수 있는 오류를 제외하면 어휘나 문법 면에서 오류가 거의 없음(예: 일반적인 오타, 예를 들면 there/their 같은 일반적인 철자 오류 또는 대체)

4점 대체로 성공적인 답안

이 수준의 답안은 온라인 토론 내용과 관련성이 높고 언어를 잘 사용하여 글쓴이의 생각을 쉽게 전달함.
- 관련성이 높고 적절하게 자세한 설명, 예시, 세부 정보가 있음.
- 다양한 통사 구조와 적절한 단어 선택을 보임.
- 어휘나 문법적 오류가 거의 없음.

3점 어느 정도 성공적인 답안

이 수준의 답안은 온라인 토론 내용과 대체로 관련성이 있고 대체로 이해 가능한 정도의 기여를 함. 그리고 어느 정도의 언어 사용 능력을 보여줌.
- 내용, 예시, 세부 정보에 대한 설명이 일부 없거나 불분명하거나 관련성이 없음.
- 통사 구조와 어휘 범주에 있어 어느 정도의 다양성을 보임.

• 문장 구조, 단어 형태 혹은 관용 표현에서 눈에 띄는 오류가 있음.

2점 대체로 성공적이지 않은 답안

이 수준의 답안은 온라인 토론에 기여하고자 하는 의도는 반영되었으나 언어 사용 능력의 부족으로 인해 필자의 생각을 이해시키기가 어려움.

• 제대로 설명되지 않았거나 부분적으로만 관련 있는 내용임.
• 제한된 범위의 통사 구조와 어휘를 보임.
• 문장 구조, 단어 형태 등 언어 사용 면에서 지속적으로 오류가 누적됨.

1점 성공적이지 않은 답안

이 수준의 답안은 온라인 토론에 기여하지 못하고 언어 사용 능력의 부족으로 인해 자신의 생각을 거의 표현하지 못함.

• 과제를 수행하고자 단어와 구를 사용했지만 글의 앞뒤가 맞지 않음.
• 사용된 통사 구조와 어휘 범주에 심각한 제약이 있음.
• 언어 사용에서 심각하고 높은 빈도의 오류가 있음.
• 본인의 언어로 기술하지 못함. 응집성 있는 문장은 제시문에서 대부분 가져온 것임.

0점 수준의 답안은 비어 있거나 주제를 벗어나거나 영어가 아니거나 제시문을 베꼈을 경우, 제시문과 관련성이 없거나 임의로 키보드를 두드린 흔적만 있는 경우임.

TOEFL 쓰기 시험은 전 세계에서 거의 매일 시행되기 때문에 채점도 평일에 매일, 어떤 경우는 일요일까지도 이루어진다. 자격증이 있는 정예 채점자들이 정해진 날에 ETS의 온라인 채점 네트워크에 접속해 TOEFL 쓰기 답안을 채점한다. 채점자들은 ETS에서 설립한 채점 센터에 직접 가거나 웹 접속을 통해 채점할 수 있으며 자신이 채점할 '폴더'를 배부받는다. 채점자는 답안에 상시 접속할 수 있고 채점 리더의 감독 아래 채점 작업을 수행한다. 채점 리더들은 실시간으로 채점자의 수행을 점검하며 채점이 진행되는 동안 채점자에게 접속할 수 있고 채점자도 이들에게 접속할 수 있다. 모든 채점자는 채점 기간 동안 매일 시작할 때마다 점수 조정 시험에 통과해야 한다. 채점 리더는 '점검용 답안'에 나타난 채점자의 수행을 관찰할 수 있다. 이 점검용 답안은 채점되고 있는 답안들을 서로 뒤섞은 것으로, 사전에 채점된 것을 사용한다(Robert Kantor, 인터뷰, 2000.3). 최종 점수는 두 채점자가 부여한 점수의 평균값이다. 2점 이상 불일치가 있을 경우는 또 다른 두 명의 채점자가 다시 채점하게 된다.

First Certificate in English(FCE, B2 First)

FCE로 알려진 B2 First 시험은 케임브리지 영어 시험(Cambridge English Qualifications)의 8단계 중 중상급 수준(Upper-intermediate level)에 해당하는 영어 숙달도 평가 도구이다. B2 First를 획득한 수험자는 영어 사용 국가에서 직업을 구하거나 학업을 수행할 정도의 영어 능력을 갖추었음을 인정받게 되며 이 시험에서 고득점한 학습자는 다음 레벨인 C1 Advanced(CAE) 시험에 도전할 수 있다.

B2 First 시험은 읽기와 영어 사용(75분), 쓰기(80분), 듣기(40분), 말하기(14분)로 구성되는데 쓰기 시험은 편지, 리포트, 리뷰, 에세이 중 두 종류의 다른 작문을 수행할 수 있는지 평가한다. 제1부는 에세이를 쓰는 것으로 주어진 주제에 대해 자신의 견해를 밝히고 결론을 이끌어 내야 한다. 주어진 정보에 더해 자신의 창의적 의견을 더해야 하며 모두 140~190단어로 해당 쓰기 양식에 맞게 작성해야 한다. 제2부는 3개 문항 중 한 가지를 골라 쓰는 유형으로 (격식적인 혹은 비격식적인) 이메일이나 편지, 리포트나 리뷰를 작성하는 것이며 동일하게 140~190단어로 작성해야 한다. B2 First 디지털 시험의 예시는 〈자료 2-7〉과 같다.

B2 First 시험의 쓰기 과제 채점은 〈자료 2-8〉과 같이 총체적 인상에 근거한 6점 척도를 따른다. 그러나 세부 과제마다 과제 맞춤형 채점 기준표를 시험 시행 이전에 마련하고 실제 예시 글이나 답안을 검토한 후에 최종적으로 과제별 채점 기준표를 완성한다는 점에서 단순 인상 평가에 근거한 총체적 평가와

는 구분된다. 과제별로 내용, 의사소통 목적 달성, 조직 그리고 언어 면에서 대상 독자에게 요구된 효과 구현 정도가 평가 요인이 된다.

B2 First 시험 결과는 Pass와 Fail로 나뉘는데 160점 이상부터 합격이다. 점수에 따라 Grade A, B, C로 표시되며 D, E는 불합격이다. 응시자는 B2

〈자료 2-7〉 B2 First 시험 문제 예시
(Cambridge University Press & Assessment, 2023)

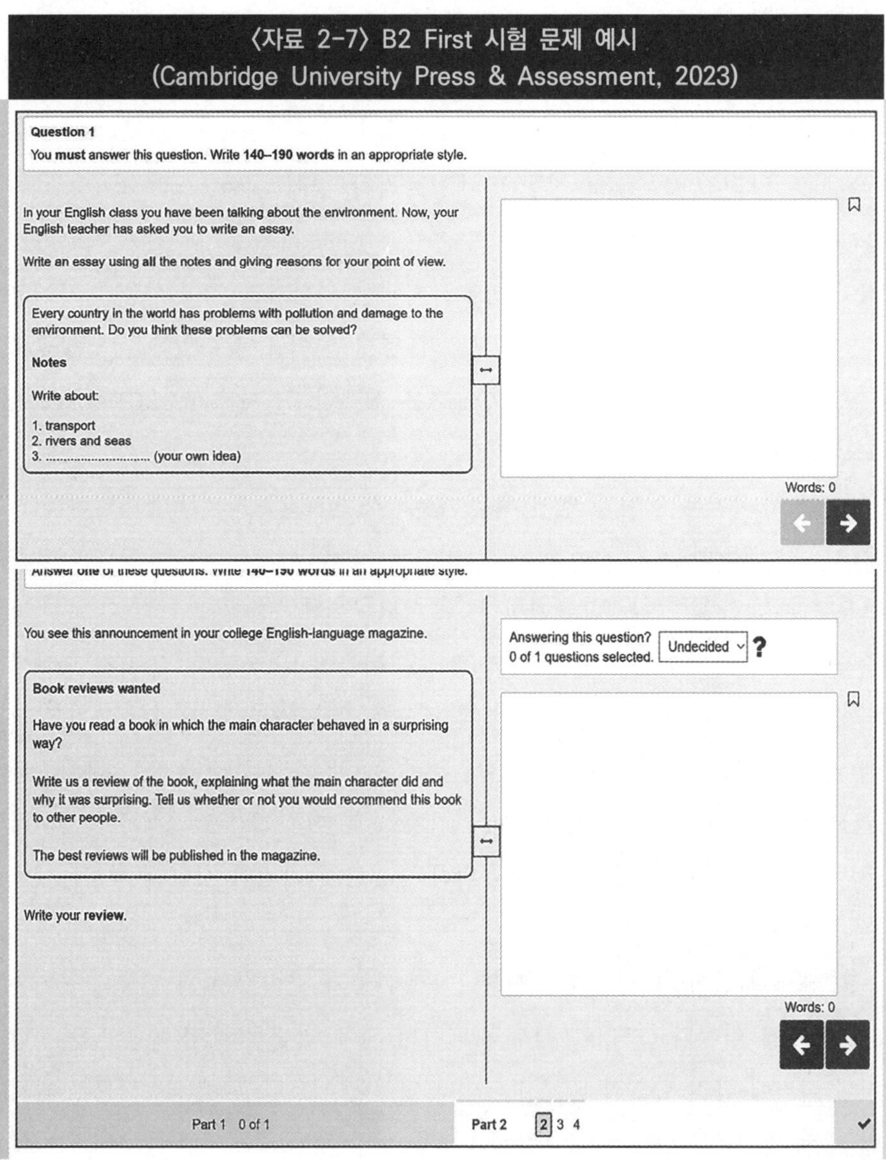

Question 1

You **must** answer this question. Write **140–190 words** in an appropriate style.

In your English class you have been talking about the environment. Now, your English teacher has asked you to write an essay.

Write an essay using **all** the notes and giving reasons for your point of view.

Every country in the world has problems with pollution and damage to the environment. Do you think these problems can be solved?

Notes

Write about:

1. transport
2. rivers and seas
3. .... (your own idea)

Words: 0

Answer one of these questions. Write 140–190 words in an appropriate style.

You see this announcement in your college English-language magazine.

Book reviews wanted

Have you read a book in which the main character behaved in a surprising way?

Write us a review of the book, explaining what the main character did and why it was surprising. Tell us whether or not you would recommend this book to other people.

The best reviews will be published in the magazine.

Write your **review**.

Answering this question? Undecided ?
0 of 1 questions selected.

Words: 0

Part 1 0 of 1 **Part 2** 2 3 4

First 성적 결과로 총평과 다섯 개 영역의 수행 수준 그래프를 받는다. 그래프는 매우 우수함-우수함-보통-취약함의 척도로 제시되고 각 영역에서 응시자의

〈자료 2-8〉 B2 First 시험 채점 기준 (Cambridge University Press & Assessment, 2023)

B2	내용 (Content)	의사소통 목적 달성 (Commuinicative Achievement)	조직 (Organisation)	언어 (Language)
5	모든 내용이 과제와 관련성이 높음. 목표로 한 독자에게 정보가 충분히 제공됨.	목표로 한 독자의 관심을 끌기 위해 효율적 의사소통 형식을 취하며 간단하거나 복잡한 내용을 적절히 전달함.	다양한 결속 장치와 조직적인 구조를 사용하여 내용을 매우 잘 조직하였고 응집성이 높음.	고급 어휘를 포함하여 다양한 어휘와 문법 범주를 활용함. 가끔 오류가 있으나 의사소통에 지장을 주지 않음.
4	3점~5점 사이의 자질을 보임.			
3	과제의 요구와 조금 관련성이 떨어지거나 누락된 내용이 있음. 목표로 한 독자가 전반적으로 정보를 파악할 수 있음.	목표로 한 독자의 관심을 끌기 위해 필요한 의사소통 양식에 따라 간단하게 내용을 전달함.	다양한 연결 표현과 결속 장치를 사용하여 글이 전반적으로 잘 조직되고 응집성이 있음.	일상 어휘는 자유롭게 사용하나 저빈도 고급 어휘의 사용 폭이 다소 제한적임. 간단한 문법과 함께 복잡한 문법도 어느 정도 잘 사용함. 오류가 의사소통을 방해하지 않음.
2	1점 ~ 3점 사이의 자질을 보임.			
1	과제의 요구를 상당히 벗어난 내용이거나 잘못 이해한 내용이 있음. 목표로 한 독자에게 최소한의 정보가 제공됨	간단한 내용을 전달하기 위해 이해 가능한 정도의 의사소통을 함.	기본적인 연결 표현과 단순한 결속 장치를 사용하여 글을 조직함.	일상 어휘를 일반적으로 사용하며 특정 어휘를 특히 자주 사용하는 양상을 보임. 간단한 문법을 제한적으로 사용함. 오류가 잦아 의미가 모호함.
0	내용이 주제를 벗어남. 목표로 한 독자에게 정보가 제공되지 않음.	1점 미만의 자질을 보임.		

상대적 수행 정도가 표시된다.

B2 First 시험은 TOEFL과 마찬가지로 시험 합격 점수가 여러 영역에서 공인되며 TOEFL에 비해 응시자 범위가 넓다. 쓰기 시험 시간이 길고 한 편의 필수 과제에 더하여 선택 과제가 있는 점, 선택 과제 유형이 다양하고 쓰기 답안을 이중 채점하지 않는 점 등이 특징이다. TOEFL 쓰기 시험은 과제 유형을 제한하고 답안을 이중 채점함으로써 신뢰도에 중점을 두는 반면, B2 First는 응시자가 자신의 고유한 상황과 언어 사용 목적에 적절한 과제를 고르게 함으로써 실제성과 상호작용성을 강조하는 시험이라고 볼 수 있다.

IELTS(International English Language Testing System)

IELTS는 유학과 이민 목적의 영어 학습자들을 위한 국제공인영어시험의 한 종류이다. TOEFL과 유사하나 숙달도 목표는 TOEFL보다 낮다. IELTS는 British Council, IDP IELTS, Cambridge University Press & Assessment가 공동 관리한다. 시험은 듣기, 말하기, 읽기, 쓰기의 네 영역이고 읽기와 쓰기는 일반 직업 목적과 학술 목적 모듈 중에서 선택하게 된다. 시험 시간은 2시간 45분이며 쓰기 시험에는 60분이 할당된다. 쓰기 시험은 짧은 과제(150단어, 20분)와 긴 과제(250단어, 40분)로 구성된다.

직업 목적 시험의 첫 과제는 주어진 문제에 대해 요청하거나 설명하는 편지를 쓰는 것이다(〈자료 2-9〉 참조). 두 번째 과제는 사실에 기반한 정보를 보고 문제의 개요를 설명하고 해결책을 제안하며 자신의 견해를 정당화하거나 논증하고 평가하는 에세이나 보고서를 쓰는 것이다(〈자료 2-10〉 참조). 두 과제의 화제는 일반적인 관심사이다.

〈자료 2-9〉 IELTS 직업 목적 쓰기 과제 1(IELTS, 2024)

Part 1
You should spend about 20 minutes on this task. Write at least 150 words.

You live in a room in college which you share with another student. However, there are many problems with this arrangement and you find it very difficult to work.

Write a letter to the accommodation officer at the college. In your letter

- **describe the situation**
- **explain your problems and why it is difficult to work**
- **say what kind of accommodation you would prefer**

You do **NOT** need to write any addresses.

Begin your letter as follows:

Dear Sir or Madam

Words: 0

Part 1

〈자료 2-10〉 IELTS 직업 목적 쓰기 과제 2(IELTS, 2024)

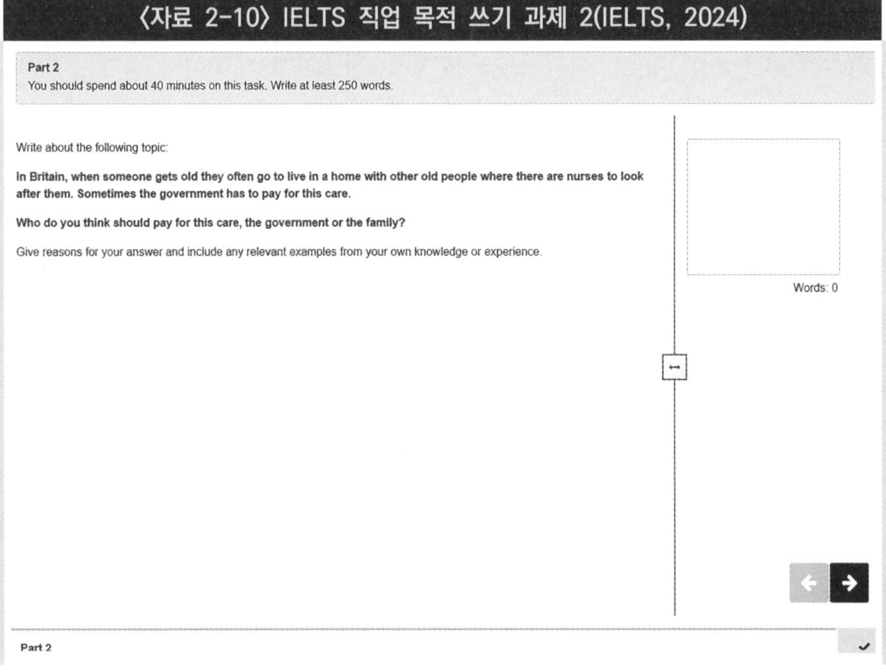

Part 2
You should spend about 40 minutes on this task. Write at least 250 words.

Write about the following topic:

In Britain, when someone gets old they often go to live in a home with other old people where there are nurses to look after them. Sometimes the government has to pay for this care.

Who do you think should pay for this care, the government or the family?

Give reasons for your answer and include any relevant examples from your own knowledge or experience.

Words: 0

Part 2

〈자료 2-11〉 IELTS 학문 목적 쓰기 과제 1(IELTS, 2024)

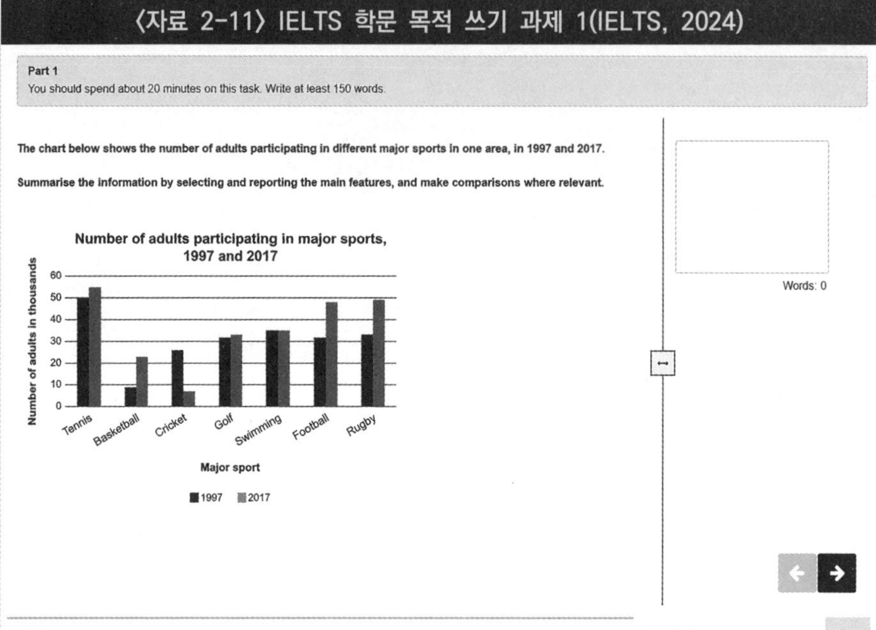

학문 목적 시험의 첫 과제는 다이어그램이나 표를 보고 정보를 요약하는 것이다(〈자료 2-11〉 참조). 자료를 조직, 제시, 비교하고 대상이나 과정, 사건의 순서를 기술하며 어떤 것이 어떻게 작용하는지 설명해야 한다. 두 번째 과제에서는 특정 문제의 해결책을 제시하거나 견해를 제시하여 정당화해야 하고, 제공받은 근거, 견해, 의미를 비교하거나 대조해야 하며, 아이디어 및 논증에 대해 평가하고 이의를 제기해야 한다(〈자료 2-12〉 참조). 대학이나 대학원에 입학하려는 이들이 관심을 가질 만한 화제가 선정된다.

IELTS의 시험 결과는 총점(〈자료 2-13〉 참조)과 각 기능 영역의 점수가 1점(해당 언어권 구사자로 볼 수 없음)에서 9점(전문 구사자)으로 고지된다. 결과는 자격증을 소지한 IELTS 채점자가 두 과제를 독립적으로 평가하는데, 더 긴 시간 동안 작성된 과제 2에 가중치가 있다. 과제1은 과제 완수, 통일성과 응집성, 어휘와 문장 구조를 기준으로 평가되며 과제2는 논증, 아이디어와 근거, 내용 전달의 질, 어휘와 문장 구조를 기준으로 평가된다. 신뢰도가 입증된 9점 척도

〈자료 2-12〉 IELTS 학문 목적 쓰기 과제 2(IELTS, 2024)

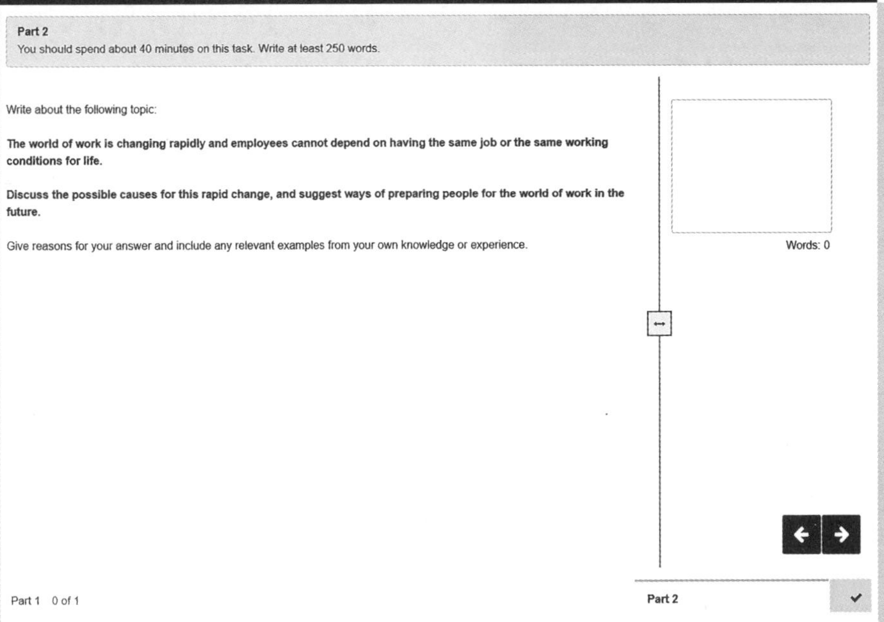

의 채점 기준표에 더하여 채점자 논평이 적힌 점수대별 예시 답안도 함께 제공된다. 네 기능 영역 평가 점수가 모두 불일치하는 경우, 한 채점자가 더 채점을 한다. 지역 평가 센터는 정기적으로 일정 수의 답안을 케임브리지 대학 지역 평가 연합체에 보내어 해당 기간 평가에 임한 채점자들의 수행이 타당했는가를 검토받고 그 결과는 다시 채점자 재교육에 사용되는 방식으로 점수대별 예시 답안이 상시 검토된다(Linda Taylor, 인터뷰, April 2001).

IELTS는 고등 교육과 이민 허가라는 주요 목적을 가진 고부담 시험이다. 그래서 TOEFL이나 FCE처럼 대규모로 관리되며 효율적인 채점이 필수적이다. IELTS 시험의 특징은 응시자가 응시 목적에 따라 직업 목적과 학문 목적 중 선택을 하고, 짧은 글과 긴 글에는 다른 분석적 척도가 적용되고, 기능 간에 균질적이지 않은 점수를 받은 답안은 이중 채점된다는 것이다. 이중 채점을 통해 응시자의 능력을 구체적으로 확인하거나 채점자의 실수를 개선할 수 있다.

IELTS(2024)[11]에 따르면 쓰기 과제에서는 과제1과 과제2에서 모두 과제 요구를 수행한 정도, 응집성과 결속 구조, 어휘 수준, 문법 범주와 정확성 등이 채점 준거로 제시된다. 예를 들어 직업 목적 모듈에 대한 설명에서 첫 번째 과제의 채점 기준은 다음과 같이 기술되었다. "응시자는 의사소통 목적을 분명히 함으로써 과제의 요구를 명확히 수행하고 글의 내용적, 형식적 응집성을 높여야 한다. 그리고 적절한 어휘를 사용하고 문법을 정확하게 사용해야 한다."

〈자료 2-13〉 IELTS 점수 체계(IELTS, 2024)

9 전문적인 구사자
완벽한 언어 능력을 갖춤. 완벽한 이해가 가능하며 적절성, 정확성, 유창성이 있음.

8 매우 우수한 구사자
아주 가끔 비체계적인 부정확성과 부적절성을 보일 때가 있지만 완전한 언어 능력을 지님. 익숙하지 않은 상황에서는 내용을 잘못 이해할 수 있음. 복잡하고 상세한 논증도 잘 다룸.

7 우수한 구사자
일부 상황에서 부정확성, 부적절성, 잘못된 이해를 보이기도 하지만, 언어 능력을 갖춤. 전반적으로 복잡한 표현도 잘 다루고 상세한 추론도 이해함.

6 능숙한 구사자
약간의 부정확성, 부적절성, 잘못된 이해를 보이긴 하지만 전반적으로 효과적인 언어 능력이 있음. 특히 익숙한 상황에서는 상당히 복잡한 표현도 사용하고 이해가 가능함.

11) IELTS Writing Key Assessment Criteria, https://s3.eu-west-2.amazonaws.com/ielts-web-static/production/Guides/ielts-writing-key-assessment-criteria.pdf

5 보통 구사자
많은 실수를 할 가능성이 있지만 대부분의 상황에서 전반적인 뜻은 이해할 수 있을 정도의 언어 능력이 있음. 자신의 분야에서 기본적인 의사 표현은 정확한 편임.

4 제한적인 구사자
기본적인 언어 능력이 익숙한 상황으로만 제한됨. 이해와 표현을 할 때 자주 문제가 생김. 복잡한 표현은 사용하지 못함.

3 극히 제한적인 구사자
매우 익숙한 상황에서 오직 일상적인 의미만 전달하고 이해함.
의사소통 상황에서 빈번히 소통 장애가 발생함.

2 간헐적인 구사자
해당 언어로 말을 하거나 글을 쓰는 것이 매우 어려움.

1 해당 언어권 사용자로 볼 수 없음
몇 개 단어 구사가 가능한 것 말고는 해당 언어를 사용할 능력이 거의 없음.

0 시험에 응시할 수 없음
평가할 만한 정보가 제공되지 않음.

2.7. 한국어 숙달도 평가

한국어 숙달도 평가로는 국립국제교육원이 주관하는 TOPIK(Test of Proficiency in Korean)과[12] 세종학당재단이 개발하여 2022년부터 시행하고 있는 SKA(Sejong

12) 한국어능력시험은 1997년에 한국학술진흥재단의 주관으로 처음 실시된 후 1999년 3회부터 20회까지 한국교육과정평가원에서 주관했다. 시행 초기에 KPT(Korean Proficiency Test)이던 본 시험의 영어 명칭이 2005년부터 TOPIK(Test of Proficiency in Korean)으로 바뀌었다. 2011년 사업 주관 기관이 한국교육과정평가원에서 교육부 국립국제교육원으로 변경되었다(한국민족문화대백과, 한국학중앙연구원).

Korean language Assessment)가 있다. 연세대학교 언어연구교육원 한국어학당이 2009년에 YBM-sisa의 지원으로 개발하여 시행 중인 KPE(Korean Proficiency Examination) 평가는 말하기 숙달도까지 평가할 수 있는 국내 최초의 평가 도구라는 의의를 가진다.

연세대학교 한국어학당에서는 2020년에 말하기 평가를 포함한 온라인 한국어 숙달도 평가를 개발하였으며 2022년 학습자를 대상으로 모의평가를 실시하여 평가의 타당성을 검증하고 2023년에는 예비 한국어 평가 전문 교원들을 대상으로 채점자 워크숍을 진행한 바 있다. 4장 '한국어 쓰기 숙달도 평가의 실제'에 소개된 문항과 답안 사례는 2020년부터 2023년까지 진행된 이러한 과제 성과의 일부이다.

기술의 발전이 교수법의 변화를 이끌어 가면서 평가 방식도 다양해지고 있다. 기존의 전통적인 PBT(Paper-Based Test) 방식에서 CBT(Computer-Based Test), IBT(Internet-Based Test)로 응시 환경이 확대되고 있을 뿐만 아니라 개인이 원하는 장소에서 본인의 디바이스로 응시할 수 있는 UBT(Ubiquitous-Based Test) 방식까지 시도되고 있어 수험자 친화적인 평가로 개선 중이다.

5장에 소개된 연세대학교 한국어학당의 숙달도 평가 원리는 IBT에서 나아가 UBT 방식의 언어 평가를 지향하는 것으로 대면 방식의 평가에 비하여 시공간 제약과 비용의 한계를 극복하고자 개발하였다. 그리고 단순한 평가 결과 고지에서 나아가 수험자 맞춤형 피드백을 줌으로써 개별적으로 맞춤 학습 방법을 제안하는 한편 수험자 상호 평가로써 수험자에게 자기 주도적이고 능동적인 학습 경험을 제공하고자 하였다.

3. 채점 기준표의 구성 요소

전형적인 직접 평가는 수험자가 쓴 글에 훈련된 채점자가 점수를 부여하는 방식으로 진행된다. 평가 결과에 대한 신뢰도를 확보하려면 타당성이 입증된 서술식 채점 기준표에 근거해 점수를 부여해야 한다. 일반적으로 서술식 채점 기준표(rubric)는 목표 숙달 영역을 범주화한 ① 평가 준거(criteria)와 수행 과제가 기술된 ② 평가 문항(item) 그리고 해당 문항에서 제시한 과제를 수행한 수준에 따라 구획하는 ③ 등간 척도(standard)로 구성된다. 등간 척도의 범위는 연구자의 판단에 따라 3개 이상 다양하게 구획되고, 이 등간 척도에 부여되는 ④ 양적 점수 척도(scale)의 범위도 평가 대상 집단의 특성이나 평가의 목적에 따라 달라진다. 평가자는 ⑤ 질적 기술 척도(description) 내용을 보고 수험자의 수행 수준에 해당하는 양적 척도 점수를 부여하는 채점을 수행하게 된다. 효율적으로 평가를 하려면 이 질적 척도를 간단명료하게 기술해야 한다.

일반적으로 글을 평가할 때는 구조, 양식, 내용이라는 3개 ① 평가 준거(criteria)를 상정하게 된다. 이러한 평가 준거들은 각각의 하위 범주로써 다양한 ② 평가 문항(item)을 구성하며 이러한 문항의 수행 수준은 등간 척도(standard)에 기초한 양적 점수 척도(scale)와 질적 기술 척도(description)를 갖는다. 평가 준거와 등간 척도, 양적 점수 척도의 관계를 표상하면 다음과 같다.

〈표 2-3〉 서술식 채점 기준표(rubric)의 구성 요소 예시

① 준거 (criteria)	② 문항 (item)	③ 등간 척도 (standard)	④ 양적 점수 척도 (scale)	⑤ 질적 기술 척도 (description)
내용	예시	3	3점	주장에 대해 적절한 예시를 하였다.
		2	2점	주장에 대해 예시 내용이 없거나 예시에 대한 설명이 없어서 어색한 부분이 1군데 있다.
		1	1점	주장에 대해 예시 내용이 없거나 예시에 대한 설명이 없어서 어색한 부분이 2군데 이상 있다.
			0점	주장에 대한 예시가 없다.

평가를 할 때 3등간 척도가 선호되는 이유는 3등간 척도가 평가자 간 견해 차이를 최소화하기 때문이다. 선행 연구 내용을 종합해 볼 때 잘 쓴 글과

못 쓴 글에 대한 판단은 거의 일치하지만, 중간 점수를 5개 이상으로 세분할 때 평가자 간 견해 차이가 많이 발생한다. 척도가 많아지면 평가자가 고려해야 할 경우의 수가 많아져 평가자에게 과도한 인지적 부담을 주게 된다. 이러한 등간 척도를 기준으로 해당 점수가 표상하는 내용을 질적으로 기술하는 데 있어서도 평가자들의 해석 차이를 최소화하기 위해 오류의 유형이나 개수도 명시적으로 밝히는 것이 좋다.

4. 쓰기 능력 평가 준거

쓰기 능력을 어떤 기준으로 평가할 것인가는 응시자가 누구냐에 따라 달라질 수 있다. 응시자의 나이, 국적, 학력 등에 따라 평가 기준이 다르기 때문이다. 교육학 분야에서는 초·중등학생의 쓰기 능력 평가를 위한 준거 개발 연구가 주를 이루었고, 대학생의 쓰기 능력을 평가하기 위한 준거 설정 관련 연구는 대학 신입생 대상 과목으로 〈글쓰기〉 과목이 생기기 시작한 2000년대에 들어서야 본격적으로 시작되었다.

4.1. 내국인 대학생의 쓰기 능력 평가 준거

대학생 필자의 쓰기 능력 평가 준거를 검토할 수 있는 논문으로는 원진숙(1994), 정희모·이재성(2008), 김성숙·정희모(2009) 등이 있다. 원진숙(1994: 134)은 초·중등 국어과 교육과정 중 작문 과목의 목표를 분석하여 내용(content), 구성(organization), 표현(expression)의 평가 범주를 설정하고, 바람직한 논술문이 지녀야 할 요건으로 결속성(coherence)을 꼽았다. 이 결속성을 기준으로 대학생 필자들이 작성한 자료를 분석하여 설정한 평가 준거 영역과 요소는 다음과 같다.

• 내용 범주: 내용의 통일성, 주제의 선명성, 논증의 타당성, 결론의 적절성, 사고력
• 구성 범주: 단락 전개 방식, 글의 논리 구조
• 표현 범주: 맞춤법/ 띄어쓰기, 적절한 어휘, 문장의 정확성, 응집성, 적절한 문체

정희모·이재성(2008)은 주제, 내용, 구성, 단락, 문장, 어휘 영역에 대한 분석 평가표를 적용하여 자기첨삭, 동료첨삭, 교수첨삭의 수정 효과를 비교하였다. 7분위(A+~C+)를 적용한 평가 결과는 크론바하 알파 .922로 평가자 간 신뢰도가 아주 높았다. 김성숙·정희모(2009)는 어휘·문법 관련 지식과 담화 맥락, 내용 관련 배경지식의 변인이 내·외국인 신입생의 작문 수정 과정에 미치는 영향을 통계적 방법으로 비교하였다. 김성숙(2011)은 후속 연구에서 〈표 2-4〉의 양적 지표가 쓰기 시험에서 표현 영역의 정확성을 양적으로 유의미하게 구분함을 확인하였다.

〈표 2-4〉 분석적 채점 기준의 점수 산정 근거(김성숙, 2011: 88)

등간	오류 비율(%)			배점	글자 수 대비 오류(E)
	어법	어휘	어법 및 어휘		
5	~ 0.8				
4	~ 2.2	~ 0.7	~ 3 (≒2.9)	3	E ≦ 3%
3	~ 4.4	~ 1.6	~ 6	2	3% 〈 E ≦ 6%
2	~ 6.6	~ 2.3	~ 9 (≒8.9)	1	6% 〈 E ≦ 9%
1	7.1 ~	2.9 ~		0	9% 〈 E

미국 대학생의 쓰기 능력에 대한 평가 준거를 세우고자 한 연구자로는 디드리히(Diederich, 1974)가 있다. 디드리히는 쓰기 능력을 평가할 분석적 평가 준거 항목을 선정하기 위하여 쓰기 평가 능력이 탁월하다고 인정받은 영어·사회과학·자연과학 교사와 작가 및 편집자, 법률가, 사업가 등 6개 직업군 60명으로 하여금 대학생의 글 300편을 평가하도록 하였다. 디드리히는 평가 과정에

대한 사고 구술 내용에서 평가 구인을 찾아 요인을 분석함으로써 쓰기 능력 평가 준거 선정 과정을 타당화하였다. 그 결과 제1요인 내용의 표현 영역에는 풍부성, 간결성, 명료성, 전개, 주제와의 관련성, 집필 목적이, 제2요인 맞춤법 영역에는 어법, 문장 구조, 구두점, 철자가 포함되었다. 제3요인은 조직과 분석 능력, 제4요인은 어휘와 문단 구조에 대한 평가 범주로 구성되었다. 제5요인은 문체 관련 준거인데 이 하위 범주에는 개성, 조직, 흥미 등이 포함된다. 이 연구는 다수 평가자의 합의로부터 쓰기 능력 평가 준거 구인을 도출하는 연구 방법론에 단초를 제공한 선구적인 의의가 있지만, 5개 범주의 배점이 모두 동일하여 그 중요도를 차등 배분하지 못했다는 점이 한계로 남는다.

4.2. 유학생의 쓰기 능력 평가 준거

국내 중등 교육과정이나 대학에서 실시되어 온 쓰기 교육과 평가는 상당 부분 경력자나 연구자의 경험적 판단에 근거해 이루어져 왔다. 교육 내용과 평가 준거 등에 대해 실증적인 검증을 하지 않는 이러한 경향은 한국어 쓰기 교육 현장에서도 크게 다르지 않다. 평가의 신뢰성을 확보하기 위해서는 평가 준거의 선정 근거와 공정한 선정 과정에 대한 검토가 중요함에도 한국어 직접 쓰기 능력 평가 연구에서 타당한 채점 준거를 설정하는 방법에 대한 논의는 2000년 이전까지 그리 많지 않았다.

2010년대부터는 학제간 통합 연구가 활발해지면서 한국어 교육과 평가 분야에도 인지 심리학이나 교육 평가 관련 연구방법론이 도입되어, 60여 년의 교육 경험에서 축적한 질적 성과를 양적 방법론으로 재해석하고 정리하려는 시도가 늘고 있다.

특히 이은하(2007)의 논의는 학문 목적 한국어 학습자의 쓰기 수행 평가 준거를 개발하면서 다국면 라쉬 모형을 이용한 선구적인 연구이다. 하지만 내용(주제 이해도 및 과제 완결도, 주장의 호소력), 짜임새(3단 구성의 효과적 사용, 단락 구조의 결속성), 문장 구조와 문체(문장 구조, 문체), 어휘(정확성, 유창성),

맞춤법 등 5개 준거 영역을 선정할 때 의견을 참조한 교사가 5명에 불과하므로 내용 타당도가 충분히 검토되었다고 하기 어렵다. 그리고 8개 하위 범주를 채점할 때 각 6점 척도에서 2~3개씩의 기술 내용을 고려해야 하는데 각 척도에 대한 기술 내용이 길어서 평가의 실제적 효율성이 떨어진다.[13)]

김유정(1999: 106)은 바흐만과 팔머(Bachman & Palmer, 1996)의 의사소통 중심 제2언어 능력 모델을 바탕으로, 한국어 능력 평가 범주 및 측정 기제를 ① 어휘, ② 문법, ③ 수사적 조직, ④ 구조적 긴밀성, ⑤ 기능 수행력, ⑥ 사회언어적 지식, ⑦ 전략적 능력, ⑧ 맞춤법, ⑨ 이해력(각 범주별로 정확성, 유창성, 다양성 측정)으로 항목화하였다. 그러나 이 분류에서는 기존 모델의 위계적 범주 구분을 찾을 수 없다.

강승혜 외(2006: 282)는 커넬과 스와인(Canale & Swain, 1980)의 의사소통 능력 범주를 참조하여, 한국어 학습자의 문법·담화·사회언어학적·전략적 지식에 대한 쓰기 능력 평가 준거를 다음과 같이 제시하였다. 하지만 실제 평가 국면에서 사용하려면 각 평가 범주별 능력 수준에 대한 하위 등간 척도 설정과 차등 배점 작업이 필요하다.

---

13) 짜임새의 경우, '(1) • 초보적인 형태의 처음–중간–끝. 체계적으로 구분 안 됨. • 처음 부분의 경우 여기서 곧장 본론 시작. 핵심 논제 제시 안 되는 경우 많음. • 끝 부분의 경우 핵심 논제 처음 제시 또는 재강조되기도 하나, 형식 및 내용 면에서 본론과 구분 안 됨. (2) • 단락 간의 결속성 매우 떨어짐. • 중언부언 반복 또는 맥락과 무관한 내용 삽입으로 글의 일관성 심각하게 떨어짐. • 중심 생각이 안 바뀌었는데도 한두 문장 단위로 단락 구분 또는 한 단락 안에 여러 이야기 줄줄 이어 쓰는 경우 많음.'은 1점이다. 6점 수준은 '(1) • 전형적인 서–본–결의 3단 구성 형식 갖춤. • 서론은 형식과 내용 면에서 본론과 구분이 되며, 충분히 서술됨. 핵심 논제 제시, 독자 관심 환기, 본론 내용 예고 등 서론 기능 두 가지 이상 충실히 수행. • 결론도 형식과 내용 면에서 본론과 구분되며, 충분히 서술됨. 핵심 논제 재강조, 핵심 논제 기반한 제언 추가, 본론 요약 등 결론의 기능 두 가지 이상 충실히 수행. (2) • 단락 간 결속이 논리적이며, 빈틈없이 매끄럽게 읽힘. 학문적 글쓰기에 자주 쓰이는 전환어와 표지어 다양하고 세련되게 사용. • 맥락상 어색한 내용 삽입 거의 없음. • 한두 문장 단위로 단락 구분 거의 없음'이다.

〈표 2-5〉 한국어 쓰기 능력 평가 범주와 평가 항목(강승혜 외, 2006: 282)

평가 범주		평가 항목
문법 능력	맞춤법	기초적인 한글 자·모 쓰기, 맞춤법의 정확한 사용
	어휘 사용 능력	어휘의 정확한 이해와 활용 능력
	문법 활용 능력	담화 상황에 맞는 문법 활용 능력
담화 능력	담화 구성 능력	문장, 대화, 담화 내용의 긴밀한 연관성과 일관성 유지 능력
	수사적 조직 능력	글의 특성에 따른 내용 전개와 수사적 조직 능력
	구조적 긴밀성	특수한 담화 장치의 적절한 활용(그러므로, 따라서, 반면에 등)
사회 언어학적 능력		경어법 사용과 같은 사회문화적 기능의 활용, 메모나 일상적 글쓰기, 주장·반론하기 등 평가에서 요구하는 기능 수행 능력
전략적 능력		주어진 과제 해결을 위한 전략 활용 능력

제2언어로서의 영어 쓰기 능력 평가 준거 관련 연구자로는 오제다(Ojeda, 2004)가 있다. 오제다(2004)는 내국인의 대학 입학 쓰기 능력을 평가하고자 만든 5개 항목의 6점 척도 기준을 제2언어 학습자를 평가할 4점 척도로 환산하여 평가에 적용하였다. 그 결과 내·외국인의 학술적 쓰기 능력 측정에 동일한 준거를 사용할 수 있음을 확인하였다. 3개 대학으로부터 배치고사에 응시한 제2언어 학습자의 쓰기 샘플 74개를 얻어 ① 중심 생각 언급, ② 응집성, ③ 초급 수준 이상의 어휘 사용, ④ 정확한 문장 구문, ⑤ 명확한 표현을 저해하는 오류 자제 등 5개 평가 항목을 가지고 신입생 글쓰기 수업을 들을 수 있는 3점 이상과 기초 글쓰기 과정을 이수해야 할 2점 이하의 차이를 구분하였다. 이상과 같은 국내외 대학생 및 제2언어 학습자의 쓰기 능력 평가 준거 관련 선행 연구를 참조하여 이 책에서는 한국어 쓰기 능력의 평가 준거를 내용과 조직, 표현의 3개 준거 영역으로 구분하였다.

5. 쓰기 능력 평가 등급

1959년 연세대학교 한국어학당에서 6등급 교수 체계를 도입한 이후로 한국어 교실은 대개 6등급으로 숙달 수준을 구분하여 각 급별 교수학습의 목표를 세우고 교육과정 및 교재를 개발하여 운영 중이다. 한국어능력시험(Test of Proficiency in Korean, TOPIK)도 이러한 현장의 등급 체계를 귀납적으로 수용하였으며 2023년부터 CEFR, ACTFL 등 국제 언어 평가 준거와의 부합 정도를 확인하는 연구를 진행하였다. 연세대학교 한국어학당에서 간행된 교재는 다음과 같이 ACTFL과 CEFR-등급을 참조하여 개발되었다.

〈표 2-6〉 ACTFL과 CEFR에 근거한 연세 한국어 교재의 등급 구성

Rating Scales				
ACTFL to CEFR Crosswalk				
ACTFL	CEFR	Yonsei Korean	New Yonsei Korean	Yonsei Korean in 3 weeks
Superior	C2		6-1, 6-2	
Advanced High	C1		5-2	
Advanced Mid	C1		5-1	8
Advanced Low	B2	302	4-2	7
Intermediate High	B1	301	3-2, 4-1	6
Intermediate Mid	B1	202	2-2, 3-1	5
Intermediate Low	A2	201	2-1	4
Novice High	A1	102	1-2	3
Novice Mid	Below A1	101	1-2	2
Novice Low	Below A1	101	1-1	1

5.1. ACTFL 및 CEFR 등급 기술

미국외국어교육협회(ACTFL, American Council on the Teaching of Foreign Languages)는 OPIc(Oral Proficiency Interview-Computer) 시험을 주관하며 중급상 이하 숙달도를 가진 응시자가 실생활에서 언어를 적절하게 사용하는 능력을 컴퓨터로 평가하고 있다. OPIc은 면대면 인터뷰 시험인 OPI를 최대한 실제 상황과 가깝게 만든 iBT로서 문법이나 어휘 지식보다는 순발력 있는 대처와 정보 전달 능력을 위주로 등급을 구분한다. 응시 전 설문 조사 결과에 기반하여 응시자 맞춤형 평가를 한다는 점이 특징이다. ACTFL이 말하기 수행 중심의 평가라면 CEFR은 4개 언어 영역의 등급 기술을 상세화하고 있다.

〈표 2-7〉 CEFR 등급 체계 설명

CEFR LEVELS		
PROFICIENT USER	C2	듣거나 읽는 거의 모든 내용을 쉽게 이해할 수 있다. 구어 및 문어 자료들로부터 정보를 요약하여 주장 및 설명을 재구성하고, 통일성 있게 프리젠테이션할 수 있다. 자신의 의사를 자발적으로 매우 유창하고 정확하게 표현할 수 있고 복잡한 상황 맥락에서도 의미의 미세한 차이를 구별할 수 있다.
	C1	다양한 요구 사항이 있는 긴 글을 이해하고 함축된 의미를 이해할 수 있다. 필요한 표현을 찾아보지 않아도 유창하고 자발적으로 자기 의사를 표현할 수 있다. 사회적, 학업적, 전문적 목적의 효과적 표현을 자연스럽게 사용한다. 복잡한 주제에 대해서도 명료하고 체계적이며 상세하게 글을 쓰면서 구조화 지식과 함께 적절한 연결 표지와 응집 표지를 사용할 수 있다.
INDEPENDENT USER	B2	자기가 잘 아는 분야에 대해 전문적인 토론을 할 수 있고 구체적이거나 추상적인 주제의 복잡한 텍스트에서 요점을 파악할 수 있다. 다소 유창성과 자발성이 있어 상호 부담 없이 원어민과 정기적인 상호작용이 가능하다. 다양한 주제에 대해 명료하고 상세하게 글을 쓸 수 있고 다양한 선택지의 장단점을 비교하며 자신이 세운 관점을 설명할 수 있다.

CEFR LEVELS		
INDEPENDENT USER	B1	직장, 학교, 여가 등지에서 자주 접하는 친숙한 문제가 명료한 표준어로 표현된 경우 요점을 파악할 수 있다. 목표어가 사용되는 지역을 여행하는 동안 발생하는 대부분의 상황은 대처 가능하다. 친숙하거나 개인적으로 관심 있는 주제에 대해 간단한 연결 표지를 사용하여 글을 쓸 수 있다. 경험, 사건, 꿈, 희망, 요구를 설명할 수 있고 자기 의견과 계획에 대해 간략하게 이유를 대고 설명할 수 있다.
BASIC USER	A2	본인과 직접적으로 관련된 영역(예: 개인 및 가족에 대한 기본 정보, 쇼핑, 지역 지리, 취업)에서 자주 사용되는 표현을 이해할 수 있다. 친숙하고 일상적인 문제에 대해 단순하고 직접적인 정보 교환이 필요할 때 간단하게 의사소통할 수 있다. 자신의 배경과 주변 환경에 대해 그리고 긴급한 필요가 있을 때 간단한 표현을 사용하여 설명할 수 있다.
	A1	친숙한 일상적인 표현과 구체적인 욕구 충족을 위하여 기본적인 문구를 이해하고 사용할 수 있다. 자신과 타인을 소개할 수 있고 거주지, 아는 사람, 소지품 등의 개인 정보에 대한 질문과 답변을 할 수 있다. 상대방이 천천히 명료하게 말하고 도와줄 준비가 되어 있다면 단순한 표현을 사용하여 상호 작용할 수 있다.

*김한란 옮김(2007)

CEFR(유럽공통참조기준, Common European Framework Reference)은 유럽 연합(European Union)을 준비하면서 유럽 내 인구 및 문화의 교류 촉진을 위해 1990년대에 고안된 유럽 언어의 표준 등급 체계이다. '언어학습 교수 평가를 위한 유럽공통참조기준'(2001)은 전 유럽의 언어 교육을 위한 수업의 교육과정 요강, 시험, 교재 등의 개발에 필요한 공통 기반을 마련하기 위해 제작되었다. 이 '참조기준'에는 의사소통을 목적으로 언어를 사용하는 학습자가 배워야 하는 내용과 효과적인 의사소통 행위를 하기 위해 개발해야 하는 지식과 기능이 포괄적으로 기술되어 있다(김한란 옮김, 2007: 1). 유럽 연합 국가들이 외국어로서의 자국어 숙달 수준을 통일함으로써 합의된 기대치에 준하여 학업 및 직업 수행을 상호 의뢰할 수 있게 하자는 취지에서 마련되었다. 영국식 영어 능력 시험은 IELTS(International English Language Testing System)가 대표적인데 이 시험은 영국문화원(The British Council), 케임브리지 대학교(UCLES; University of Cambridge Local Examinations Syndicate), 호주 IDP 에듀케이션(International Development Program of Australian University and College)에 의해 공동 개발, 관리된다. IELTS는 CEFR에 더하여 초등영어시험 안에 pre-A1 등급을 상정함으로써 9~12세 학생의 초급 영어 실력을 세분하여 평가하고 있다. 유럽 언어의 공통참조기준은 대체로 초보자(A1, A2), 중급자(B1, B2), 상급자(C1, C2)의 6단계로 구분된다.[14)]

CEFR의 A1~B1 등급은 ACTFL의 중급(Intermediate Mid)에 해당하며 취미나 관광 목적으로 외국어를 배우는 수준이다. B2 등급 이상이 되어야 학업이나 취업 목적의 외국어 활용이 가능하다. B2 등급은 한국어 능력(TOPIK) 4급으로 국내 대학에서 제한적 학점 이수가 가능한 대학 입학 최저 기준 조건이다.

전 세계에서 이공계 대학 입학이 허가되는 B2급 수준이면 제한적인 학점 이수가 가능하다. 하지만 B2급 유학생이 한국어로 학술 과제를 수행하기 위해서는 학문 목적 기초 한국어 쓰기 수업에서 단락의 논리적 연결과 개요 작성 및 보고서 과제 수행을 위한 절차적 지식을 집중적으로 숙달해야 한다. 그리고 보고서를 작성하는 데 필요한 전략적 지식을 강화함으로써 학문 목적 기초 한국어 쓰기 능력을 개선할 수 있다.

대부분의 전공에서 학부 수업이 가능한 C1급은 학문 목적 중급 한국어 쓰기 능력 수준에 해당한다. C1급 유학생은 교수자가 용인할 수 있는 수준으로 학술 담론 텍스트를 생성할 수 있으나 내국인 학부생에 비해 낮은 학점을 받을 가능성이 크다. 따라서 C1급 유학생에게는 독창적인 내용 전개 능력을 강화함으로써 내국인 신입생과 차별화된 질적 결과물을 생산하도록 장려할 필요가 있다.

대학에서 문학을 전공할 수 있는 C2급은 학문 목적 고급 한국어 쓰기 능력

---

14) https://www.coe.int/en/web/common-european-framework-reference-languages/table-1-cefr-3.3-common-reference-levels-global-scale

수준이다. C2급의 쓰기 능력 수준은 보고서를 작성하는 데 필요한 명제적 지식뿐만 아니라 학술적인 과제 수행 전반에 대한 일정 수준의 절차적 지식과 전략적 지식의 습득까지를 포괄한다. 즉, 주제를 선정하고 본문을 논리적으로 조직하는 데에 필요한 절차적 지식과 맥락에 맞는 배경 지식을 소환하거나 수사적인 결론으로 독자를 설득하는 데 필요한 전략적 지식이, 유학생 필자의 초인지 수준에 따라 변별적으로 적용된다.

유럽 내 인구 및 문화의 상호 교류 촉진을 위해 고안된 CEFR은 현재 중국어를 포함하여 유럽 이외 국가에서도 표준화된 언어 능력 평가의 주요 기준으로 참조되고 있다.[15] 한국어능력평가(TOPIK)에서도 CEFR에 준한 등급 기술을 확인한 바 있다. 전 세계적인 문화 교류가 가속화되면서 CEFR의 등급 체계는 더욱 보편적으로 적용될 것으로 보인다.

5.2. 한국어 쓰기 능력의 6단계 평가 목표

연세대학교가 2020년 과제에서 한국어 쓰기 능력의 6단계 평가 목표를 수립하기 위해 참조한 내용은, 학문 목적 쓰기 교수요목 개발 관련 선행 연구, 2008년 한국 정부초청장학생을 대상으로 실시한 요구 조사, 각 대학 부설 언어교육원의 등급별 학습 목표, 2010년 6월 개원한 연세대학교 송도 국제캠퍼스의 학문 목적 한국어 교과과정 개발 보고서, 실제적 텍스트 중심의 평가를 위해 연세대학교가 YBM-sisa와 공동으로 실행한 한국어능력평가(KPE) 개발 보고서에 기술된 평가 등급 그리고 한국어능력시험(TOPIK)[16]의 등급별

15) 중국 국가교육위원회가 베이징 언어학원에 위탁하여 중국어를 모국어로 하지 않는 외국인이나 화교, 중국 내 소수민족을 대상으로 중국어 능력 수준을 측정하기 위해 개발한 한어수평고시(HSK, Hànyǔ Shuǐpíng Kǎoshì, The Chinese Proficiency Test) 역시 2010년 3월 이후 유럽공통참조기준을 바탕으로 표준화된 평가 문항을 개발하면서 쓰기 시험에서 요약하기 능력을 측정하고 있다(www.hsk.or.kr 참조).

16) https://www.topik.go.kr/HMENU0/HMENU00018.do

평가 기준 등이다. 그 결과 다음과 같은 한국어 쓰기 능력의 6단계 평가 목표를 수립하였다. 〈표 2-8〉의 평가 범주에서 '문법'은 실제 채점 기준표에서 '표현의 정확성과 다양성 범주'로 채점되었고 '구조'는 '조직의 체계성과 응집성'으로 '내용'은 '내용의 적합성과 풍부성'으로 구체화되었다. 개별 평가 준거 영역에 대한 상세한 설명은 3장을 참조 바란다.

〈표 2-8〉 한국어 쓰기 능력 평가 등급별 목표 및 등급 기술

<table>
<tr><th>급</th><th colspan="2">분류</th><th>내용</th></tr>
<tr><td rowspan="5">1급</td><td colspan="2">평가 목표</td><td>한국어를 200시간 학습한 수준(800여 개 어휘와 80여 개 문법)의 문어적 표현 능력을 바탕으로 자신과 친숙한 일상적 주제의 짧은 글에서 정보를 파악하고 내용을 소개할 수 있다.</td></tr>
<tr><td rowspan="3">범주</td><td>문법</td><td>나열, 이유, 전환, 종결 표현에 필요한 기본적인 연결 어미와 종결 어미</td></tr>
<tr><td>구조</td><td>단일 주제에 대해 일관된 양태 표현이 쓰인 통일성 있는 구조</td></tr>
<tr><td>내용</td><td>가족, 친구, 쇼핑, 날씨, 학교 등 일상적이고 친숙한 주제</td></tr>
<tr><td colspan="2">텍스트 유형</td><td>일기 등 자신의 신상이나 일상적인 감상을 소개한 짧은 글</td></tr>
<tr><td rowspan="5">2급</td><td colspan="2">평가 목표</td><td>한국어를 400시간 학습한 수준(2000여 개 어휘와 160여 개 문법)의 문어적 표현 능력을 바탕으로 일상의 문제 해결에 필요한 내용을 격식에 맞게 제안하거나 요청할 수 있다.</td></tr>
<tr><td rowspan="3">범주</td><td>문법</td><td>높임말, 반말, 간접 화법 등 문어와 구어 담화 상황에 맞는 종결 어미</td></tr>
<tr><td>구조</td><td>문제 해결 등 상황 맥락상 필요한 담화표지가 쓰인 응집력 있는 구조</td></tr>
<tr><td>내용</td><td>학교생활, 취미 활동 등 개인적이거나 일상적인 관심사</td></tr>
<tr><td colspan="2">텍스트 유형</td><td>이메일 등 간단한 문제상황을 소개하고 해결 방안을 제안, 요청하는 글</td></tr>
<tr><td rowspan="5">3급</td><td colspan="2">평가 목표</td><td>한국어를 600시간 학습한 수준의 문어적 표현 능력을 바탕으로 관심 있는 주제의 글을 읽고 그에 대한 의견을 설득력 있게 제시할 수 있다.</td></tr>
<tr><td rowspan="3">범주</td><td>문법</td><td>피동사, 사동사, 가정법 등 다양한 양태 표현</td></tr>
<tr><td>구조</td><td>기서결 단락의 구조</td></tr>
<tr><td>내용</td><td>호평, 추천이나 불평 등 준사회적 담화 맥락상의 기호 표현</td></tr>
<tr><td colspan="2">텍스트 유형</td><td>광고, 게시글 등 자신의 정보를 타인과 공유하는 글</td></tr>
</table>

급	분류		내용
4급	평가 목표		한국어를 800시간 학습한 수준의 문어적 표현 능력을 바탕으로 일반적 사회현상에 대해 기술한 글의 구조를 파악하고, 추출해 낸 핵심어를 사용하여 그 내용을 요약해 쓸 수 있다.
	범주	문법	대등절, 종속절 등 복문 구성 표현, 주술 호응 등의 연어 및 관용 표현
		구조	두괄식, 미괄식, 양괄식 등 단락 내 수사적 구조
		내용	한국어 교과서에서 주로 다루는 시사적 주제
	텍스트 유형		비교, 대조 등의 기능이 구현된 한 단락 분량의 글
5급	평가 목표		한국어를 1000시간 학습한 수준의 문어적 표현 능력을 바탕으로 찬·반 의견이 기술된 시사적 내용을 요약할 수 있다. 자신의 의견을 설득적으로 제시할 문장 형식의 개요를 체계적으로 작성할 수 있다.
	범주	문법	초·중·고급의 복문 표현, 단락 간 연결 표지, 부사와 동사의 연어 표현
		구조	인과, 비교, 찬반, 문제 진단과 대책 수립 등 단락 간 논리적 구조
		내용	한국어 교과서 및 대학 작문 수업에서 주로 다루는 시사적 주제
	텍스트 유형		각종 보고서의 문장형 개요, 서론과 결론 등 보고서의 기능성 단락
6급	평가 목표		한국어를 1200시간 학습한 수준의 문어적 표현 능력과 작성된 개요를 바탕으로, 기서결의 3단 구성을 가진 보고서를 작성할 수 있다.
	범주	문법	중·고급의 복문 표현, 서론, 본론, 결론에 어울리는 관용 표현, 보고서용 담화 표지
		구조	각종 문어 담론 텍스트 구성 방식
		내용	대학 작문 수업 및 교양 수업에서 다루는 시사적 주제
	텍스트 유형		학술적 연구나 전문적 업무 수행의 분야에서 요구되는 완결된 글

[3장]

한국어 쓰기 숙달도 평가 기준

1. 한국어 평가 등급별 숙달도 목표

2. 등급별 쓰기 숙달도의 상중하 수준 예시

이 장에서는 한국어 쓰기 숙달도 평가 기준을 알아보기 위하여 한국어 초·중·고급 수준의 등급별 숙달도 평가 목표와 쓰기 숙달도 평가 기준의 세부 구성 요인을 살펴보았다.

√ 한국어 초·중·고급 수준을 구분하는 문장 성분에는 어떤 문법 지표들이 있을까?
√ 한국어 초·중·고급 수준을 구분하는 어휘 기준은 어떻게 표시될 수 있을까?
√ 의사소통능력과 사회문화적 능력은 한국어 초·중·고급 수준별로 어떤 차이가 있을까?

1. 한국어 평가 등급별 숙달도 목표

1.1. 초급

연세온라인한국어평가의 초급 어휘 범주에서는 고빈도의 명사, 동사, 형용사, 부사 등 일상생활 관련 어휘 지식이 측정되었고 문형 표현 범주에서는 조사와 시제를 비롯하여 관형형과 결합한 2어절의 명사구, 연결 어미나 보조 동사와 결합한 2어절 여의 동사구 관련 지식이 측정되었다. 듣기와 읽기의 제시문 분량은 1쌍의 대화문 혹은 1개 문장으로부터 1개 문제를 출제하는 비율로 구성되었고 최대 200여 자, 5문장으로 평균 120자 내외의 문장들로써 한 단락의 제시문을 제공하였다. 세부 범주별 숙달도 목표는 〈한국어 능력 평가 도구 개발 연구〉(2008)[1] 보고서를 참조하여 다음과 같이 정리하였다.

1) 연세대학교 언어연구교육원 한국어능력 평가 도구 개발 연구 보고서(2008), 4~10쪽 참조.

〈표 3-1〉 1급 한국어 숙달도 목표

범주	1급 한국어 숙달도 목표
자모 체계	• 한글의 자모 체계와 맞춤법의 기본구조를 완전히 익혀 읽고 쓸 수 있다.
발음 능력	• 모음과 자음을 정확히 발음하고 음의 변화를 통해 한국어의 발음 규칙을 안다. • 연음법칙이나 구개음화 등의 발음 규칙 자체를 알기보다는 기초적 어휘나 짧은 문장 속에서의 음의 변화를 알고 상황에 맞게 발음한다.
어휘 능력	• 기초적인 내용의 1,000~1,200개 정도의 어휘를 안다. • 기본적인 인칭 및 지시대명사, 수사, 고빈도의 명사 및 용언이 이에 포함된다. • 다음 예와 같이 기본적인 생활에 관련된 어휘로 제한된다. ◦ 대명사: 인칭대명사: 나/저, 우리/저희, 이분, 그분, 저분, 지시대명사: 이것, 그것, 저것, 여기, 저기, 거기 의문대명사: 누구, 무엇, 어디, 언제, 왜 ◦ 수사와 단위명사: 하나, 둘, …, 일, 이, …, 한, 두, … 명, 개, 원, 자루, 벌, 켤레, … ◦ 명사: (학교); 공부, 도서관, 한국말, 역사 (가족관계); 아버지, 어머니, 형, 누나, 오빠, 언니, 동생, 할아버지, 할머니 (교통); 버스, 택시, 지하철, 비행기, 배 (음식); 전형적 한국 음식 이름(냉면, 불고기, 녹차 등), 과일 (위치); 왼쪽, 오른쪽, 앞, 뒤, 옆, 위, 아래, 근처 (미디어); 라디오, 텔레비전, 신문, 휴대전화 (계절); 봄, 여름, 가을, 겨울 (장소); 병원, 식당, 사무실, 우체국, 백화점 (시간); 년, 월, 일, 요일, 오전, 오후 (가구); 책상, 의자, 침대 ◦ 동사: 가다, 오다, 먹다, 마시다, 타다, 찾다, 기다리다, 앉다, 자다, … 공부하다, 배우다, 읽다, 듣다, 말하다, 쓰다, 숙제하다, … ◦ 형용사: 좋다, 나쁘다, 어렵다, 쉽다, 재미있다/맵다, 짜다, 싸다, 비싸다 덥다, 춥다, 선선하다, 따뜻하다/바쁘다, 한가하다, 피곤하다, 아프다, 심심하다/크다, 작다, 예쁘다, 아름답다, 뚱뚱하다

범주	1급 한국어 숙달도 목표
문법 능력	• 기초 문법 요소(조사와 어미)를 이해하고 한국어의 구문 구조를 파악하여 문장에서 자연스럽게 활용할 줄 안다. ◦ 조사: 주격 조사 (이/가) 목적격조사 (을/를), 도, 은/는, 과/와, 에, 에게/한테, 에게서, (으)로, 에서, 까지 ◦ 종결어미: –습/ㅂ니다, –습/ㅂ니까, –(으)십시오, –읍/ㅂ시다, ㄹ까요? –어요, –세요, –지 않다, 안 –ㅂ니다, 못하다, –지요, –군요 ◦ 연결어미: –고, –어서, –(으)니까, –기 때문에, –지만 ◦ 관용형 어미: –는/은/ㄴ/, 을/ㄹ ◦ 문형: –어 주다, –(으)려고 하다, –(으)러 가다/오다, –을/ㄹ 것 같다, –을/ㄹ 거예요, –을/ㄹ 수 있다/없다, –지 못하다 ◦ 시제: 현재, 과거, 미래 (–습/ㅂ니다, –었습니다, –겠습니다) ◦ 존대법: –시–, –습니다, 께서
의사 소통 능력	• 일상적이고 기본적인 의사 표현을 한다. 다음과 같은 상황이 이에 포함된다. ◦ 인사하기: 대인관계에 필수적인 간단한 인사말 (예) 안녕하십니까? 고맙습니다, 미안합니다 ◦ 자기소개: (예) 이름이 무엇입니까? –에서 왔습니다 ◦ 학교생활: 공부와 도서관 등 학교생활에 관련된 간단한 표현 (예) 공부하기가 어떻습니까? 어렵습니다. 도서관에서 숙제를 합니다, 날마다 -에 갑니다. ◦ 음식 시키기: 식당에서 자주 쓰는 기초적 표현 (예) 뭘 잡수시겠습니까? 여기 냉면하고 불고기 좀 주십시오, 무슨 차를 마실까요? 인삼차를 마십시다, 맛의 표현–이건 좀 짭니다, 맵지만 맛있어요. ◦ 물건 사기: 필요한 물건을 말하고 물건값 등의 정보를 얻을 수 있는 표현 (예) 사과 한 개에 얼마입니까? ◦ 날씨: 날씨 묘사에 기본적인 표현 (예) 날씨가 춥지요? 날씨가 흐리군요, 비가 올 것 같아요 ◦ 교통: 대중교통 이용과 택시 타기, 길 묻기의 표현 (예) 택시–어디로 갈까요? 신촌으로 갑시다, 여기 세워 주십시오, 버스, 지하철–실례지만 이 버스 종로로 갑니까? 몇 번 버스가 갑니까? 길 묻기–길 좀 묻겠습니다, 횡단보도가 어디에 있습니까? ◦ 전화하기: 약속 정하기, 약속 취소, 잘못 건 전화에 적절한 표현을 구사 (예) __ 씨 계십니까?__ 씨 좀 바꿔 주세요, 몇 번에 거셨습니까? 잘못 거셨습니다.

범주	1급 한국어 숙달도 목표
사회 문화적 능력	• 한국인의 기본적인 사고방식과 생활방식을 이해함으로써 단순한 사회 활동에 적응력을 갖는다. ◦ 인사말: 어디 가요? 결혼했습니까? 아이가 있어요? 등의 개인적인 질문을 친숙함의 표시로 받아들일 수 있다. ◦ 가족관계: 우리 집, 우리 학교 등을 이해하고 형, 누나, 오빠, 언니 등 남녀에 따른 어휘 구별할 수 있다. ◦ 화자와 청자의 관계: 상대 높임(댁, 말씀, 잡수시다, 주무시다 등 어휘와 께, 께서, −시− 등의 어미)과 자기 낮춤(저, 드리다)의 개념을 이해하고 사용할 수 있다. ◦ 관계에 따른 호칭: 어른의 이름을 부르지 않으며 ___ 선생님, __ 씨 등의 호칭을 상황에 맞게 사용할 수 있다. (회사 동료의 경우 '영수 씨'가 아니라 '김영수 씨'로 불러야 한다.) ◦ 의식주: 한국인의 식생활을 이해하고(밥과 국, 반찬을 주로 먹는다) 대표적인 한국 음식 이름(냉면, 불고기, 녹차 등)을 안다. ◦ 상황에 따른 표현: 회의나 뉴스와 같은 공식적 자리와 문어체로는 '−습니다'를 쓰고 일반적 대화 상황에서는 '−어요'를 구별해서 쓴다.

〈표 3-2〉 2급 한국어 숙달도 목표

범주	2급 한국어 숙달도 목표
발음	• 한국어의 발음 규칙에 익숙해진다. ◦ 주요 발음 규칙을 체계적으로 연습하여 문장 속에서 자연스럽게 발음할 수 있다. ◦ 학습해야 할 발음 규칙: 소리 이음, 콧소리되기, 거센소리되기, 된소리되기, 입천장소리되기, 겹받침 줄이기, 일곱 끝소리 되기, 모음 어울림, 흐름소리 되기 등 발음 규칙 일반
어휘 능력	• 한국 음식, 교통, 공공시설 이용, 물건 사기, 여행 등 일상생활의 의사소통에 관한 기본 어휘를 학습하여 문맥 속에서 정확하게 사용할 수 있다. • 한국 음식, 교통, 공공시설 이용, 물건 사기, 여행 등 일상생활의 의사소통에 관한 확장 어휘를 학습하여 문맥 속에서 이해할 수 있다. • 기본적인 사회 활동에 필요한 어휘 및 고유명사를 학습하고, 기초적인 변칙 활용 용언을 이해한다.
문법 능력	• 초급에서 학습한 단문을 토대로 연결 어미, 접속 부사를 활용하여 복문 및 중문을 정확하게 구사할 수 있다. • 한국어의 화계(speech level)를 부분적으로 이해하고 상황에 맞는 반말을 사용할 수 있다. • 간접 화법을 말할 수 있다. • 일상생활 및 간단한 업무 처리에 필요한 표현을 구사하기 위한 기본적인 문형들을

범주	2급 한국어 숙달도 목표
	이해·활용할 수 있다. • 조사를 더욱 정확하게 사용할 수 있다.
의사 소통 능력	• 일상생활을 하는 데 필요한 기본적인 의사소통을 할 수 있다. 다음과 같은 일상적인 상황 속에서 일어나는 다양한 문제에 대처하는 과제 수행 능력을 키운다. ◦ 한국 음식(음식 이해, 식사 방법 설명, 음식 맛 묘사, 식사 습관 설명 등) ◦ 교통수단 이용(대중교통 수단으로 길 찾아가기, 갈아타기, 표 사기, 택시 이용 등) ◦ 우편 시설 이용(편지, 전보, 송금, 소포 등) ◦ 집안일(청소, 상 차리기, 간단한 수리 등) ◦ 물건 사기(흥정하기, 물건값 깎기, 배달 주문, 물건 바꾸기 등) ◦ 여행(여행사 이용, 호텔 사용, 관광지 안내 등) ◦ 자동차(주유소 이용, 수리, 주차, 교통 규칙 위반 문제 등) ◦ 전화로 용건 처리(약속 만들기, 전화 고장 처리, 메시지 남기기, 잘못 걸린 전화 처리 등) ◦ 병(병원·약국 이용, 문병, 간단한 부상 응급조치 등) ◦ 사무실(간단한 업무 처리, 출퇴근 인사, 업무 부탁과 수락 등)
사회 문화적 능력	• 한국인의 기본적인 사고방식과 생활양식을 이해하지만 아직 이해의 정도가 충분하지는 못하다. • 학생의 모국 문화와 다른 한국 문화의 독특한 양상을 거부감 없이 이해할 수 있게 된다. • 일상생활에서 한국어로 의사소통하기 위해서 기본적으로 알아야 할 문화적인 내용을 언어 학습의 주제와 연결해서 배운다. ◦ 식사 습관(식사 예절), 교통 문화(택시 합승, 교통수단의 선택적 이용, 자리 양보 문화 등), 물건 사기(물건값 흥정), 여행(예약 문화, 등산, 약수)

1.2. 중급

중급 시험의 어휘 범주에서는 중빈도의 감정 어휘 및 사회생활 관련 어휘나 한자 어휘와 관련된 반의어와 유의어 지식이 측정되었고 문형 표현 범주에서도 중빈도의 조사, 연결 어미, 양태 표현 지식이 측정되었다. 또한 속담이나 관용 표현 등 두세 어절 이상의 명사구나 동사구 지식이 측정되었다. 초급 문항에 비해서 대화문으로 구성된 제시문 비중이 줄고 문장 형태가 늘었으며 마지막 대화문은 5개 문장의 상대적으로 긴 발화 맥락으로부터 2개 문항이 출제되었다. 최종 제시문은 370여 자, 7문장으로 평균 290자 내외의 문장들로 써 한 단락의 글이 작성되었다. 초급 시험에서 한 단락이 20여 자 내외의 문장으로 구성되었던 점을 감안하면 중급 문항에 이르러 중문이나 복문 구조가 늘면서 제시문에 사용된 문장 길이가 길어졌다. 세부 범주별 숙달도 목표를 정리하면 다음과 같다.

〈표 3-3〉 3급 한국어 숙달도 목표

범주	3급 한국어 숙달도 목표
발음	• 한글의 음운 현상을 체계적으로 이해하며 자연스러운 발음을 할 수 있다. • 음절 단위로 정확한 발음을 하기보다는 어절 단위의 의미에 중점을 두어 띄어 읽기를 잘 할 수 있다.
어휘 능력	• 일상생활에 필요한 어휘를 어려움 없이 구사할 수 있다. • 간단한 한자 숙어(사자성어)나 속담을 활용할 수 있다. • 자신의 주장을 나타낼 수 있는 표현들을 적절히 활용할 수 있다.
문법 능력	• 자신이 표현하고자 하는 내용에 적절한 시제 활용을 할 수 있다. • 유사한 의미의 연결 어미를 적절히 활용할 수 있다. • 피사동의 변형이 가능하다.
의사 소통 능력	• 자신의 의견을 표현하고 상대방과 의견을 조정할 수 있다. ◦ 하숙집이나 기거할 집 구하기 • 인간관계의 다양한 상황에 대처할 수 있다. ◦ 방문과 초대에 응하기 ◦ 다른 사람에게 안부 전하기

범주	3급 한국어 숙달도 목표
	◦ 적절한 방법으로 부탁 거절하기 ◦ 실수에 대해 사과하기 • 다양한 경제활동에 대처할 수 있다. ◦ 은행에서 통장개설, 환전 등의 간단한 업무보기 ◦ 필요한 물건을 신용 구매하거나 잘못 구매한 것을 교환하기 • 일상적인 주제에 대해 대화를 끌어갈 수 있다. ◦ 취미활동에 대한 자신의 견해 말하기 ◦ 건강에 대한 자신의 의견을 말하거나 충고하기 • 쉬운 글을 읽고 이를 요약하여 설명할 수 있다.
사회 문화적 능력	• 한국 문화와 관련된 내용에 대해 정보를 구하고 소개할 수 있다. ◦ 한국 문화에 대한 내용을 이해하고 간단히 소개할 수 있다. ◦ 일상생활에서 한국의 예절과 풍습 등을 소개할 수 있다. ◦ 한국 풍습, 예절 등에 대한 지식을 요청할 수 있다. • 공적인 일을 어렵게 처리할 수 있다. ◦ 외국인에게 필요한 공적인 서류를 준비할 수 있다. ◦ 일상생활과 관련하여 공공장소에 문의할 수 있다.

〈표 3-4〉 4급 한국어 숙달도 목표

범주	4급 한국어 숙달도 목표
발음	• 모국어의 억양이나 발음이 간혹 인지되기는 하나 비교적 자연스럽게 우리말을 발음할 수 있다.
어휘 능력	• 사용 빈도가 높은 비유적 용법과 숙어, 속담, 사자성어를 인지한다. • 사용 빈도가 높은 의성어, 의태어를 이해하고 적절히 사용할 수 있다. • 짧은 수필에 나오는 비유적 표현이나 어휘를 이해하고 구사할 수 있다. • 일상적 어휘뿐 아니라 한자 어휘나 추상적인 어휘도 어느 정도 이해할 수 있다. ◦ 사회적으로 화제가 되고 있는 문제나 어느 정도의 시사용어, 날씨와 관련된 용어 이해하기
문법 능력	• 앞뒤 문맥에 맞게 문단을 구성할 수 있다. • 문법적인 오류가 간혹 나타나며, 스스로 이를 인지하고 수정할 수 있다. • 시제를 사용하는 데 어려움이 거의 없다. • 감탄, 아쉬움, 안타까움 등의 양태를 나타내는 문장을 적절히 사용할 수 있다. • 발화 상황에서의 화자와 청자의 관계에 따른 대우법 체계를 이해할 수 있다. • 사용 빈도가 높은 어미 결합형을 이해하고 구사할 수 있다.

범주	4급 한국어 숙달도 목표
의사 소통 능력	• 자세한 설명이나 상황 묘사를 한다. ∘ 시간의 변화에 따른 개인적, 사회적 변화 이해하고 설명하기. ∘ 자기 나라의 풍습이나 속담, 미신 등을 설명하기 • 일상적이지 않은 특수 상황에서 문제를 해결한다. ∘ 예기치 않게 발생한 일에 대해 대안을 세우고 언어적으로 해결하기 ∘ 여행 등의 계획 세우기 • 개인의 관심사뿐만 아니라 다소 복잡한 일상적인 주제에 대해 자신의 의견을 구체적으로 표현하고 토론한다. ∘ 사회 문제(건강 문제, 환경오염 문제, 전통 사상 변화)에 대해 토론하기 ∘ 간단한 시사 문제에 대해 이해하고 토론하기
사회 문화적 능력	• 전문적인 것에는 약간 도움이 필요하나 일반적인 직장 업무를 처리할 수 있다. • 한국인의 사고방식과 문화를 이해한다. ∘ 한국의 풍습, 미신, 속담 등 이해하기 • 전화 대화나 방송의 알림, 방송 보도 등을 이해할 수 있다. ∘ TV에서의 간단한 보도 내용이나 드라마 등 이해하기 ∘ 일기 예보 이해하기 • 직설적이고 개인적 흥미 또는 지식을 얻을 수 있는 기본적인 정보가 들어있는 텍스트라면 이를 이해하고 그 텍스트로부터 다음 단계의 진술이나 주제의 정보를 얻어낼 수 있다. ∘ 단순한 신문 보도 자료나 잡지의 글 이해하기 • 일상적 사건에 대한 글뿐만 아니라 실용문, 일상적 주제에 대한 간단한 글쓰기를 할 수 있다. 자신의 학력, 경력 등 자신의 신상 자료의 요약을 쓸 수 있다.

1.3. 고급

고급 시험의 어휘 범주에서는 저빈도의 시사 어휘 그리고 한자 어휘와 한글 어휘의 의미 지식이 측정되었고 문형 표현 범주에서도 저빈도의 의고체 혹은 구어적 연결 어미와 양태 표현 지식이 측정되었다. 또한 중급에서도 측정되었던 관용표현 지식에 더하여 사자성어와 속담 지식이 추가로 측정되었다. 제시문은 대화문과 문장으로 출제되었고 중급보다 텍스트 분량이 늘었다. 최종 제시문은 400~450자, 8~9문장으로 작성되었다. 고급 시험에서는 중급과 달리 문법 표현 비중보다 어휘 영역 문항 수를 일부 늘린 것이 특징이다. 전문적인 분야에 자주 등장하는 기초적, 필수적 어휘, 다의어 지식, 담화 상황에서 적절한 사자성어, 속담 고르기 문항을 통해 학습자의 고급 어휘 수준을 확인하고자 했으며 문형 표현의 알맞은 대답 고르기, 유사 의미의 문법 표현 고르기, 비문 고르기 등의 문항으로 고급 한국어 학습자들의 문형 지식을 측정하고자 했다. 세부 범주별 숙달도 목표를 정리하면 다음과 같다.

〈표 3-5〉 5급 한국어 숙달도 목표

범주	5급 한국어 숙달도 목표
발음	• 정상적인 발화에서 학습자가 한국인의 발음을 이해하지 못한다든지 한국인이 학습자의 발음을 이해하지 못한다든지 하는 문제는 없다. 단, 학습자의 모국어의 영향을 받은 억양 및 강세 문제가 남아 있다.
어휘 능력	• 정치, 사회, 경제, 문화 등 전문적인 분야의 기초적인 어휘를 이해하고 사용할 수 있으며 전문적 어휘도 설명을 들으면 이해할 수 있다. • 신문이나 방송 등의 시사 관련 어휘를 이해하며 사회생활 관련 어휘 사용에는 별 문제가 없다. • 평이한 내용의 수필이나 소설에 나오는 비유적 표현이나 어휘를 이해하고 구사할 수 있다. • 빈도가 높은 비유적 표현이나 관용어, 숙어, 속담, 고사성어 등을 이해하고 사용할 수 있다. 빈도가 낮은 것이라면 어느 정도 이해가 가능하다. • 빈도가 낮은 의성어, 의태어를 어느 정도 이해하고 사용할 수 있다.

범주	5급 한국어 숙달도 목표
문법 능력	• 빈도가 높은 접미사와 접두사, 다양한 종결 어미, 보조 동사 등을 이해하고 구사할 수 있다. • 문단 단위 담화를 자연스럽게 생성할 수 있으며, 심각한 문법적인 오류는 없다.
의사 소통 능력	• 학업 활동에 관련된 과제와 기능을 수행한다. ◦ 관심 있는 주제에 관한 보고서 작성 및 발표, 일상생활과 관련된 인터뷰 조사와 발표 • 직업 활동에 관련된 과제와 기능을 수행한다. ◦ 취업 관련 광고 이해, 진로 상담, 면접 상황 대처하기, 자기소개서 및 이력서 작성하기, 담당 업무 보고하기, 거래 및 협상 • 사회 활동에 관련된 과제와 기능을 수행한다. ◦ 토론하기, 불편 사항을 공공기관에 호소하기, 단체에 가입하기, 신문사에 투고하기 • 경제 활동에 관련된 과제와 기능을 수행한다. ◦ 계약과 해지하기, 피해 보상, 손해 배상 요구 및 처리 • 문화 활동에 관련된 과제와 기능을 수행한다. ◦ 문화 강좌 수강 및 문화 행사 참여, 문화 활동과 관련된 감상문 작성하기, 대표적인 문학 작품 이해, 간단한 작품 쓰기.
사회 문화적 능력	• 교양적인 내용의 담화가 가능하고 매우 전문적 주제가 아니라면 어떤 주제에 대한 토론이나 의견 교환 등이 가능하다. • 한국에서 일반적인 직장 생활을 수행할 수 있다. • 한국의 정치, 경제, 사회, 문화적 상황에 대한 선문적인 이해가 가능하다. • 공공시설을 이용하는 데 불편함이 없으며 공공기관에 자신의 불편 사항이나 요구 사항 등을 호소할 수 있다. • 일부 방언을 이해할 수 있으며 지역에 따른 향토적 특성을 이해할 수 있다.

〈표 3-6〉 6급 한국어 숙달도 목표

범주	6급 한국어 숙달도 목표
발음	• 교육받은 모국어 화자와 같은 발음을 구사한다. 발음으로 인해서 발생하는 문제는 거의 없다.
어휘 능력	• 정치, 사회, 경제, 문화 등 전문적인 분야에서 일반적으로 사용되는 어휘를 이해하고 구사할 수 있다. • 사용 빈도가 적은 추상적인 어휘를 충분히 숙지하고 구사한다. • 문학적인 글에 등장하는 비유적 표현이나 어휘를 이해하고 구사할 수 있다. • 비교적 사용 빈도가 낮은 숙어나 속담, 고사성어를 이해하고 사용할 수 있다. • 사용 빈도가 낮은 의성, 의태 부사나 부사어들을 자연스럽게 사용할 수 있다.

범주	6급 한국어 숙달도 목표
문법 능력	• 사용 빈도가 낮은 접미사와 접두사, 문법화된 관용 표현, 어미 결합형 등을 이해할 수 있다. • 극존칭 및 하오체, 하게체를 이해하고 필요한 경우에는 높임법의 하게체, 하오체를 구사할 수 있고, 의고적 표현의 겸양법을 이해할 수 있다. • 문법과 관련해서 발생되는 문제는 거의 없다.
의사 소통 능력	• 학업 활동에 관련된 과제와 기능을 수행한다. ◦ 자신의 전문 분야에 대한 연구 발표 및 연구 논문 작성, 정치, 사회 문제에 대한 인터뷰 조사 및 발표. • 직업 활동에 관련된 과제와 기능을 수행한다. ◦ 회사의 설립과 운영 활동, 직업 관련 전문 영역의 평가, 직업 관련 공문서 작성 • 사회 활동에 관련된 과제와 기능을 수행한다. ◦ 단체 여행을 조직하고 안내, 회의 및 좌담회를 개최하고 사회자 역할 수행, 분쟁(소송, 재판) 해결하기 • 경제 활동에 관련된 과제와 기능을 수행한다. ◦ 투자(증권, 부동산 등) 활동 • 문화 활동에 관련된 과제와 기능을 수행한다. ◦ 한국의 역사 및 전통 문화에 대한 강연, 문화적인 내용의 글쓰기, 문학 작품 번역하기, 향토성이 가미된 문학 작품의 이해
사회 문화적 능력	• 전문 분야에 대한 교육을 실시하고 텍스트 생산이 가능하다. • 한국 대학생 수준의 정치, 경제, 사회, 문화적 내용에 대한 집단적인 토론 및 사회자 역할을 할 수 있다. • 한국에서 조직체 및 기업의 운영이 가능하고 조직 운영과 관련된 지시 및 비판, 토론 등을 수행할 수 있다. • 한국의 정치, 경제, 사회, 문화적인 상황에 대해 전문적으로 설명할 수 있다. • 재판, 소송과 같은 공적 업무의 이해와 참여가 가능하다. • 준비된 내용으로 한국의 역사 및 전통 문화, 지역별 특성에 소개 및 안내가 가능하다.

2. 등급별 쓰기 숙달도의 상중하 수준 예시

2.1. 온라인 한국어 시험의 쓰기 평가 목표

연세대학교 한국어학당이 개발한 온라인 한국어 쓰기 숙달도 평가의 결과로써 학생들에게 유의미한 피드백을 제공하기 위하여 특정 쓰기 과제를 수행한 응시자가 취득한 점수의 함의를 상중하 수준으로 구분하여 다음과 같이 고지하고자 한다. 응시자는 이러한 서술형 평가 결과를 읽고서 다음 평가 때 개선해야 할 사항에 대해 세부적인 계획을 세우고 학습할 수 있다.

〈표 3-7〉 쓰기 능력 1~6급 숙달도의 상중하 수준 기술

급	기술
1급	상: 하루 동안 한 일을 가지고 초급 표현을 사용하여 일기를 쓸 수 있다. 중: 하루 동안 한 일을 가지고 초급 표현을 사용하여 일기를 쓰는 능력이 조금 부족하다. 하: 하루 동안 한 일을 가지고 초급 표현을 사용하여 일기를 쓰기 위해 노력이 필요하다.
2급	상: 친구에게 자신의 일상생활을 알리기 위해서 이메일의 첫인사–본문–끝인사 내용을 반말 표현을 사용하여 잘 작성할 수 있다. 중: 친구에게 자신의 일상생활을 알리기 위해서 이메일의 첫인사–본문–끝인사 내용을 반말 표현을 사용하여 작성하는 능력이 조금 부족하다. 하: 친구에게 자신의 일상생활을 알리기 위해서 이메일의 첫인사–본문–끝인사 내용을 반말 표현을 사용하여 작성하기 위하여 노력이 필요하다.
3급	상: 문제 상황을 해결하기 위하여 공공 기관 사이트에 게시할 글의 도입–본문–마무리 내용을 중급 표현을 써서 잘 작성할 수 있다. 중: 문제 상황을 해결하기 위하여 공공 기관 사이트에 게시할 글의 도입–본문–마무리 내용을 중급 표현을 써서 작성하는 능력이 조금 부족하다. 하: 문제 상황을 해결하기 위하여 공공 기관 사이트에 게시할 글의 도입–본문–마무리 내용을 중급 표현을 써서 작성하기 위하여 노력이 필요하다.
4급	상: 조사 기관, 도표 분석, 관련 문제 해결 방안을 설명하는 조사 보고서를 중급 표현을 사용하여 잘 작성할 수 있다. 중: 조사 기관, 도표 분석, 관련 문제 해결 방안을 설명하는 조사 보고서를 중급 표현을 사용하여 작성하는 능력이 조금 부족하다. 하: 조사 기관, 도표 분석, 관련 문제 해결 방안을 설명하는 조사 보고서를 중급 표현을 사용하여 작성하기 위하여 노력이 필요하다.

급	기술
5급	상: 지원한 분야에 뽑혀야 하는 이유를 설득하는 자기 소개서의 도입–본문–바람 내용을 고급 표현을 써서 잘 작성할 수 있다. 중: 지원한 분야에 뽑혀야 하는 이유를 설득하는 자기 소개서의 도입–본문–바람 내용을 고급 표현을 써서 작성하는 능력이 조금 부족하다. 하: 지원한 분야에 뽑혀야 하는 이유를 설득하는 자기 소개서의 도입–본문–바람 내용을 고급 표현을 써서 작성하기 위하여 노력이 필요하다.
6급	상: 사회적 주제에 대해 자기 의견을 논리적으로 설득하는 논설문의 도입–본문–마무리 단락을 고급 표현을 써서 잘 작성할 수 있다. 중: 사회적 주제에 대해 자기 의견을 논리적으로 설득하는 논설문의 도입–본문–마무리 단락을 고급 표현을 써서 작성하는 능력이 조금 부족하다. 하: 사회적 주제에 대해 자기 의견을 논리적으로 설득하는 논설문의 도입–본문–마무리 단락을 고급 표현을 써서 작성하기 위하여 노력이 필요하다.

2.2. 한국어 능력 시험의 성적표 구성

응시자가 어휘·문법, 듣기, 읽기 객관식 시험과 쓰기 및 말하기 숙달도 시험에서 성취한 점수 구간에 해당하는 등급을 다음과 같이 적시하고 서술식 피드백을 제공한다.

〈표 3-8〉 응시 과목별 성취 수준

과목명	어휘·문법	듣기	읽기	쓰기	말하기
상세 등급	2급 하	3급 하	2급 상	2급 중	2급 중

〈표 3-9〉 언어 수행 능력에 대한 서술식 피드백 예시

과목명	설명
어휘·문법	1급 수준의 어휘와 문법을 사용하여 짧은 문장을 완성할 수 있습니다.
듣기	일상생활 중 친한 사람과 하는 대화 내용을 대부분 잘 이해할 수 있습니다.
읽기	친숙한 주제의 글을 읽고 내용을 잘 이해할 수 있습니다.
쓰기	초급 수준의 표현을 써서 자신의 생각을 한 단락의 글로 완성할 수 있습니다.
말하기	초급 수준의 표현을 써서 일상생활 중 간단한 의사소통을 할 수 있습니다.
총평	000 씨는 현재 2급 중 정도의 한국어 능력을 가지고 있습니다. 지금부터 2급 상 수준의 반에서 공부를 시작하시면 됩니다.

[4장]

한국어 쓰기 숙달도 평가의 실제

1. 쓰기 숙달도 평가 문항 구성표

2. 쓰기 숙달도 평가 문항 예시

3. 쓰기 숙달도 등급별 채점 기준 예시

4. 쓰기 답안 평가 사례 예시

이 장에서는 한국어 쓰기 숙달도 평가 기준을 알아보기 위하여 한국어 쓰기 숙달도 평가를 위한 문항 구성표와 그에 준한 실제 문항 사례 그리고 등급별 채점 기준을 소개하였다. 각 내용은 6개 등급의 한국어 능력 숙달도별로 초급에서 고급까지로 구성된다. 이어서 쓰기 숙달도 평가를 실제로 수행하는 방법을 사례를 들어 구체적으로 설명하였다.

√ 쓰기 숙달도 평가 문항 구성표에는 어떤 항목들이 포함되어야 할까?

√ 쓰기 숙달도 평가를 위한 문항 유형에는 등급별로 어떤 것이 있는가?

√ 쓰기 숙달도의 채점 기준은 등급별로 어떤 차이를 고려해야 할까?

√ 표현상 동일 유형의 오류는 매번 감점해야 할까? 한 번의 오류로 셈해야 할까?

1. 쓰기 숙달도 평가 문항 구성표

본 쓰기 평가 문항은 2020년 수행된 '연세 한국어 온라인 평가 도구 개발' 과제의 결과물 중 일부이다. 연세대학교 한국어학당은 AI 기반의 온라인 평가를 실행하기 위하여 내용 타당도가 검증된 36개 세트의 평가 문항을 개발하였다. 이 평가 도구의 장점은 응시자 수준에 맞는 기능별 평가 문항을 제공하므로 응시 시간이 짧아 응시자 피로도를 줄일 수 있다는 점이다. 쓰기 능력 평가 역시 이 시스템에서 응시자가 첫 번째로 치르게 되는 어휘·문법 시험의 취득 점수[1] 구간에 따라 2개 쓰기 문항을 제공받아(6급은 1개 문항) 과제의 요구에 맞게 글을 쓰는 것으로 수행된다.

〈표 4-1〉 연세대학교 온라인 평가 문제은행 문항 구성

평가영역	어휘·문법	듣기/읽기		쓰기/말하기		비고
평가유형	객관식	객관식	객관식	주관식	주관식	등급제
문항수	60	36	36	6	6	총 144문항

1) 최초로 정답률 50%를 넘기지 못한 등급에 배정되고 다음 등급의 문제에 도전할 수 없다. 듣기와 읽기 영역의 시험 문항은 각 급 6개 문항씩 총 36개이므로 문항 번호 중 십의 자리는 등급 표시, 일의 자리는 문항 일련번호로 지정된다.

이러한 핀셋형 작동 원리에 의하여 비교적 짧은 시간 안에 어휘·문법 지식 수준은 물론 4개 언어 기능별 숙달도를 상세하게 측정할 수 있다. 쓰기 채점 시 적용되는 점수 척도는 모의시험과 평가자 워크숍 등의 절차를 거쳐 수정 보완되었다. 채점된 수치가 일정 점수 구간에 해당되는 경우 그에 준해 숙달도 등급이 결정되는 체제이다.

〈표 4-2〉 어휘·문법 시험 결과에 연동된 읽기, 듣기, 말하기, 쓰기 배포 지도

<table>
<tr><th>어휘·문법 시험 결과</th><th>읽기, 듣기 수준</th><th>제공될 말하기 시험 유형</th><th>쓰기 시험</th></tr>
<tr><td>6하 초과</td><td>6하 6중 6상</td><td rowspan="6">6번 사회 전반 문제에 대한 원인과 해결 방안 제시하기
(준비 70초, 시험 180초, 총 250초)
5번 사회문제에 대해 의견 제시하기
(준비 60초, 시험 150초, 총 210초)
4번 사회적 변화에 대해 비교 대조하기
(준비 50초, 시험 120초, 총 170초)
3번 주제에 대해 경험 서술하기
(준비 40초, 시험 80초, 총 120초)
총 12분</td><td rowspan="3">6번 주장 글
(40분)</td></tr>
<tr><td>6하</td><td>5상 6하 6중</td></tr>
<tr><td>5상 이상 6하 미만</td><td>5중 5상 6하</td></tr>
<tr><td>5하 초과 5상 미만</td><td>5하 5중 5상</td><td rowspan="3">5번
자기소개서
(20분)
4번 설명문
(20분)</td></tr>
<tr><td>5하</td><td>4상 5하 5중</td></tr>
<tr><td>4상 이상 5하 미만</td><td>4중 4상 5하</td></tr>
<tr><td>4하 초과 4상 미만</td><td>4하 4중 4상</td><td rowspan="6">5번 사회문제에 대해 의견 제시하기
(준비 60초, 시험 150초, 총 210초)
4번 사회적 변화에 대해 비교 대조하기
(준비 50초, 시험 120초, 총 170초)
3번 주제에 대해 경험 서술하기
(준비 40초, 시험 80초, 총 120초)
2번 주제에 대해 계획 서술하기
(준비 30초, 시험 60초, 총 90초)
총 10분</td><td rowspan="3">4번 설명문
(20분)
3번 게시글
(20분)</td></tr>
<tr><td>4하</td><td>3상 4하 4중</td></tr>
<tr><td>3상 이상 4하 미만</td><td>3중 3상 4하</td></tr>
<tr><td>3하 초과 3상 미만</td><td>3하 3중 3상</td><td rowspan="3">3번 게시글
(20분)
2번 이메일
(20분)</td></tr>
<tr><td>3하</td><td>2상 3하 3중</td></tr>
<tr><td>2상 이상 3하 미만</td><td>2중 2상 3하</td></tr>
<tr><td>2하 초과 2상 미만</td><td>2하 2중 2상</td><td rowspan="4">3번 주제에 대해 경험 서술하기
(준비 40초, 시험 80초, 총 120초)
2번 주제에 대해 계획 서술하기
(준비 30초, 시험 60초, 총 90초)
1번 주제에 대해 소개하기
(준비 20초, 시험 50초, 총 70초)
총 7분</td><td rowspan="4">2번 이메일
(20분)
1번 일기
(10분)</td></tr>
<tr><td>2하</td><td>1상 2하 2중</td></tr>
<tr><td>1상 이상 2하 미만</td><td>1중 1상 2하</td></tr>
<tr><td>1상 미만</td><td>1하 1중 1상</td></tr>
</table>

이제 제1세트의 쓰기 숙달도 평가 문항 구성표를 살펴보자. 문항 유형은 1번 일기를 써서 하루 일과 기술하기, 2번 반말로 이메일을 써서 친교 나누기, 3번 쇼핑 업체에 게시글로 문의하기, 4번 도표를 보고 설명문 쓰기, 5번 진학 혹은 취업을 위한 자기소개서 쓰기, 6번 제시받은 주제에 대해 장단점을 분석하고 본인의 입장을 밝히는 논설문 쓰기로 구성되었다. 1번 문항은 1급, 2번 문항은 2급, …, 6번 문항은 6급 등과 같이 각 문항의 번호는 해당 숙달도 수준에 해당된다.

〈표 4-3〉 1차본 쓰기 시험 문항 구성표

등급	난이도	텍스트	기능	주제	소재	글자 수	시간(분)
1급	상	일기	서술하기	일과	하루 일과	200자	10
2급	상	이메일	친교하기	수업	한국어	400자	20
3급	상	게시글	문의하기	쇼핑	인터넷 쇼핑	400자	20
4급	상	설명문	설명하기	전자 상거래	SNS 쇼핑몰 피해 현황	600자	20
5급	상	자기 소개서	소개하기	전공	유학 계기	600자	20
				업무	관련 경험		
6급	상	논설문	장단점 및 입장 쓰기	교육	온라인 수업	900자	40
총합	6문항						130분

2. 쓰기 숙달도 평가 문항 예시

다음은 쓰기 숙달도 평가 문항의 예시이다. 본고에서는 각 문항의 구성에 대한 이해를 위해 문제를 푸는 방식에 대한 지시문, 문항, 문항 설명, 답변 방법, 모범 답안의 순으로 제시하였다. 본 도구가 실제로 수험자에게 제시될 경우에는 문제를 푸는 방식에 대한 지시문과 문항만이 제시된다. 제시된 답안은 출제자가 예상하는 모범적 답안의 예를 제시한 것일 뿐으로 해당 문항의 요건을 충족하는 다양한 답안이 존재할 수 있다. 시험 문제를 보이기에 앞서 다음과 같은 주의사항이 제공된다.

〈표 4-4〉 쓰기 시험 주의 사항

주의 사항

1. 모든 문제에 대한 답은 답안지에 쓰십시오.

2. 모든 대답은 완전한 문장으로 쓰십시오.

[보기] 저는 학교에서 한국어를 공부했습니다. (공부했어요.) (○)
나는 학교에서 한국어를 공부했다. (공부했어.) (○)
학교에서 한국어를 공부했음. (×)

3. 글자 수를 지키십시오. 글자 수가 너무 많거나 적으면 좋은 점수를 받을 수 없습니다.

※ 다음과 같이 원고지 사용법에 맞게 글을 쓰십시오.

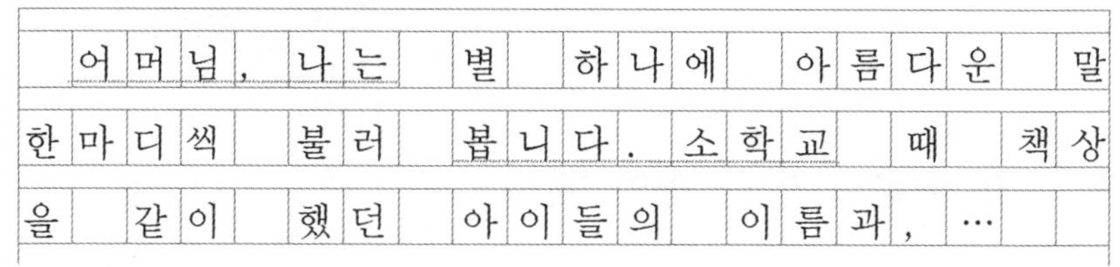

2.1. 1급 문항 예시

1. 오늘 무엇을 했습니까? 다음 그림을 보고 일기를 쓰십시오. (200자 내외)

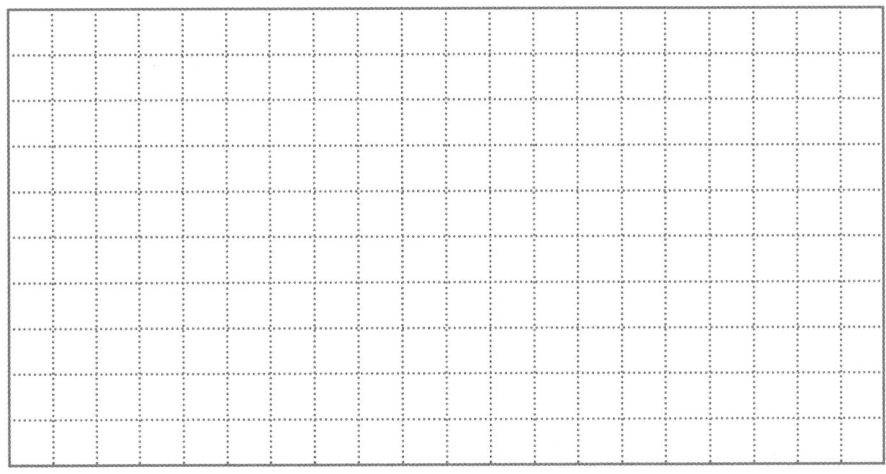

2.2. 2급 문항 예시

2. 요즘 듣고 있는 한국어 수업에 대해서 한국 친구인 **정하늘**이 알고 싶어 합니다. 어느 학교에서 몇 급 수업을 듣고 있는지 설명하고, 공부할 때 어려운 점에 대해서 반말로 쓰십시오. (400자 내외)

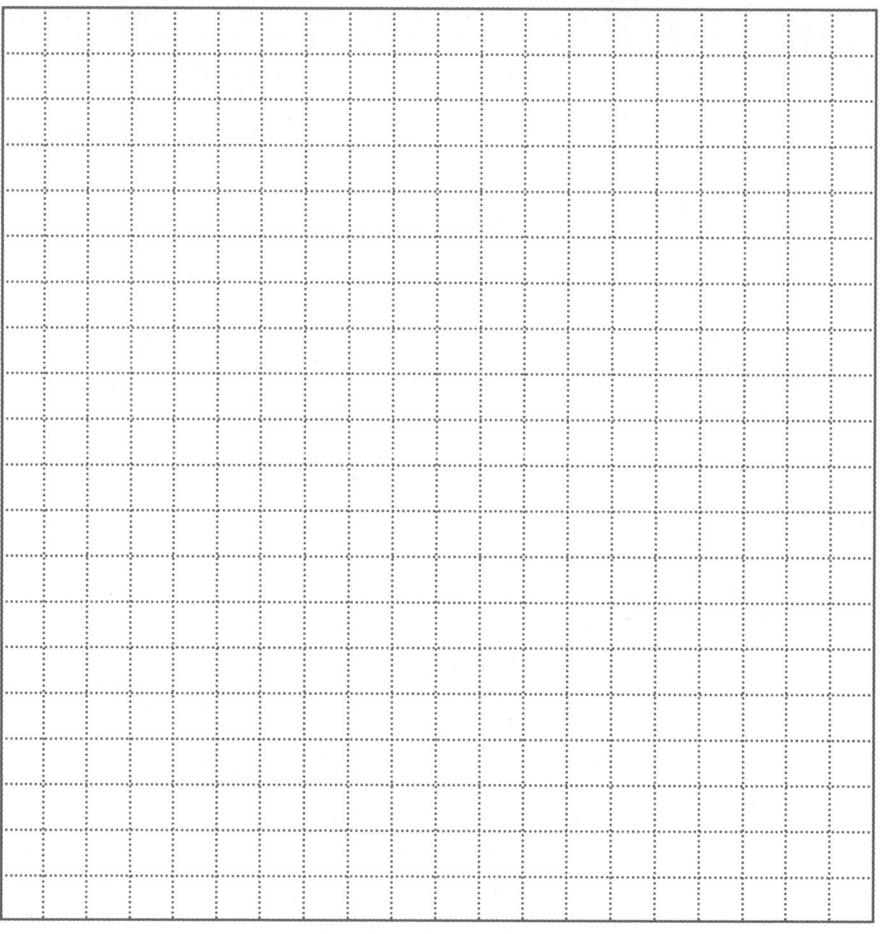

2.3. 3급 문항 예시

3. 여러분이 인터넷 쇼핑 사이트에서 옷을 샀습니다. 그런데 옷을 바꾸고 싶습니다. 다음 세 가지를 넣어서 쇼핑 사이트 고객 센터에 문의하는 글을 쓰십시오. (400자 내외)

- 문의 제목
- 옷을 바꾸려는 이유
- 문의 사항

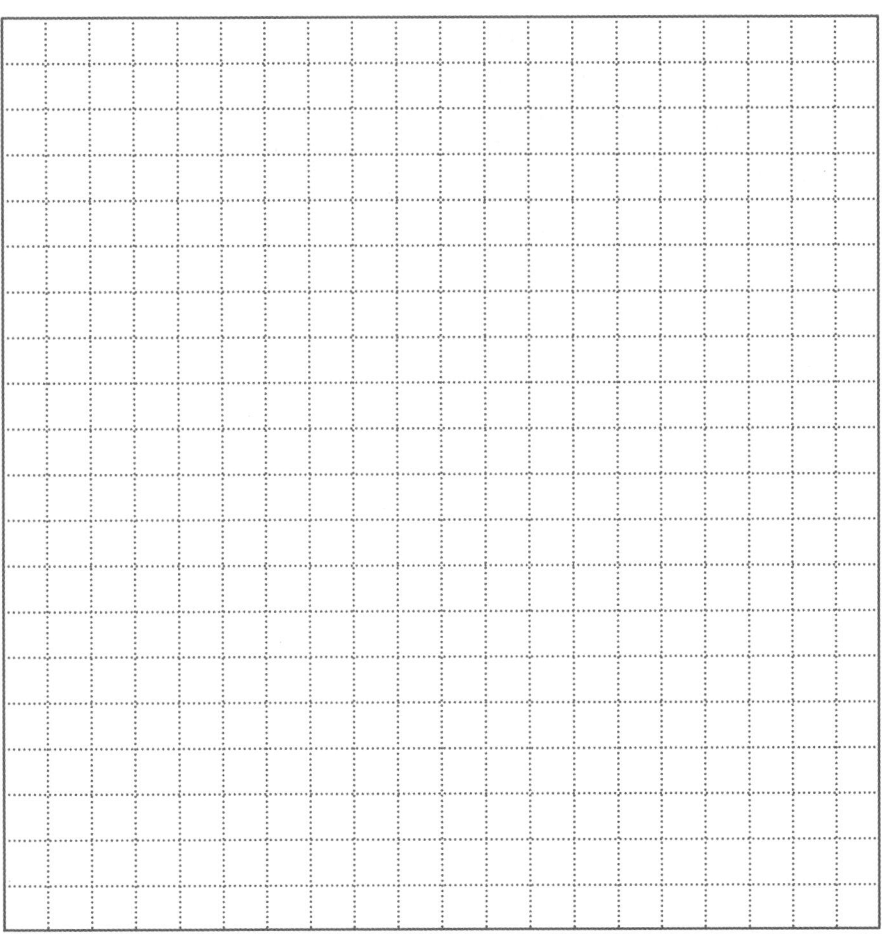

2.4. 4급 문항 예시

4. 다음은 'SNS 쇼핑몰 이용 시 반응 유형'에 대한 조사 결과입니다. 그래프를 설명하고 피해를 줄이기 위한 해결 방안을 쓰십시오. (600자 내외)

※ SNS 쇼핑몰: 개인이 블로그나 인스타그램 등을 이용한, 개인의 온라인 판매처

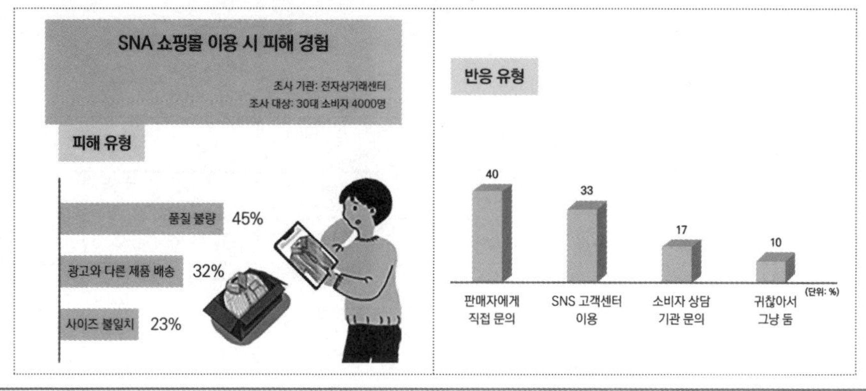

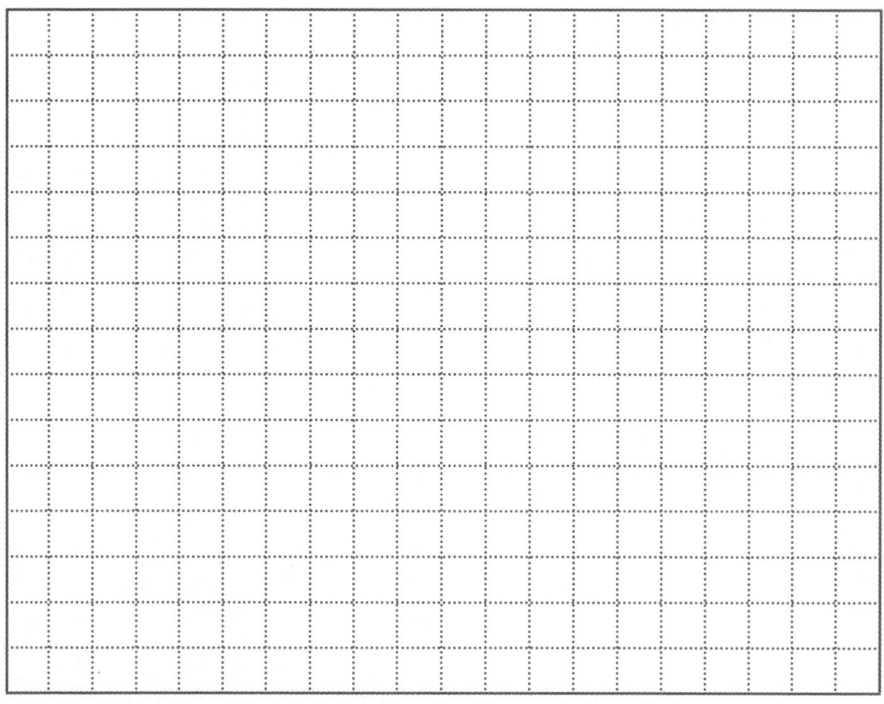

2.5. 5급 문항 예시

5. 진학이나 취업에 필요한 자기소개서를 쓰려고 합니다. 여러분이 지원하고 싶은 분야를 선택하고 나서 다음 질문에 답하는 내용의 자기소개서를 쓰십시오. (600자 내외)

□ ○○대학의 ____________학 전공	□ ○○회사의 __________ 업무 지원
지원 분야에 대해 관심을 갖게 된 시기와 이유를 쓰고, 지원 분야에서 어떤 노력을 했는지 소개하십시오	

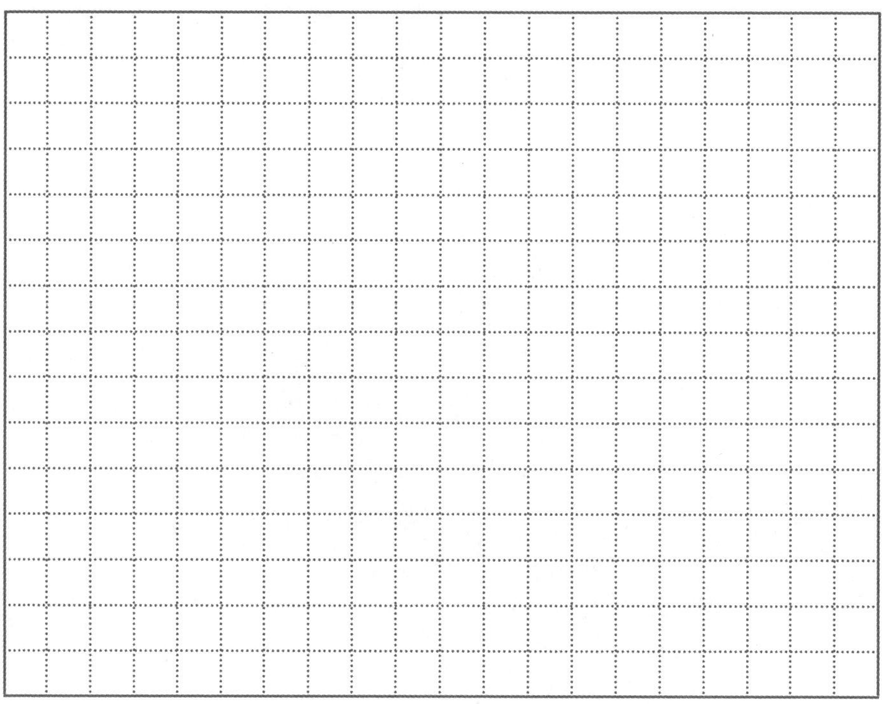

2.6. 6급 문항 예시

6. 최근 학교에서 다양한 방식으로 온라인 교육을 실시하고 있습니다. 여러분은 학교에서 온라인 수업을 하는 것에 대해서 어떻게 생각하십니까? 다음의 온라인 수업 가운데 하나를 고른 후 이에 대한 장점과 단점을 비교하고 자신의 생각을 쓰십시오. (900자 내외)

실시간 온라인 교육	
장점	• 상호 작용 •
단점	• 시간의 제약 •

동영상 시청 교육	
장점	• 시공간의 자유 •
단점	• 비상호작용 •

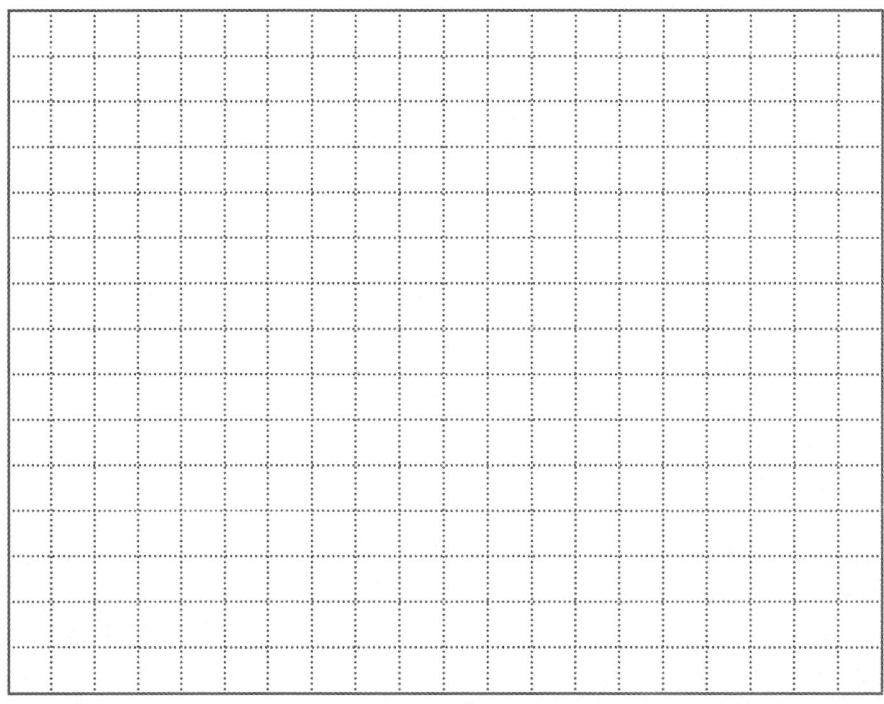

3. 쓰기 숙달도 등급별 채점 기준 예시

다음은 본 쓰기 숙달도 평가 도구의 각 등급별 채점 기준이다. 먼저 쓰기 문항 전체 평가에 공통된 기준을 제시하고 이어서 등급별 평가 기준을 실었다. 구체적으로 등급별 문항 예시, 문항에 대한 개괄적인 설명, 답안 작성 방법, 모범 답안, 해당 문항 평가 시 특히 고려해야 할 사항 그리고 내용, 조직, 표현의 3개 평가 범주 및 내용의 적합성과 풍부성, 조직의 체계성과 응집성, 표현의 정확성과 다양성, 적절성 등 7개 평가 요소로 구성된 채점 기준표 순으로 제시되었다. 특히 6개 문항에 대한 개괄적 설명과 답안 작성 방법의 내용은 한국어 교수자나 응시 예정자가 숙지하면 고득점할 전략 포인트가 되고 평가자에게는 채점 편차를 줄일 주요한 지침이 된다. 6개 등급별 채점 기준표에서 **음영** 표시된 것은 회차별 문항 내용에 따라 달라지는 부분이며 기타 내용은 회차별 문항의 세부 과제가 달라져도 영향받지 않고 동일하게 채점된다.

〈표 4-5〉 쓰기 영역의 글자 수 평가 기준

각 문항에서 원하는 글자 수(띄어쓰기 포함)의 20% 이하로 작성된 글은 0점 처리함. (1급: 40자, 2급 80자, 3급 80자, 4급 120자, 5급 120자, 6급 180자 이하 0점)

〈표 4-6〉 쓰기 영역 평가 기준

평가 범주	평가 요소	세부 평가 내용
내용	적합성	과제 수행에 필요한 내용을 모두 작성하였는가?
	풍부성	화제에 대한 예를 들거나 부연 설명을 하여 내용을 구체적으로 구성하였는가?
조직	체계성	내용을 담화 격식에 맞게 기-서-결 체계로 구성하였는가?
	응집성	다양한 결속 장치를 사용하여 긴밀하게 연결하였는가?
표현	정확성	어휘와 문법, 맞춤법을 정확하게 사용하였는가?
	다양성	어휘와 문법을 다양하게 사용하였는가?
	적절성	글의 목적과 기능에 맞게 격식을 갖추었는가?

3.1. 1급 평가 기준

1. 오늘 무엇을 했습니까? 다음 그림을 보고 일기를 쓰십시오. (200자 내외)

문항 설명

- 그림에 소개된 하루 일과(공부, 식사, 쇼핑)를 일기 장르에 맞게 과거 시제로 써야 한다.
- 일기는 보통 격식체 반말 종결 어미인 '-었다' 문체로 쓰지만 1급 문항임을 고려하여 '-었습니다'와 '-었어요', 혹은 '-었다'와 '-었어'를 혼용했어도 존대와 반말 표현으로 일관성 있게 썼다면 감점하지 않는다.

답안 작성 방법

일기 글의 처음, 중간, 끝에 적합한 내용과 형식이 필요하다.

- 주요 어휘: 오전, 공부하다, 수업이 끝나다, 한식집, 음식명, 점심을 먹다, 쇼핑을 하다 등
- 주요 문법: -었-, -고, -어서, 관형형 연결 어미, -으러, -는 것 같다 등

모범 답안

오늘은 오전에 학교에 가서 한국어를 공부했어요. 한국어 공부가 재미있지만

좀 어려웠어요. 수업이 끝나고 친구를 만났어요. 친구와 같이 한식집에서 불고기를 먹었어요. 불고기가 아주 맛있었어요. 점심을 먹고 쇼핑을 하러 갔어요. 옷 가게에 예쁜 옷이 많았어요. 그런데 값이 오만 원이었어요. 좀 비싼 것 같았어요. 그래서 사지 않고 구경만 했어요. (192/200자)

평가 기준

- 내용의 적합성은 매 회차 3개 과제 조건을 다 수행했는지 여부로써 측정된다.
- 그림과 관련 있는 사건이나 느낌이 충분히 기술되어야 한다.

준거	요소	척도	기술 척도
내용	적합성	상(3)	① 오전에 (한국어) 공부를 함, ② 친구를 만나서 같이 한식집에서 밥을 먹음, ③ 옷가게에서 옷을 구경함 등 제시된 과제 3개 내용이 다 있다.
		중(2)	과제 중 2개 내용만 있다.
		하(1)	과제 중 1개 내용만 있다.
		(0)	주제에 맞지 않거나 이해할 수 없거나 글이 너무 짧아 평가할 수 없다.
	풍부성	상(3)	그림의 사실을 바탕으로 관련된 느낌이나 감정, 행동 등을 구체적으로 첨가하여 내용이 풍부하다.
		중(2)	그림의 사실을 바탕으로 관련된 느낌이나 감정, 행동 등이 제시되었으나 내용이 간단하다.
		하(1)	그림의 사실을 바탕으로 관련된 느낌이나 감정, 행동 등이 거의 없다.
		(0)	주제에 맞지 않거나 이해할 수 없거나 글이 너무 짧아 평가할 수 없다.
조직	체계성	상(3)	하루 일과를 시작하고 마무리하는 단계가 있다.
		중(2)	하루 일과를 시작하거나 마무리하는 단계 가운데 하나만 있다.
		하(1)	하루 일과를 시작하거나 마무리하는 단계 중 어느 것도 없고 두서없이 과제를 수행하기에 급급하다.
		(0)	주제에 맞지 않거나 이해할 수 없거나 글이 너무 짧아 평가할 수 없다.

준거	요소	척도	기술 척도
조직	응집성	상(3)	접속사(그리고, 그래서 등)나 신구정보(이, 그, 저 등 지시어)의 제시 순서 등 다양한 결속 장치를 적재적소에 오류 없이 사용하고 불필요한 내용이 없어서 응집성이 높다.
		중(2)	결속 장치가 단순하거나 필요한 결속 장치가 한두 군데 빠졌거나 사용된 결속 장치 중 한두 군데 오류가 있거나 불필요한 내용이 하나 있어서 응집력이 다소 떨어진다.
		하(1)	문맥을 이해할 수는 있으나 결속 장치에 세 군데 이상 오류가 있거나 혹은 결속 장치가 전혀 없거나 불필요한 내용이 둘 이상 있어서 응집력이 많이 떨어진다.
		(0)	주제에 맞지 않거나 이해할 수 없거나 글이 너무 짧아 평가할 수 없다.
표현	정확성	상(3)	일기에 적합한 과거 시제 등 언어 사용의 오류가 전체 글자 수의 3%(1~6개) 이내이다.
		중(2)	언어 사용의 오류가 전체 글자 수의 6%(7~12개) 이내이다.
		하(1)	언어 사용의 오류가 전체 글자 수의 9%(13개~18개) 이내이다.
		(0)	주제에 맞지 않거나 이해할 수 없거나 글이 너무 짧아 평가할 수 없다. 또는 오류가 19개 이상이다.
	다양성	상(3)	1급 수준의 다양한 어휘와 문법을 아주 잘 사용한다.
		중(2)	1급 수준의 연결 어미(−고, −어서, −지만)가 2개 이하로 부족하다.
		하(1)	단순한 어휘와 단문 위주의 문법만을 사용한다.
		(0)	주제에 맞지 않거나 이해할 수 없거나 글이 너무 짧아 평가할 수 없다.
	적절성	상(3)	'나'를 주어로 하였고 초급 일기 장르에 적절한 종결 어미인 '−었습니다'나 '−었어요' 중 한 가지로 일관되게 글을 쓴다.
		중(2)	행위 주체로 3인칭을 쓰거나 종결 어미를 혼용한 오류가 합하여 2개 이내로(예) '−습니다'로 일관하면서 가끔 '−어요', '−는다', '−어' 사용) 일기 장르 격식에 맞는 언어 사용 능력이 다소 부족하다.
		하(1)	3인칭을 주어로 하거나 종결 어미를 혼용한 정도가 3개 이상이어서 일기 장르 격식에 맞는 언어 사용 능력이 부족하다.
		(0)	주제에 맞지 않거나 이해할 수 없거나 글이 너무 짧아 평가할 수 없다.

3.2. 2급 평가 기준

2. 요즘 듣고 있는 한국어 수업에 대해서 한국 친구인 **정하늘**이 알고 싶어 합니다. 어느 학교에서 몇 급 수업을 듣고 있는지 설명하고, 공부할 때 어려운 점에 대해서 반말로 이메일을 쓰십시오. (400자 내외)

문항 설명

- 이메일 장르이기 때문에 제시된 사람 정보 이외에 제목 정보를 적어야 한다.
- 친구에게 보내는 편지에 맞게 반말 종결 어미인 '-다/-어' 문체로 써야 한다.

답안 작성 방법

이메일 장르에 맞게 '첫인사-사연-끝인사'에 해당하는 내용과 형식이 필요하다.

- 주요 어휘: 그동안, 지내다, 다니다, 성격, 즐겁다, 복습, 걱정, 외우다, 기억, 나다, 직접, 소식, 전하다 등
- 주요 문법: 반말, 간접화법, 의, -어도 -어지다, -을 때, 거나, -어 보다, -었으면 좋겠다, -을게

모범 답안

하늘아, 잘 지냈어? 답장이 늦어서 미안해. 요즘 좀 바빠서 이메일을 쓸 시간이 없었어. 나는 지금 연세대학교 한국어학당에 다니고 있어. 세 달 전에 1급부터 공부를 시작해서 지금은 2급 교실에서 공부해. 우리 반 친구들의 성격이 좋아서 날마다 학교에 가는 게 즐거워. 그런데 매일 예습과 복습을 해도 말하기가

좋아지지 않아서 걱정이야. 단어를 열심히 외우지만 말할 때는 기억이 나지 않을 때가 많아. 선생님이 한국 친구와 이야기를 많이 하면 말하기가 좋아질 거라고 하셨어. 그래서 너하고 연습을 하고 싶은데 도와줄 시간이 있어? 네가 괜찮으면 다음에 직접 만나서 연습하거나 보이스톡으로 이야기를 한번 해 봤으면 좋겠어. 그럼 또 소식 전할게. 안녕. (365/400자)

평가 기준

준거	요소	척도	기술 척도
내용	적합성	상(3)	제시된 세 가지 과제(학교 이름, 해당 급, 어려운 점) 내용이 모두 있다.
		중(2)	세 가지 과제 중 2개 내용만 있다.
		하(1)	세 가지 과제 중 1개 내용만 있다.
		(0)	주제에 맞지 않거나 이해할 수 없거나 글이 너무 짧아 평가할 수 없다.
	풍부성	상(3)	한국어 공부나 어려운 점 등에 대한 구체적인 정보가 총 2개 이상 새로 기술되어 내용이 풍부하다.
		중(2)	한국어 공부나 어려운 점 등에 대한 구체적인 정보가 1개 이하로 기술되어 내용이 간단하다.
		하(1)	한국어 공부나 어려운 점 등에 대한 부연 설명이 거의 없다.
		(0)	주제에 맞지 않거나 이해할 수 없거나 글이 너무 짧아 평가할 수 없다.
조직	체계성	상(3)	인사부터 마무리까지 이메일 형식(인사–한국어 공부 상황 설명–마무리)을 갖추었다.
		중(2)	시작하거나 마무리하는 단계 가운데 하나만 있다.
		하(1)	시작하고 마무리하는 단계 중 어느 것도 없고 두서없이 과제를 수행하기에 급급하다.
		(0)	주제에 맞지 않거나 이해할 수 없거나 글이 너무 짧아 평가할 수 없다.

준거	요소	척도	기술 척도
조직	응집성	상(3)	접속사나 신구정보의 제시 순서 등 다양한 결속 장치를 적재적소에 오류 없이 사용하고 불필요한 내용이 없어서 응집성이 높다.
		중(2)	결속 장치가 단순하거나 필요한 결속 장치가 한두 군데 빠졌거나 사용된 결속 장치 중 한두 군데 오류가 있거나 불필요한 내용이 하나 있어서 응집력이 다소 떨어진다.
		하(1)	문맥을 이해할 수는 있으나 결속 장치에 세 군데 이상 오류가 있거나 혹은 결속 장치가 전혀 없거나 불필요한 내용이 둘 이상 있어서 응집력이 많이 떨어진다.
		(0)	주제에 맞지 않거나 이해할 수 없거나 글이 너무 짧아 평가할 수 없다.
표현	정확성	상(3)	언어 사용의 오류가 전체 글자 수의 3%(1~12개) 이내이다.
		중(2)	언어 사용의 오류가 전체 글자 수의 6%(13~24개) 이내이다.
		하(1)	언어 사용의 오류가 전체 글자 수의 9%(25개~36개) 이내이다.
		(0)	주제에 맞지 않거나 이해할 수 없거나 글이 너무 짧아 평가할 수 없다. 또는 오류가 37개 이상이다.
	다양성	상(3)	2급 수준의 다양한 어휘와 문법을 잘 사용한다.
		중(2)	2급 수준의 어휘와 문법을 각각 2개 이하로 사용한다.
		하(1)	2급 수준의 어휘와 문법을 사용하지 않고 1급 수준의 어휘와 문법을 사용한다.
		(0)	주제에 맞지 않거나 이해할 수 없거나 글이 너무 짧아 평가할 수 없다.
	적절성	상(3)	동갑 친구에게 보내는 이메일에 적절한 반말을 잘 사용한다.
		중(2)	높임 표현을 2개 이내로 사용하여 다소 오류가 있으나 친구에게 보내는 이메일에 적절한 반말을 대체로 잘 사용한다.
		하(1)	친구에게 보내는 이메일에 적절한 반말 사용 능력이 많이 부족하다.
		(0)	주제에 맞지 않거나 이해할 수 없거나 글이 너무 짧아 평가할 수 없다.

3.3. 3급 평가 기준

3. 여러분이 인터넷 쇼핑 사이트에서 옷을 샀습니다. 그런데 옷을 바꾸고 싶습니다. 다음 세 가지를 넣어서 쇼핑 사이트 고객 센터에 문의하는 글을 쓰십시오. (400자 내외) • 문의 제목 • 옷을 바꾸려는 이유 • 문의 사항

문항 설명

- 공적인 게시 글이기 때문에 적합한 제목과 함께 상대방을 존대하는 표현으로 써야 한다.
- 온라인 고객 센터에 문의하는 글에 맞게 격식체 종결 어미인 '–습니다' 문체를 쓰는 것이 바람직하지만 '–어요.' 문체를 적절하게 사용했다면 감점하지 않는다.

답안 작성 방법

고객 센터 게시 글의 처음, 중간, 끝에 적합한 내용과 형식이 필요하다.

게시 글의 작성자, 즉 본인 소개를 위하여 옷을 구매한 시기 등의 상황이 기술되어야 한다.

과제의 요구가 구입한 옷을 '교환'하는 상황이기 때문에 '환불'하기 위한 글을 썼다면 과제 요건 하나를 미충족한 것으로 판정된다.

- 주요 어휘: 교환, 주문하다, 화면, 열다, 짙다, 분명히, 실제, 상표, 가능하다, 반품하다, 반송비, 답변하다 등
- 주요 문법: –었었–, –고 나서, –으니까, –으려면, 피동사, 사동사, –었더니, 편이다, –는다면, –기만 하다, –어 놓다 등

모범 답안

제목: 티셔츠를 교환하고 싶어요.

안녕하세요? 제가 며칠 전에 이 사이트에서 파란색 티셔츠를 하나 주문했었어요. 그런데 제가 주문한 옷은 중간 치수로 옅은 파란색이었는데 받고 나서 보니까 짙은 파란색이었어요. 화면에서 볼 때는 분명히 옅은 파란색이었는데 화면에서 보이는 것과 실제 색이 많이 다른 것 같아요. 또 옷을 입어봤더니 생각보다 작았어요. 이 티셔츠는 다른 티셔츠보다 치수가 좀 작게 나오는 편인 것 같아요. 그래서 주문한 옷을 옅은 파란 색으로 한 치수 큰 것으로 바꾸고 싶은데 교환이 가능한지요? 옷은 한 번 입어보기만 하고 상자에 넣어 놓았어요. 상표도 그대로 붙어 있고요. 교환이 가능하다면 될 수 있는 대로 빨리 받고 싶습니다. 그런데 티셔츠를 반품하려면 제가 반송비를 따로 내야 하는지요? 답변 기다리겠습니다. (404/400자)

평가 기준

준거	요소	척도	기술 척도
내용	적합성	상(3)	제시된 세 가지 과제(문의 제목, 옷을 바꾸려는 이유, 문의 사항) 내용이 모두 있다.
		중(2)	세 가지 과제 중 2개 내용만 있다.
		하(1)	세 가지 과제 중 1개 내용만 있다.
		(0)	주제에 맞지 않거나 이해할 수 없거나 글이 너무 짧아 평가할 수 없다.
	풍부성	상(3)	물건을 교환하는 이유나 문의 내용 등에 대한 구체적인 정보가 총 2개 이상 새로 기술되어 설명 내용이 풍부하다.
		중(2)	물건을 교환하는 이유나 문의 내용 등에 대한 구체적인 정보가 1개 이하로 기술되어 설명 내용이 간단하다.
		하(1)	물건을 교환하는 이유나 문의 내용에 대한 부연 설명이 거의 없다.
		(0)	주제에 맞지 않거나 이해할 수 없거나 글이 너무 짧아 평가할 수 없다.

준거	요소	척도	기술 척도
조직	체계성	상(3)	인사부터 마무리까지 이메일 형식(인사–상황설명–이유–문의사항–마무리)을 갖추었다.
		중(2)	시작하거나 마무리하는 단계 가운데 하나만 있다.
		하(1)	시작하고 마무리하는 단계 중 어느 것도 없고 두서 없이 과제를 수행하기에 급급하다.
		(0)	주제에 맞지 않거나 이해할 수 없거나 글이 너무 짧아 평가할 수 없다.
	응집성	상(3)	접속사나 신구정보의 제시 순서 등 다양한 결속 장치를 적재적소에 오류 없이 사용하고 불필요한 내용이 없어서 응집성이 높다.
		중(2)	결속 장치가 단순하고 사용된 결속 장치 중 한두 군데 오류가 있거나 불필요한 내용이 하나 있어서 응집력이 다소 떨어진다.
		하(1)	문맥을 이해할 수는 있으나 결속 장치에 세 군데 이상 오류가 있거나 혹은 결속 장치가 전혀 없거나 불필요한 내용이 둘 이상 있어서 응집력이 많이 떨어진다.
		(0)	주제에 맞지 않거나 이해할 수 없거나 글이 너무 짧아 평가할 수 없다.
표현	정확성	상(3)	언어 사용의 오류가 전체 글자 수의 3%(1~12개) 이내이다.
		중(2)	언어 사용의 오류가 전체 글자 수의 6%(13~24개) 이내이다.
		하(1)	언어 사용의 오류가 전체 글자 수의 9%(25~36개) 이내이다.
		(0)	주제에 맞지 않거나 이해할 수 없거나 글이 너무 짧아 평가할 수 없다. 또는 오류가 37개 이상이다.
	다양성	상(3)	**3급 수준**의 다양한 어휘와 문법을 잘 사용한다.
		중(2)	**3급 수준**의 어휘와 문법을 각각 2개 이하로 사용한다.
		하(1)	**3급 수준**의 어휘와 문법을 사용하지 않고 2급 수준의 어휘와 문법을 사용한다.
		(0)	주제에 맞지 않거나 이해할 수 없거나 글이 너무 짧아 평가할 수 없다.
	적절성	상(3)	메일 작성자를 잘 소개하였고 이메일 문체에 적절한 언어 격식(–습니다/–어요)을 잘 사용한다.
		중(2)	글쓴이 소개 없음, 반말 등 공적 담화 오류가 2개 이내로, 이메일에 적절한 언어 격식을 대체로 잘 사용한다.
		하(1)	글쓴이 소개 없음, 반말 등이 빈번하여 공적 이메일 문체에 적절한 언어 격식을 사용하는 능력이 많이 부족하다.
		(0)	주제에 맞지 않거나 이해할 수 없거나 글이 너무 짧아 평가할 수 없다.

3.4. 4급 평가 기준

4. 다음은 'SNS 쇼핑몰 이용 시 반응 유형'에 대한 조사 결과입니다. 그래프를 설명하고 피해를 줄이기 위한 해결 방안을 쓰십시오. (600자 내외)

※ SNS 쇼핑몰: 개인이 블로그나 인스타그램 등을 이용한, 개인의 온라인 판매처

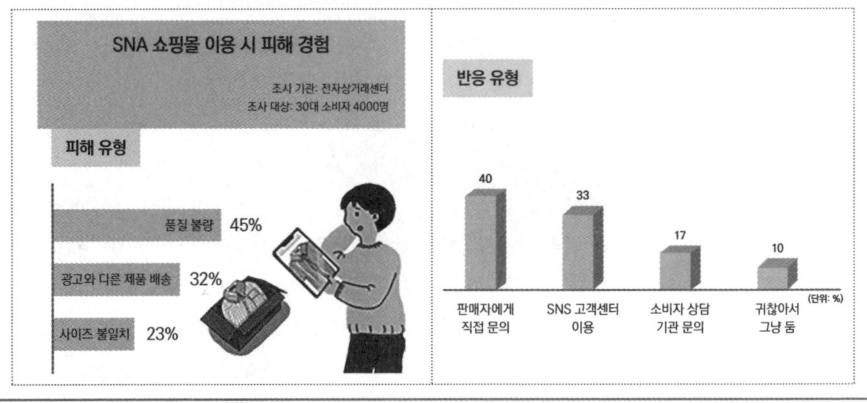

문항 설명

- 조사 보고서이기 때문에 설문 조사 제목과 기관, 대상 정보를 밝히고 2개 그래프의 수치 정보를 구체적으로 설명해야 한다.
- 조사 대상에 대한 의견을 듣고자 하는 문항이므로 도입부에 조사 기관 정보, 결론부에 해결 방안이 적히지 않으면 글의 체계성 면에서 연동되어 감점된다.
- 보고서에 적합한 격식체 반말 종결 어미인 '–다' 문체로 써야 하며 '–습니다/–어요'체는 표현의 적절성 항목에서 감점된다.

답안 작성 방법

보고서의 처음, 중간, 끝에 적합한 내용과 형식이 필요하다.

그래프 기술에 필요한 '가장 높게 나타나다, 다음으로, 반면, -에 그쳤다, -을 알 수 있다' 등의 표현이 적절히 기술되어야 한다.

- 주요 어휘: 설문 조사, 실시, 결과, 경우, 대상, 피해, 배송, 응답, 반응, 유형, 증가하다, 예방하다, 거래, 피하다, 단체, 적극적, 신고, 적절하다, 관련, 한계, 기초, 운영, 극복, 외면하다 등
- 주요 문법: 에 따르면, -는다는, -는다고 해서, -도록 등

모범 답안

전자상거래센터가 30대 소비자 4000명을 대상으로 SNS 쇼핑몰 피해 시 반응 유형에 대해 조사하였다. 조사 결과에 따르면 피해 유형은 품질 불량으로 인한 피해가 45%로 가장 많았고, 광고와 다른 제품 배송이 32%, 사이즈 불일치가 23%로 그 뒤를 이었다. 이런 피해를 입었을 때 반응한 유형으로는 판매자에게 직접 문의했다는 응답이 40%였고, 33%는 SNS 고객 센터를 이용했으며 17%는 소비자 상담 기관에 문의했다고 답했다. 하지만 귀찮아서 그냥 두었다는 응답도 10%나 되는 것으로 나타났다. SNS 쇼핑몰은 개인에 대한 믿음에 기초하여 거래를 하는 것인 만큼 배송된 품질의 상태가 중요하다. 물건을 직접 보고 살 수 없는 온라인 쇼핑의 한계를 SNS 운영자에 대한 믿음으로 극복할 수 있기 때문이다. 피해 유형이 모두 소비자의 이러한 믿음을 외면한 것이라는 사실이 안타깝다.

이러한 피해를 예방하기 위해서 우선 소비자들은 사업자 정보를 잘 확인해야 한다. 또한 계좌이체만 원하는 판매자와는 거래를 피하는 등 조심을 해야 한다. 그리고 피해를 입었을 경우 귀찮다고 해서 그냥 넘어가지 말고 소비자 보호 단체에 적극적으로 신고를 해야 한다. 또한 정부도 피해자가 적절한

보상을 받을 수 있도록 관련 법을 만들어야 할 것이다. (636/600자)

평가 기준

준거	요소	척도	기술 척도
내용	적합성	상(3)	제시된 세 가지 과제(인터넷 쇼핑몰 피해 경험, 소비자 행동 유형, 문제 해결 방안)를 모두 수행하였다.
		중(2)	세 가지 과제 중 2개 내용만 있다.
		하(1)	세 가지 과제 중 1개 내용만 있다.
		(0)	주제에 맞지 않거나 이해할 수 없거나 글이 너무 짧아 평가할 수 없다.
	풍부성	상(3)	해결 방안으로 제안한 본인의 의견에 대하여 구체적인 근거를 들어 뒷받침하였다.
		중(2)	해결 방안으로 의견을 제시하였으나 구체적인 근거가 없다.
		하(1)	의견 주장과 근거 제시 내용이 전체적으로 부족하다.
		(0)	주제에 맞지 않거나 이해할 수 없거나 글이 너무 짧아 평가할 수 없다.
조직	체계성	상(3)	조사기관(기), 도표 분석(서), 문제 해결 방안(결)의 순서대로 제시되었다.
		중(2)	기-서-결 중 하나의 정보가 순서를 바꾸어 조금 어색하다.
		하(1)	기-서-결 중 두 개의 정보가 순서를 바꾸어 많이 어색하다.
		(0)	주제에 맞지 않거나 이해할 수 없거나 글이 너무 짧아 평가할 수 없다.
	응집성	상(3)	접속사나 신구정보의 제시 순서 등 다양한 결속 장치를 적재적소에 오류 없이 사용하고 불필요한 내용이 없어서 응집성이 높다.
		중(2)	결속 장치가 단순하거나 필요한 결속 장치가 한두 군데 빠졌거나 사용된 결속 장치 중 한두 군데 오류가 있거나 불필요한 내용이 하나 있어서 응집력이 다소 떨어진다.
		하(1)	문맥을 이해할 수는 있으나 결속 장치에 세 군데 이상 오류가 있거나 혹은 결속 장치가 전혀 없거나 불필요한 내용이 둘 이상 있어서 응집력이 많이 떨어진다.
		(0)	주제에 맞지 않거나 이해할 수 없거나 글이 너무 짧아 평가할 수 없다.

준거	요소	척도	기술 척도
표현	정확성	상(3)	언어 사용의 오류가 전체 글자 수의 3%(1~18개) 이내이다.
		중(2)	언어 사용의 오류가 전체 글자 수의 6%(19~36개) 이내이다.
		하(1)	언어 사용의 오류가 전체 글자 수의 9%(37개~54개) 이내이다.
		(0)	주제에 맞지 않거나 이해할 수 없거나 글이 너무 짧아 평가할 수 없다. 또는 오류가 55개 이상이다.
	다양성	상(3)	4급 수준 이상의 다양한 어휘와 문법을 잘 사용한다.
		중(2)	4급 수준 이상의 어휘와 문법을 각각 2개 이하로 사용한다.
		하(1)	4급 수준 이상의 어휘와 문법을 사용하지 않고 3급 수준 이하의 어휘와 문법을 사용한다.
		(0)	주제에 맞지 않거나 이해할 수 없거나 글이 너무 짧아 평가할 수 없다.
	적절성	상(3)	그래프 기술에 적절한 어휘 및 표현을 다양하게 잘 사용한다.
		중(2)	그래프 기술에 적절한 어휘 및 표현이 2개 이하로 적으나 객관적 설명에 적절한 '-는다'체를 큰 어려움 없이 사용한다.
		하(1)	'-습니다'나 '-어요'체를 주로 사용하여 객관적 설명에 적절한 언어 격식을 사용하는 능력이 부족하다.
		(0)	주제에 맞지 않거나 이해할 수 없거나 글이 너무 짧아 평가할 수 없다.

3.5. 5급 평가 기준

5. 진학이나 취업에 필요한 자기소개서를 쓰려고 합니다. 여러분이 지원하고 싶은 분야를 선택하고 나서 다음 질문에 답하는 내용의 자기소개서를 쓰십시오. (600자 내외)

□ ○○대학의 ____________학 전공	□ ○○회사의 _________ 업무 지원
지원 분야에 대해 관심을 갖게 된 시기와 이유를 쓰고, 지원 분야에서 어떤 노력을 했는지 소개하십시오	

문항 설명

- 응시자가 진학이나 취업 맥락을 선택할 수 있다. 자기 소개서이므로 본인에 대한 정보(지원 분야에 관심을 갖게 된 시기, 관심이 생긴 이유, 노력 정도)가 충분히 설명되어야 한다. 이하 음영 표시는 진학 및 취업용 자기 소개서에서 달라지는 부분이다.
- 진학이나 취업용이 아닌, 일반적인 자기 소개인 경우 과제 적합성 항목에서 한 단계 아래 점수로 판정한다.
- 진학 혹은 취업 목적에 맞게 입학 사정관(인사 담당자)을 고려하여 '−습니다.' 문체를 써야 하며 그 이외 문체는 감점된다.

답안 작성 방법

자기소개서의 처음, 중간, 끝에 적합한 내용과 형식이 필요하다.

- 주요 어휘: 파견 근무, 마니아, 워낙, 동경, 실현 등
- 주요 문법: −기에, −고자, −을뿐더러, −는 한편 등

모범 답안(600자)

안녕하세요? ○○대학교 통번역학과(○○사 통번역 업무)에 지원한 ○○○입니다. 제가 한국어에 관심을 가지게 된 것은 중학교 때부터입니다. 제가 중학생일 때 아버지께서 한국에서 1년간 파견 근무를 하시게 되었습니다. 방학 때 아버지를 만나기 위해 한국을 처음으로 방문한 이후 저는 한국이라는 나라에 관심을 갖게 되었습니다. 아버지가 계신 나라에 대해 더 알고 싶어진 저는 무엇보다 이 나라의 언어를 배워야겠다고 생각했습니다. 한국어 공부를 시작한 저는 한국어 듣기 연습을 위해 드라마를 보기 시작했습니다. 드라마는 한국어 학습에 도움이 되었을뿐더러 내용도 감동적이었기에 저는 금방 한국 드라마 마니아가 되었습니다. 어려서부터 워낙 방송에 관심이 많고 방송과 관련된 일을 동경했던 저는 한국어와 방송 두 가지 모두 할 수 있는 일을 하고 싶었고, 한국 드라마를 우리나라 말로 번역하는 방송 전문 번역가를 꿈꾸게 되었습니다.

저는 제 꿈을 실현하기 위해 대학교에서 한국어를 전공하는 한편, 한국 방송을 번역하는 아르바이트를 꾸준히 해 왔습니다. 그리고 번역가로서 전문성을 갖추기 위해 한국 유학을 결심하게 되었습니다. 저에게 귀교 통번역학과에서 수학할 수 있는 기회를 주신다면 방송 전문 번역가의 꿈을 이루기 위해 최선을 다하겠습니다. (진학용 답안 584자/600자)

저는 제 꿈을 실현하기 위해 대학교에서 한국어를 전공하는 한편, 한국 방송을 번역하는 아르바이트를 꾸준히 해 왔으며, 번역가로서 전문성을 갖추기 위해 한국 유학을 결심하고 한국대학교 통번역학과에서 수학했습니다. 저에게 귀사에서 방송 전문 번역가로서 일할 수 있는 기회를 주신다면 최선을 다하겠습니다. (취업용 답안 579자/600자)

평가 기준

준거	요소	척도	기술 척도
내용	적합성	상(3)	제시된 세 가지 과제(관심을 갖게 된 시기, 관심을 갖게 된 이유, 본인의 노력)를 모두 수행하였다.
		중(2)	세 가지 과제 중 2개 내용만 있다.
		하(1)	세 가지 과제 중 1개 내용만 있다.
		(0)	주제에 맞지 않거나 이해할 수 없거나 글이 너무 짧아 평가할 수 없다.
	풍부성	상(3)	3가지 과제를 수행함에 있어 예시나 부연 설명 등을 2개 이상 새로 제시하여 내용이 풍부하다.
		중(2)	3가지 과제를 수행함에 있어 예시나 부연 설명 등을 1개 이하로 제시하여 내용이 다소 간단하다.
		하(1)	3가지 과제를 수행함에 있어 예시나 부연 설명이 거의 없거나 아주 간단하다.
		(0)	주제에 맞지 않거나 이해할 수 없거나 글이 너무 짧아 평가할 수 없다.
조직	체계성	상(3)	자기소개서 형식(도입－본론－바람)을 모두 갖추었다.
		중(2)	도입을 이끌거나 바람을 말하는 마무리 단계 중 하나의 단계만 있어서 어색하다.
		하(1)	도입과 마무리 단계 중 어느 것도 없고 두서없이 과제를 수행하기에 급급하다.
		(0)	주제에 맞지 않거나 이해할 수 없거나 글이 너무 짧아 평가할 수 없다.
	응집성	상(3)	접속사나 신구정보의 제시 순서 등 다양한 결속 장치를 적재적소에 오류 없이 사용하고 불필요한 내용이 없어서 응집성이 높다.
		중(2)	결속 장치가 단순하거나 필요한 결속 장치가 한두 군데 빠졌거나 사용된 결속 장치 중 한두 군데 오류가 있거나 불필요한 내용이 하나 있어서 응집력이 다소 떨어진다.
		하(1)	문맥을 이해할 수는 있으나 결속 장치에 세 군데 이상 오류가 있거나 혹은 결속 장치가 전혀 없거나 불필요한 내용이 둘 이상 있어서 응집력이 많이 떨어진다.
		(0)	주제에 맞지 않거나 이해할 수 없거나 글이 너무 짧아 평가할 수 없다.

준거	요소	척도	기술 척도
표현	정확성	상(3)	언어 사용의 오류가 전체 글자 수의 3%(1~18개) 이내이다.
		중(2)	언어 사용의 오류가 전체 글자 수의 6%(19~36개) 이내이다.
		하(1)	언어 사용의 오류가 전체 글자 수의 9%(37개~54개) 이내이다.
		(0)	주제에 맞지 않거나 이해할 수 없거나 글이 너무 짧아 평가할 수 없다. 또는 오류가 55개 이상이다.
	다양성	상(3)	5급 수준의 다양한 어휘와 문법을 잘 사용한다.
		중(2)	5급 수준의 어휘와 문법을 각각 2개 이하로 사용한다.
		하(1)	5급 수준의 어휘와 문법을 사용하지 않고 4급 수준의 어휘와 문법을 사용한다.
		(0)	주제에 맞지 않거나 이해할 수 없거나 글이 너무 짧아 평가할 수 없다.
	적절성	상(3)	자기소개서 문체에 적절한 언어 격식(-습니다)을 잘 사용한다.
		중(2)	비격식체 표현을 2개 이내로 섞어 쓰는 등 다소 오류가 있으나 자기소개서 문체에 적절한 언어 격식을 대체로 잘 사용한다.
		하(1)	'-는다'나 '-어요'체를 주로 사용하여 자기소개서 문체에 적절한 언어 격식을 사용하는 능력이 부족하다.
		(0)	주제에 맞지 않거나 이해할 수 없거나 글이 너무 짧아 평가할 수 없다.

3.6. 6급 평가 기준

6. 최근 학교에서 다양한 방식으로 온라인 교육을 실시하고 있습니다. 여러분은 학교에서 온라인 수업을 하는 것에 대해서 어떻게 생각하십니까? 다음의 온라인 수업 가운데 하나를 고른 후 이에 대한 장점과 단점을 비교하고 자신의 생각을 쓰십시오. (900자 내외)

실시간 온라인 교육	
장점	• 상호 작용 •
단점	• 시간의 제약 •

동영상 시청 교육	
장점	• 시공간의 자유 •
단점	• 비상호작용 •

문항 설명

- 논설문이기 때문에 도표 내용을 참고하여 온라인 교육의 두 가지 형태를 비교하고 제시된 장단점 이외의 내용을 추가하여 본인의 주장에 대한 근거를 풍부하게 밝혀야 한다.
- 논설문 장르에 맞게 격식체 반말 종결 어미인 '-다' 문체를 써야 한다.

답안 작성 방법

논설문의 내용과 형식에 맞게 주장과 근거가 명확해야 하고 비교, 대조, 사례, 정의 등의 기능성 단락 구조가 필요하며 전제나 반론에 대한 검토가 있으면 가점을 받을 수 있다.

- 주요 어휘: 시행하다, 구애받다, 원격, 수강하다, 파악하다, 재생하다, 맞춤형 교육, 학습자 주도, 비대면, 상호작용성, 일방향, 즉각적, 꼽다, 굳건하다, 몰입도, 흐트러지다 등
- 주요 문법: -는 것이다, -는 까닭에, -음으로써, -거니와, 이자, 이야말로, 에 비추어 볼 때, -는 탓에, -기 일쑤이다 등

모범 답안

최근 많은 학교에서 온라인 수업을 시행하고 있다. 온라인 수업은 통신 기술의 도움으로 공간적으로 교사와 멀리 떨어진 곳에서 진행되는 수업이다. 이중 동영상을 활용한 온라인 수업이 가장 일반적이다. 그러나 이러한 온라인 수업에는 장단점이 있다. 먼저, 가장 큰 장점은 원하는 시간과 장소에서 언제든지 수업을 들을 수 있다는 것이다. 즉, 언제 어디서나 시공간에 구애를 받지 않고 수강이 가능하다. 이는 전통 교육 환경에 비추어 볼 때 획기적인 변화라고 할 수 있다. 또한 반복 수강이 가능하기 때문에 언제든지 영상을 재생할 수도 있거니와 학습 관리 시스템을 통해 맞춤형 수업을 구성함으로써 자기 주도 학습을 유도할 수 있다. 다시 말해 온라인 수업이야말로 인류가 교육 제도를 도입한 이래 나타난 새로운 교육 방식이자 혁신이라고 할 수 있다. 반면에 비대면으로 수업이 이루어지는 까닭에 일대일로 상호작용할 기회가 줄어들어 수업의 질이 떨어질 수 있다. 즉 일방향으로 수업이 이루어져 서로 묻고 답하는 상호작용성이 떨어지는 단점이 있다. 즉각적인 상호작용은 교실 수업의 가장 큰 장점으로 꼽을 수 있는데 이러한 활동이 온라인 수업에서는 활성화되기 어렵다. 또한 수업에 대한 강제성이 없는 탓에 교육의 효과가 전적으로 학습자 의지에 달려 있게 된다. 즉 학습자의 의지가 굳건하지 않는 한 몰입도가 떨어져 집중력이 흐트러지기 일쑤이다. 이렇듯 온라인 학습은 각각 장단점이 있다. 그러나 온라인 학습은 교육적 효과를 지닌다기보다는 편의성이 더해진 학습 방법일 뿐이다. 아무리 뛰어난 기술이 접목된다 하더라도 그 어떤 것도 현장

교육을 대신할 수 없다. 따라서 무조건적으로 기술력을 적용하기에 앞서서 진정한 교육의 목적이 무언인지 깊이 생각해 봐야 한다. (864자/900자)

평가 기준

준거	요소	척도	기술 척도
내용	적합성	상(3)	제시된 세 가지 과제(장점, 단점, 자신의 입장)를 모두 수행하였다.
		중(2)	세 가지 과제 중 2개 내용만 있다.
		하(1)	세 가지 과제 중 1개 내용만 있다.
		(0)	주제에 맞지 않거나 이해할 수 없거나 글이 너무 짧아 평가할 수 없다.
	풍부성	상(3)	장점과 단점, 입장을 설명함에 있어 예시나 부연 설명 등을 2개 이상 구체적으로 제시하여 내용이 풍부하다.
		중(2)	장점과 단점, 입장을 설명함에 있어 예시나 부연 설명 등을 1개 이하로 제시하여 내용이 간단하다.
		하(1)	장점과 단점, 입장을 설명함에 있어 예시나 부연 설명이 거의 없다.
		(0)	주제에 맞지 않거나 이해할 수 없거나 글이 너무 짧아 평가할 수 없다.
조직	체계성	상(3)	논설문의 형식(서론－본론(장단점)－결론(자신의 입장))을 모두 갖추었다.
		중(2)	도입을 이끌거나 마무리를 짓는 단계 중 하나의 단계만 있다.
		하(1)	도입과 결론 중 어느 것도 없고 두서없이 과제를 수행하기에 급급하다.
		(0)	주제에 맞지 않거나 이해할 수 없거나 글이 너무 짧아 평가할 수 없다.
	응집성	상(3)	접속사나 신구정보의 제시 순서 등 다양한 결속 장치를 적재적소에 오류 없이 사용하고 불필요한 내용이 없어서 응집성이 높다.
		중(2)	결속 장치가 단순하거나 필요한 결속 장치가 한두 군데 빠졌거나 사용된 결속 장치 중 한두 군데 오류가 있거나 불필요한 내용이 하나 있어서 응집력이 다소 떨어진다.
		하(1)	문맥을 이해할 수는 있으나 결속 장치에 세 군데 이상 오류가 있거나 혹은 결속 장치가 전혀 없거나 불필요한 내용이 둘 이상 있어서 응집력이 많이 떨어진다.
		(0)	주제에 맞지 않거나 이해할 수 없거나 글이 너무 짧아 평가할 수 없다.

준거	요소	척도	기술 척도
표현	정확성	상(3)	언어 사용의 오류가 전체 글자 수의 3%(1~27개)이내이다.
		중(2)	언어 사용의 오류가 전체 글자 수의 6%(28~54개) 이내이다.
		하(1)	언어 사용의 오류가 전체 글자 수의 9%(55개~81개) 이내이다.
		(0)	주제에 맞지 않거나 이해할 수 없거나 글이 너무 짧아 평가할 수 없다. 또는 오류가 82개 이상이다.
	다양성	상(3)	5~6급 수준의 다양한 어휘와 문법을 잘 사용한다.
		중(2)	5~6급 수준의 어휘와 문법을 각각 2개 이하로 사용한다.
		하(1)	5~6급 수준의 어휘와 문법을 사용하지 않고 4급 수준의 어휘와 문법을 사용한다.
		(0)	주제에 맞지 않거나 이해할 수 없거나 글이 너무 짧아 평가할 수 없다.
	적절성	상(3)	논설문 문체에 적절한 언어 격식(–는다)을 잘 사용한다.
		중(2)	존대 표현을 2개 이내로 섞어 쓰는 등 다소 오류가 있으나 논설문 문체에 적절한 언어 격식을 대체로 잘 사용한다.
		하(1)	'–습니다'나 '–어요'체를 주로 사용하여 논설문 문체에 적절한 언어 격식을 사용하는 능력이 부족하다.
		(0)	주제에 맞지 않거나 이해할 수 없거나 글이 너무 짧아 평가할 수 없다.

4. 쓰기 답안 평가 사례 예시

4.1. 쓰기 채점 워크숍 자료

연세대학교 한국어학당에서는 2023년 2월 23일(토) 9:00~18:00(13:00~14:00 점심시간)에 다음과 같은 일정으로 〈한국어 평가 전문 교원 양성을 위한 워크숍〉을 진행하였다. 먼저 오전에는 초·중급 답안 평가를 위해서 1차 쓰기 평가 오리엔테이션을 실시하며 급별 상세 채점 기준표를 숙지시킨 뒤 초중고급의 3개 샘플 답안을 평가한 후 모범 답안을 확인하였다. 오후에는 중·고급 쓰기 답안을 다루었다. 오전 오후 각 세션별로 개개인이 1차 평가를 하고 나서 그 결과를 옆 평가자와 비교하여 수정한 뒤 전체적으로 평가 결과를 확인하는 절차를 가졌다. 이러한 워크숍을 진행하기 위하여 주최측은 미리 20개 쓰기 답안을 8명의 평가 전문가가 채점하고 그 평가 결과에 대한 숙고와 협의 과정을 거쳐 20개 쓰기 답안의 모범적인 채점 결과를 확정해 두었다.

〈표 4-7〉 쓰기 수행 평가 워크숍 일정표

시간	내용
09:00~09:50	1. 1차 쓰기 평가 오리엔테이션: 채점기준표 숙지 후 질의 응답
09:50~10:10	2 초중고급 3개 샘플 평가 후 답안 확인하기
10:10~10:50	3. 1차 채점(개인별): 초중급 샘플 자료 채점 후 제출
10:50~11:10	…중간 휴식…
11:10~12:00	4. 2차 채점(팀별): 2인 1조로 채점 결과를 확인하고 수정 후 제출
12:00~13:00	5. 전체적으로 초중급 답안 확인하기
14:00~14:30	1. 2차 쓰기 평가 오리엔테이션: 중고급 평가 안내
14:30~15:10	2. 1차 채점(개인별): 중고급 샘플 자료 채점 후 제출
15:10~16:00	3. 2차 채점(팀별): 2인 1조로 채점 결과를 확인하고 수정 후 제출
16:00~16:20	…중간 휴식…
16:20~17:10	4. 전체적으로 중고급 답안 확인하기
17:10~17:50	5. 수강생 총평 및 질의응답

[부록 1]은 예비 평가자들에게 제공된 쓰기 워크숍 수행 자료이다. 3개 쓰기 샘플 평가를 위한 결과 기록지와 나머지 17개 쓰기 답안의 1, 2차 평가 결과 기록지이다.

4.2. 간략한 채점 기준표

〈표 4-8〉 쓰기 평가를 위한 간략 버전의 채점 기준표

평가 범주	요소	채점 시 표시	세부 평가 내용
내용	적합성	해당 과제에 **보라색** □	과제 수행에 필요한 내용을 모두 작성하였는가? (5번에서 일반적인 자기소개는 1단계 강등)
	풍부성	답안 내 ~~ 표시 후 우측에 ①②③	화제에 대한 예를 들거나 부연 설명을 하여 내용을 구체적으로 구성하였는가?
조직	체계성	답안 좌측 기-서-결 표시	내용을 담화 격식에 맞게 기-서-결 체계로 구성하였는가?
	응집성	**초록색**(잎맥)[2)	지시어, 접속사, 연결어미 등 결속 장치를 사용하여 화제 구조를 긴밀하게 연결하였는가?
표현	정확성	**파란색** ○ (오류마다)	어휘와 문법이 정확하게 쓰이고 문장을 완결하였는가? (분량, 띄어쓰기 부족 시 1단계 강등)
	다양성	**노란색**(노다)	어휘와 문법을 다양하게 사용하였는가?
	적절성	**빨간색**(적색)	글의 목적과 기능에 맞게 격식을 갖추었는가?

한국어 평가 전문 교원 양성을 위한 쓰기 워크숍에서 초보 한국어 평가자를 대상으로 학생의 수행 평가 답안 총 20편을 제공하고 다음과 같은 채점 기준표를 제공하여 채점자 간 일치도를 높였다. 4.2절의 평가 문항과 등급별 채점 기준을 숙지하고 나서 실제 학생 답안을 보고 〈표 4-8〉의 간략 버전 채점

2) 형광펜의 색깔을 채점 요소의 의미와 연결하여 평가의 효율을 높였다. 초록색으로 조직의 응집성 평가 대상을 표시하여 '잎맥'을 상기하게 하거나, 노란색으로 다양성 표지를 표시하여 '노다지'를, 빨간색으로 적절성 표지를 표시하게 함으로써 자연스럽게 평가 요소와 지표가 연상되도록 하였다.

기준표를 가지고 내용의 적합성과 풍부성, 조직의 체계성과 응집성, 표현의 정확성과 다양성 수준을 정량적으로 확인하여 채점 시 답안에 형광펜으로 표시하였다. 정량적으로 확인한 내용을 바탕으로 모범적으로 평가된 결과와 비교하며 응시자의 쓰기 수행을 체계적으로 평가하는 훈련을 거쳤고 워크숍 후 만족도 조사 결과를 통하여 이러한 절차의 평가자 교육 효과가 높았음을 확인하였다.

4.3. 쓰기 영역 공통 평가 기준

- 각 문항에서 원하는 글자 수(띄어쓰기 포함)의 20% 이하로 작성된 글은 0점 처리한다.
  (1급: 40자, 2급 80자, 3급 80자, 4급 120자, 5급 120자, 6급 180자 이하 0점)
- 각 문항에서 원하는 글자 수(띄어쓰기 포함)의 50% 이하로 작성된 글의 정확성 점수는 한 단계 아래 점수로 판정한다.
  (1급: 100자, 2급 200자, 3급 200자, 4급 300자, 5급 300자, 6급 450자 이하)
- 원고지 사용법을 무시하고 A4 용지에 글을 쓰듯 답안을 작성한 경우나 띄어쓰기가 50% 이상 없는 경우에는 정확성 항목에서 한 단계 아래 점수로 판정한다. 단, 띄어쓰기를 하지 않은 분량이 작성된 글의 50% 미만이면 정확성 범주에서 오류 1개로 판정한다. 띄어쓰기를 하지 않아서 글자 분량이 정답 기준의 50% 이하로 측정된 경우는 분량 부족으로 감점하지 않고 띄어쓰기 기준으로 정확성 항목에서 한 단계 아래 점수로 판정함으로써 중복 감점되지 않도록 한다.
- 마침표(전혀 없는 경우 포함)와 물음표 등 문장부호 오류는 정확성 항목에서 1개 오류로 산정한다.
- 어휘 단위의 동일 맞춤법 오류 및 주격/목적격 조사의 반복된 오류는 1회만 산정하되 그 이외 오류(예, '그런대, 있는대'와 같은 동일 발음 오류 포함)는 매회 따로 산정한다.

- 마지막 문장 등이 완성되지 않아도 적혀 있는 내용 전체를 대상으로 오류를 산정한다.

4.4. 쓰기 답안의 샘플 평가

쓰기 답안의 샘플 3개를 가지고 실제로 평가하는 연습을 해 보자. 다음 3개 초·중·고급 쓰기 샘플 답안의 여백에다가 〈표 4-8〉 쓰기 수행 평가를 위한 간략 버전의 채점 기준표를 참조하여 내용의 적합성과 풍부성, 조직의 체계성과 응집성, 표현의 정확성과 다양성, 적절성 수준을 판정하기 위한 메모를 해 보기 바란다. [부록 1]의 쓰기 샘플 답안 평가지에다가 초중고 3개 급 샘플 답안에 대한 1차 채점 결과를 적고 옆 사람과 상의하여 2차 채점 결과를 적은 뒤 148쪽부터 소개된 평가 결과와 비교해 보자.

〈응시자 답안〉 1급 샘플 KBS KLT with YONSEI 쓰기 시험

교	실	입	니	다.		학	생	들	이		쓰	기		시	험	을		봅	니
다.		시	험	은		아	홉		시	에		시	작	합	니	다.			
그	리	고		여	학	생	가		친	구	를		만	납	니	다.		한	식
집		앞	에		만	납	니	다.		여	학	생	가		친	구	와		같
이		식	사	를		합	니	다.		비	빔	밥	과		김	치			

이름	000 나세하
문의 제목	

안녕하십니까? 저는 인터넷으로 이 옷을 샀는데
사이즈가 아주 커서 바꾸려고 이메일로 연락합
니다. 저는 이렇게 옷을 바꾸고 싶으면 어떻게 해야
한니까? 똑같에 색과 디자인으로 바꾸도 됩니다
? 그리고 이 옷을 어떻게 노낼 수 있습니까? 저는
보통에 어렇게 프라우스 사면 중사이즈 언제나 중
오 했어서 이번도 중사이즈 주문했는데 좀 컬 것
같습니다. 바꿀수있으면 좋겠습니다. 감사합니다.

5급 샘플(1) KBS KLT with YONSEI 쓰기 시험

안녕하세요. 저는 OO대학교에서 경제학을 전공하고 있는 남모진이라고 합니다. 제가 경제학을 전공하게 된 게기는 여러가지 있지만 그중에서도 돈이 있어야 이 세계 문제들 거의 해결할 수 없기 때문입니다. 저희 집은 경제적으로 여유가 있는 적이 아니없습니다. 그래서 제가 중학생이었던 어떤 날에 제 학원비 때문에 어머니가 새로 화장품을 사는 것을 포기했는데 그때부터 빈곤에 대해 생각하기 시작했습니다. 빈곤이라고 말하면 보통 아프리카등 비롯한 발전도상국이 먼저 생각나지만 저는 우리 나라의 빈곤을 먼저 해결하고 싶다고 봅니다. 우리 나라는 물가가 많이 올라간 반면에 받는 급여에 변화는 없고 또 세금들도 높아졌습니다. 그런 현상을 보고 우리 나라 미래를 심각하게 생각한 저는 경제에 대해 깊이 연구하고 우리 사회에서 돈와가 어떻게 움직이고 우리 경제를 발전시키는지 공부했습니다.

이렇게 경제에 대해 깊은 지식을 가지고 있어서 그것을 이용할 수 있는 경영부에 취직하고 싶습니다. 제가 만약 거기서 일한다면 더 많은 돈을 효율적

5급 샘플(2) KBS KLT with YONSEI 쓰기 시험

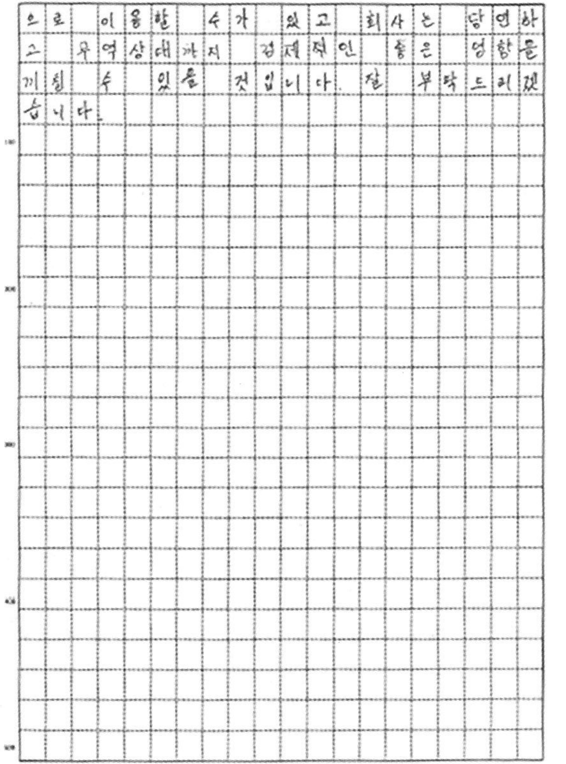
으로 이용할 수가 있고 회사는 당연하고 무역상대까지 경제적인 좋은 영향을 끼칠 수 있을 것입니다. 잘 부탁드리겠습니다.

1급 샘플의 원고지 전사 자료를 가지고 평가 범주의 세부 요소를 양적으로 측정해 보자. 보라 색은 내용의 적합성 요소, 초록 색은 조직의 응집성 요소, 파란 색은 내용의 정확성 요소에 해당한다. 내용의 풍부성 요소는 ①, ② 번호를 붙여 밑줄로 표시하는데 1급 샘플에는 내용의 풍부성 요소가 거의 없다. 3개 평가 범주 하위에 3점 척도의 7개 평가 요소가 있으므로 모든 글은 총 21점 만점이다. 특정 등급에서 12점까지는 하, 16점까지는 중, 17점 이상은 상 수준에 해당한다.

교실입니다. 학생들이 쓰기 시험을 봅니
다. 시험은 아홉 시에 시작합니다
그리고 여학생가 친구를 만납니다 한식
집 앞에 만납니다 여학생가 친구와 같
이 식사를 합니다 비빔밥과 김치

내용의 적합성: ① 오전에 공부함 ② 친구를 만나서 식사함 2개 내용이 있음
내용의 풍부성: 그림에 제시된 정보 이외에 추가된 내용이 거의 없음
조직의 체계성: 도입과 마무리 단계가 없이 과제 수행에 급급함
조직의 응집성: 접속사 '그리고'와 동일 어휘(시험, 여학생, 친구)의 반복이 있음
표현의 정확성: 오류는 2개뿐이나 글자 수가 100자 미만이므로 한 단계 강등함
표현의 다양성: 복문이 없고 초급의 기본 어휘와 단문 위주로 쓰임
표현의 적절성: 3인칭 주어(학생, 여학생)가 3번 쓰여서 일기 장르에 맞지 않음

샘플	내용		조직		표현			합계	판정
	적합성	풍부성	체계성	응집성	정확성	다양성	적절성		
1S	2	1	1	2	2	1	1	10	1급 하

하: 0~12, 중: 13~16, 상: 17~21

다음은 3급 샘플의 원고지 전사 자료를 가지고 평가 범주의 세부 요소를 양적으로 측정해 보자. 보라색은 내용의 적합성 요소, 밑줄은 내용의 풍부성 요소, 초록색은 조직의 응집성 요소, 파란색은 내용의 정확성 요소에 해당한다.

이름:나세하
문의제목:
안녕하십니까?저는인터넷으로이옷을샀는데
사이즈가아주◆커서바꾸려고이메일로연락합
니다저는이렇게옷을바꾸고싶으면어떻게해야
한니까?똑같에색과디자인으로바꾸도됍니다
?그리고이옷올어떻게노낼수있습니까?저는
보통에이렇게프라우스사면중사이즈언제나주
문했어서이번도중사이즈주문했는데좀컬것같
습니다바꿀수있으면좋겠습니다감사합니다.

내용의 적합성: ① 제목 없음 ② 교환 이유 ③ 문의 사항 2개 내용이 있음
내용의 풍부성: ① 같은 색과 디자인 괜찮다. ② 늘 중 사이즈를 주문한다.
조직의 체계성: 첫인사와 마무리 인사가 모두 있음
조직의 응집성: 응집 장치가 다양하나 사용된 응집 장치에 오류가 있음
표현의 정확성: 오류 11개+안 쓰인 목적격 조사 중복 시 1회만 산정함=12개(3) 띄어쓰기 없음(-1)
표현의 다양성: 3급 수준의 표현이 없음
표현의 적절성: 메일 작성자 소개(저는 인터넷으로 이 옷을 샀는데 사이즈가 아주 커서 바꾸려고 이메일로 연락합니다), –습니다 일관(3)

샘플	내용		조직		표현			합계	판정
	적합성	풍부성	체계성	응집성	정확성	다양성	적절성		
3S	2	3	3	2	2	1	3	16	3급 중

하: 0~12, 중: 13~16, 상: 17~21

마지막으로 5급 샘플의 원고지 전사 자료를 가지고 평가 범주의 세부 요소를 양적으로 측정해 보자. 보라색은 내용의 적합성 요소, 밑줄은 내용의 풍부성 요소, 초록색은 조직의 응집성 요소, 파란색은 내용의 정확성 요소에 해당한다.

안녕하세요. 저는 oo대학교에서 경제학을 전공하고 있는 남묘진이라고 합니다. 제가 경제학을 전공하게 된 계기는 여러가지 있지만 그중에서도 돈이 있어야 이 세계 문제를 거의 해결할 수 있기 때문입니다. 저희 집은 경제적으로 여유가 있는 편이 아니었습니다. 그래서 제가 중학생이었던 어떤 날에 제 학원비 때문에 어머니가 새로 화장품을 사는 것을 포기했는데 그때부터 빈곤에 대해 생각하기 시작했습니다. 빈곤이라고 말하면 보통 아프리카를 비롯한 발전도상국이 먼저 생각나지만 저는 우리 나라의 빈곤을 먼저 해결하고 싶다고 봅니다. 우리 나라는 물가가 많이 올라간 반면에 밟는 급여에 변화는 없고 또 세금률도 높아졌습니다. 그런 현상을 보고 우리 나라 미래를 심각하게 생각한 저는 경제에 대해 깊이 연구하고 우리 사회에서 돈화가 어떻게 움직이고 우리 경제를 발전시키는지 공부했습니다.

이렇게 경제에 대해 깊은 지식을 가지고 있어서 그것을 이용할 수 있는 경영부에 취직하고 싶습니다. 제가 만약 거기서 일한다면 더 많은 돈을 효율적으로 이용할 수가 있고 회사는 당연하고 무역상대까지 경제적인 좋은 영향을 끼칠 수 있을 것입니다. 잘 부탁드리겠습니다.6

내용의 적합성: ① 관심을 갖게 된 시기 ② 이유 ③ 노력
내용의 풍부성: ① 가정 형편 ② 어머니가 화장품 사는 것 포기
③ 자기 나라 경제 상황
조직의 체계성: 안녕하세요, … 잘 부탁드리겠습니다.
조직의 응집성: 지시어, 접속사, 지시 형용사
표현의 정확성: 오류 6개
표현의 다양성: 를 비롯한(4급), 은 반면, 포기(3급), 빈곤(6급), 급여, 심각(5급) 등 5급 이상 표현 3개
표현의 적절성: '-습니다'로 일관함

샘플	내용		조직		표현			합계	판정
	적합성	풍부성	체계성	응집성	정확성	다양성	적절성		
5S	3	3	3	3	3	2	3	20	5급 상

하: 0~12, 중: 13~16, 상: 17~21

4.5. 17개 쓰기 답안에 대한 분석적 평가 연습

다음 17개 쓰기 답안의 여백에다가 내용, 조직, 표현의 3개 평가 범주 및 내용의 적합성과 풍부성, 조직의 체계성과 응집성, 표현의 정확성과 다양성, 적절성 등 7개 평가 요소를 평가하기 위한 메모를 적고 [부록 1]의 채점 기준표를 사용하여 채점 연습을 해 보자.

〈자료 4-1〉 1A 쓰기 답안

~~학생들이 한국어 교실에서 한국어 쓰기를 공부하고 있습니다. 학생들이랑 선생님 한 명이 있습니다. 시간은 아침 아홉시입니다.~~

~~두 친구들이 저녁 약속을 했습니다. 여자랑 남자가 서로 얘기를 하고 있습니다. 한식집 앞에 있습니다.~~

내가 오늘 아침 아홉시 부터 학교에서
한국어 쓰기를 배웠다. 선생님은 착하신
대 아주 재미있게 가리치신다. 수업이
끝나고 내 친구 민호랑 점심 약속이
있어서 학교 근처에 있는 한식집에
갔다. 김치찌개랑 비빔밥을 먹었어. 아주
맛이 있었고 가격도 너무 비싸지 않았
어. 먹으면서 민호랑 재미있는 얘기도
많이 했고. 먹고 나서 시간이 있어서
백화점에 갔어. 아주 예쁜 원피스를
찾았는대 엄청 비싸서 안 샀어. ~~오늘은~~
그래도 오늘은 재미있는 하루였다.

〈자료 4-2〉 1B 쓰기 답안

학생들이 아홉시에 한국어 쓰기 시험을
봅니다. 제일 어려운 시험이 쓰기 시험
입니다.. 그리고 쓰고 할 때 문법이 많이
비교했어 날마다 공부했어요. 쓰기 시험
보다 읽기 시험하고 듣기 시험은
어렵지 않아요. 시험이 끝 후에 친구와
같이 한식집에 만났어요. 그 한식집에
불고기 하고 김치찌개 비빔밥을 먹었어요.
제가 . 비빔밥은 . 먹고 친구가 김치찌개를
먹었어요 음식 값이 내 생각에 조금
비쌌어요.

〈자료 4-3〉 1C 쓰기 답안

학생이교실에서공부해요.
교실는지금아홉시입니다.
이교실은잔문, 책, 외자, 질판하고문이있어
요. 그이식당는한국식당입니다. 이식당앞에
두사람이있어요. 남자가여자외기다~~려요~~뤄요
이식당는비빔밥, 김치찌게하고불고기가있어
요. 비빔밥하고김치찌게는

〈자료 4-4〉 2A 쓰기 답안

<table>
<tr><td colspan="2">이름</td><td colspan="18">000</td></tr>
<tr><td colspan="2">문의 제목</td><td colspan="18"></td></tr>
<tr><td>나</td><td>는</td><td>지</td><td>금</td><td>연</td><td>세</td><td>대</td><td>학</td><td>교</td><td>에</td><td>서</td><td>3</td><td>급</td><td>으</td><td>로</td><td>한</td><td>국</td><td>어</td><td>공</td><td>부</td></tr>
<tr><td>하</td><td>고</td><td>있</td><td>는</td><td>데</td><td>2</td><td>급</td><td>부</td><td>터</td><td>여</td><td>기</td><td>에</td><td>서</td><td>공</td><td>부</td><td>했</td><td>어.</td><td>2</td><td>급</td><td>이</td></tr>
<tr><td>있</td><td>을</td><td>대</td><td>중</td><td>으</td><td>로</td><td>공</td><td>부</td><td>하</td><td>기</td><td>때</td><td>문</td><td>에</td><td>반</td><td>친</td><td>구</td><td>를</td><td>직</td><td>접</td><td>못</td></tr>
<tr><td>만</td><td>났</td><td>어</td><td>서</td><td>한</td><td>국</td><td>말</td><td>하</td><td>는</td><td>친</td><td>구</td><td>가</td><td>별</td><td>로</td><td>없</td><td>고</td><td>말</td><td>하</td><td>기</td><td>는</td></tr>
<tr><td>자</td><td>주</td><td>못</td><td>해</td><td>서</td><td>종</td><td>흥</td><td>들</td><td>어.</td><td>그</td><td>리</td><td>고</td><td>나</td><td>는</td><td>한</td><td>국</td><td>어</td><td>듣</td><td>기</td><td>가</td></tr>
<tr><td>아</td><td>직</td><td>익</td><td>숙</td><td>하</td><td>지</td><td>않</td><td>고</td><td>수</td><td>업</td><td>이</td><td>다</td><td>한</td><td>국</td><td>어</td><td>로</td><td>공</td><td>부</td><td>해</td><td>야</td></tr>
<tr><td>해</td><td>서</td><td>처</td><td>음</td><td>에</td><td>어</td><td>려</td><td>운</td><td>다</td><td>고</td><td>생</td><td>각</td><td>했</td><td>어.</td><td>하</td><td>지</td><td>안</td><td>이</td><td>렇</td><td>게</td></tr>
<tr><td>공</td><td>부</td><td>하</td><td>는</td><td>방</td><td>법</td><td>을</td><td>해</td><td>서</td><td>나</td><td>는</td><td>한</td><td>국</td><td>어</td><td>듣</td><td>기</td><td>가</td><td>빨</td><td>리</td><td>익</td></tr>
<tr><td>숙</td><td>해</td><td>졌</td><td>을</td><td>것</td><td>같</td><td>아</td><td></td><td></td><td></td><td></td><td></td><td></td><td></td><td></td><td></td><td></td><td></td><td></td><td></td></tr>
</table>

〈자료 4-5〉 2B 쓰기 답안

보내는 사람	eureka@gmail.com
받는 사람	정하늘
제 목	배 한국 생활

하늘아, 잘 있니?
나는 작음 한국어 공부 때운에 너무
바쁘다. 나는 연세어학교 한국어학당에
다니고 있어. 6급 까
지 있는대 나는 저금 2급에있어.
그런대 2급인대도 아주 여렵다. 내가
한국 운법이 런 째 해 잘려. 그리고 어휘
를 왜우는 것도 아주 힘는다. 그런데
말하기와 듣기는 좀 · 더 쉬워.
나는 어제 새벽 한시 까지 시엄 공부를
했다. 이번주 욕요일에 중료한 쓰기
시험이 있어서. 공부를 많이 해야 하는대
열심히 노력을 하면 잘될수 있어.
그리고 내 빈친구들은 다 아주 착학고
공부를 열심히 하는 나랑이 서 학교
생활이 아주 재미가 있어. 선생님들도
잘 가리치시고.
다음 달에 너도 가치 왔으면 재미있을것
같아. 빨리 연락해라!

\- 민호가

〈자료 4-6〉 2C 쓰기 답안

보내는 사람	eureka@gmail.com
받는 사람	정하늘
제 목	

내가 지금 연세대학교 한국어학당에서
공부했다. 이급 삼반에 김섭생님 하고
김유진 선생님이 우리 반 선생님들 있다.
우리 반에 12 학생들이 있다. 내
친구 일음은 하비 하고 메일이 이 있어
보릅다. 이급이 일급 보다 조금 어렵지
만 재미있어요. 그런대 모르는 믄어가
많고 모르는 문법도 많다. 내가 날마다
한국 말을 공부하지만 조금 얼여웠다.
내가 한국 사람들에게 조금 칠두 했다.
왜나면 한국 사람이니까 어린시절보터
한국어를 잘했다. 너는 내가 한국말을
도와주면 좋겠다. 너는 내가 한국 드라마
하고 한국 누래를 좋아하는지 알지.
그래서 나 한국말를 열심히 공부해.
이번 주 금요일에 우리 반이 말하기
시험 있다. 조금 어렵지만 괜찮아.
너는 네가 도와줄수 있니. 시험할 때 어
려운 점이 많아. 다음 주 화요일 하고.
수요일에 듣기하고 읽기 시험이 있다.

〈자료 4-7〉 2D 쓰기 답안

보내는 사람	eureka@gmail.com
받는 사람	정하늘
제 목	

나는 이번 학기에 연세대학교에서 3급 수업을
듣고 있는데, 재미있고 새로운 단어하고 문법도
많아. 내가 제일 좋아하는 수업에 여러 나라의
문화를 배웠어. 다른 반 친구의 문화 이야기 잘
들었고, 좋은 시간이 지냈어. 4는 공부한 시간이
진짜 줄기고 지냈는데 어려운 점도 많아, 새로운
문법이 사용하는 것 어려워, 그래서 날마다 2
번 이상 사용해보고 내가 좋아하는 노래에 찾은
그 노래를 불러. 그리고, 위워야 한 단어를 많이
있어. 내가 드라마를 볼 때, 그 단어를 들리면서
다시 내 모리 소게 말해. 지난 학기에 온라인 수업이
있었는데, 이 학기에 오프라인

〈자료 4-8〉 3A 쓰기 답안

이름	000 양선아
문의 제목	옷 환불을 가능합니까?

안녕하세요? 저는 7월 4일에 쇼핑 사이트에서 옷을 산 선아입니다. 어제 밤에 택배를 받고 보니까 옷 사이즈가 너무 작아서 입을 수 없습니다. 그래서 오늘은 환불을 신청했습니다.

근데 환불을 하기 전에 여러 문제를 물어보고 싶습니다. 첫째, 환불할 상품을 어이로 보내는지 몰랐는데 자세하게, 설명할 수 있습니까? 왜냐하면 그 설명서에서 쇼핑 사이트의 주소가 없기 때문입니다. 다음에는 환불을 할 때 돈을 얼마 내야 할까요? 또 어떻게 내는 방법을 같이 알려주시다면 좋겠습니다! 이 메시지를 읽어주셔서 감사합니다.

〈자료 4-9〉 3B 쓰기 답안

이름	000
문의 제목	이 원피스와 긴빠지는 사이트 사진과 달랍니다.

지난주에 인터넷 쇼핑 사이트에서 원피스하고 긴 빠지를 샀습니다. 그런데, 원피스는 사진과 너무 달랐습니다. 색깔이 사이트에서 핑크색이었는데, 원피스는 빨간색입니다. 원피스의 모양이도 달랍니다. 이 원피스는 나중에 저의 친구에게 선물오 주고 싶었는데, 마음에 안 들어서 바꾸고 싶습니다. 긴 빠지도 안 좋아했습니다. 사이트에서 내가 알맞은 사이즈는 걸렀지만 이 빠지는 더 큽니다. 그리고, 사진에서 빠지는 가벼워 보였는데, 너무 더웁니다. 요즘에 입을 수 없는 것 같습니다. 이 사이트는 추천할 수 없습니다. 다음에는 직접 하게 백와점에 갈 거 십니다. 백와점은 더 비싸지만, 옷을 직접 볼 수 있고, 옷을 입어도 됩니다. 제가 확인할 수 있는 것 좋아하는 편이어서, 다시 인터넷에서 사

〈자료 4-10〉 3C 쓰기 답안

이름	000
문의 제목	주문: 0210856 블랙 벨벳 하이 힐스

안녕하세요. 저는 000입니다. 2021 06 06에 잘
못으로 블랙 벨벳 하이 힐스 주문했습
니다. 혹시 색깔 바꿀 수 있을까요.
저는 원래 핑크 색깔이 주문을 할려고
했습니다. 사실은 친구한테 선물로 주기
로 합니다. 그런데 제 친구가 블랙을
많이 싫어 합니다. 왠지 모르겠지만 그
주문 주소가 제 친구의 집이어서 그
친구가 힐스를 보면 저한테 화를 많이
낼겁니다. 저를 좀 살려주세요. ㅠㅠ 너무
늦지 않지요? 잘 부탁드립니다. 그리
고 확인서를 받을 수 있을까요? 맞는
색깔로 바꾸는지 안 바꾸는지 확인하고
싶습니다. 제 상황을 이해해주셔서 정말
감사합니다.
- 000 님

〈자료 4-11〉 4A 쓰기 답안

조사상거래센터에서 30대 소비자 4000명에게 한 SNS 쇼핑몰 이용시 피해경험에 대한 조사 결과는 다음과 같다. 먼저 피해 유형으로서는 품질 불량이라고 대답한 사람이 45%이고 가장 많았다. 그리고 32%가 광고와 다른 제품이 배송됐다고 하여 23%가 사이즈가 불일치였다고 했다. 다음에 반음 유형으로서는 판매자에게 직접 문의한 사람이 가장 많고 40%나 나타났다. 또 33%가 고객센터를 이용하고 17%가 소비자 상담 기관에게 문의하고 귀찮아서 그냥 받았다는 사람의 비율은 10%였다.

요새 SNS 기술의 발달 때문에 다양한 것을 할 수 있게 되었다. 전에는 의사소통 방법 중의 하나였던 SNS도 지금은 그것을 이용해서 쇼핑까지 할 수 있다. 인스타그램에 쇼핑 전용 페이지까지 만들어진만큼 온라인 쇼핑몰은 많아졌던 것 같다. 하지만 많아서면 많아질수록 나쁜 질의 상품을 파는 가게도 있는 법이다. 사실 우리가 노력하고 그런 가게가 생기는 것을 막을 수는 없다. 그래서 우리는 개인적으로 이번 조사결과 처럼 피해를 입지 않도록 조심해야 된다.

〈자료 4-12〉 4B 쓰기 답안

최근에 인터넷으로 다양한 상품을 구매한 사람들이 많아지다, 특히 SNS 쇼핑몰도 많이 생겼다, 그 중에는 소비가가 여러 문제가 있다고 했는데 제일 큰 문제가 품질불량이고. 약 45% 사람들이 이 문제가 있었다, 32% 소비자가 그 관고와 다름 제품 배송문제가 나왔다, 23% 소비자가 사이즈 불일치의 피해가 있었다, 전에 원인보다 좀 적지만 여전히 4분의1 소비자가 이렇게 피해가 있다고 생각했다.

〈자료 4-13〉 4C 쓰기 답안

SNS 쇼핑몰을 이용하면 불평하고 잘못된 경우가 많
전자상거래센터 조사에 의하면 30대 소비자
4000 명중에서 품질 안 좋다는 답안이
45% 으로 나왔다. 그리고 배송이 왔을 때 광고와
제품이 다르게 나오는 경우가 32% 으로
나왔다. 심지어 옷을 사면 사이즈가 다른 경우가 23% 으로
나왔다. SNS 쇼핑몰을 사용한다면 환불이나
반품 과정이 귀찮아서 10% 사람들이 문제를
포기한다. 하지만 이 문제에 대한 해결책이
여러 가지가 있다. 소비자 중에서는 17%는
소비자 상담 기관에게 문의를 한다. SNS
고객센터를 이용한다는 경우가 33% 으로 나왔다. 아니면
불편한 상황이 나타나면 판매자에게 직접
문의하는 것은 40% 나왔다. SNS 쇼핑몰을 이용하면
피해를 당하는 경험을 겪을 수 있으나
다음에 SNS 쇼핑몰을 이용할 때 문제가
되면 이 방안들을 고려할 수 있다.

〈자료 4-14〉 4D 쓰기 답안

요즘은 특히 코로나 때문에 온라인으로
물건, 음식, 옷 등을 사는게 쉬워졌고
인기가 많아졌습니다. 사람들이 바쁘게
살아서 백화점이나 마트 갈 시간이
없습니다. 그런데 기대 것과 받는 것과
많이 다르면 기분 어떨을 것 같습니까?
SNS 쇼핑몰 이용 시 피해 경험 조
사에서 피해자들 어떤걸 당했는지 어떻
해결했는지 볼 수 있습니다. 4000명
에서 45% 품질 불량을 당했다고 말했
습니다. 거의 반에 경험을 쌓였습니다.
전세계에세 이건 실수가 피해할 수 없
는 상황입니다. 사람들이 실수를 해도
됩니다. 그 판매처의 해결 방
법이 어떤 방법인지 제일 중요합니다.
제품 도착한 다음에 판매처가
고객님한테 먼저 연락을 하시는 게 제일
좋을 것 같습니다.

〈자료 4-15〉 5A 쓰기 답안

제가 대학교에서 전공을 선택했을 때 지원하는 과정과
준비를 별로 없었는데 국제학
전공으로 했다. 국제학에 관심에 갖게 된
이유는 고등학교 때 여러 나라에서 온 유학생과 함께
살아서 세계의 다문화와 정책에 대해서 더 알고 싶었다.
여러 유학생과 함께 산 경험 때문에 세계의
견해에게 노출되었다. 이러한 이유로 국제학을 전공하게
되었다. 앞으로 기회가 되면 미국에서 뉴스
회사에서 일하고 싶거나 공공기관에서 공무원이
되고 싶다. 뉴스 기자가 되려면 여러 자격증을
준비해야하고 사람들 앞에서 뉴스 내용을 자신 있게
전해야 한다. 미국에 공무원이 되려면

〈자료 4-16〉 6A 쓰기 답안

최근 실시하고 있는 교육 중에 온라
인 교육을 일생화되었다. 최근 세 학기
동안 온라인 수업을 듣고 있었다. 원래
온라인 교육이 효율적이지 않을까 걱정
하고 있었는데 막상 걱정할 필요가 없
었다. 온라인 교육을 받다가 보니 상호
에 작용될 뿐만 아니라 시간을 낭비하
지 않으며 수업을 인진히게 들게 되었
다. 예를 들자면 공부히 자고 천천히
세수하고 책상 위에 교재나 다른 수업
자료를 천천히 꺼내도 수업을 놓기지
않고 마음이 편하다. 이렇게 학생 생활
하기에 편하게 생활할 법한데 온라인
교육의 부족한 요소도 알게 되었다. 선
생님과의 시간 제약이 하는가 질문할 시
간이 하는가 교육적인 요소가 부족하다는
현실을 알게 되었다. 예를 들면 수업
끝에 질문하고자 하던 어떤 선생님이
회의실에서 빨리 나가고 나중에 연
락하면 불편한 마음이 생겨서 연락하지
않겠다는 걱정을 한 적이 있다. 그런데
다시 온라인 교육을 받을 걱정할 때가
생

〈자료 4-17〉 6B(1) 쓰기 답안

애체 발달의 떡분에 사람들이 원하는 것은 인터넷을 이용하면 우궁무진의 정보를 얻을 수 있다. 그 뿐만 아니라 인터넷을 이용해서 세계 반대쪽에 살고 있는 친구나 가족들이 실시간 영상통화를 할 수 있게 되었다. 2019년부터 코로나를 예방하기 위해 세계 많은 각국에서 대연수업 대신 온라인 수업으로 바꾸어 되었다. 온라인 수업이랑 실시간으로. 장소의 한정 없이 인터넷을 이용해서 정하는 회의실에 들어가서 강의를 듣는 것이다. 실시간 온라인 교육이 장점이 있는 반면에 단점도 있다. 다음 단락에서는 실시간 온라인 교육의 장단점을 살펴볼 것이다.

온라인 수업의 첫번째 장점은 장소의 제약이 없는 것이다. 세계화로 인해 우리 듣고 싶은 강의 있 수업이 있으면 해외에 있어도 가능하다. 왜냐하면 인터넷을 통해 다 할 수 있다. 예를 들어 한국어를 배우고 싶으면 한국에 있는 교육기구 신청하면 한국에 십넘 갈 필요없이 집에서 공부할 수 있다. 두번째 장점은 쌍방향이다. 실시간 온라인은 동영상 시청 오론 달리 쌍방향으로 진

〈자료 4-17〉 6B(2) 쓰기 답안

행할 수 있다.

실시간 온라인 교육의 문제점은 시간의 제약이다. 시장에 다니는 사람한데는 수업 시간을 못맞추는 경우 많다

[5장]

IBT 한국어 숙달도 평가 도구 개발의 원리

1. 학습자 친화형 평가의 실현

2. 한국어 숙달도 등급 지표의 다각적 검증

3. 자기주도학습 아카이브와의 결합

이 장에서는 21세기 들어 개발되기 시작한 인터넷 기반의 온라인 쓰기 숙달도 평가 도구가 지향해야 할 근본적 개념을 개략적으로 살펴본다.

√ 언어 능력 평가의 목적은 무엇인가?
현재 시행 중인 한국어 능력 시험들은 평가의 근본적 목적을 잘 실현하고 있는가?

√ 평가 도구의 변화는 교실에 어떤 영향을 미치는가?
구체적 사례를 들어 설명해 보자.

√ 온라인 기반 쓰기 숙달도 평가가 개발된 배경에는 어떤 요인이 있을까?
경제적, 사회적 요인을 중심으로 생각해 보자.

√ 온라인 기반 쓰기 숙달도 평가에 인공지능 기술이 도입되면 어떤 장단점이 있을까?

한국어 교육에서 평가는 학습의 출발 지점이자 도착 지점이다. 기관에서는 수강 신청 시점의 한국어 숙달 수준을 알아야 학습자를 적합한 반으로 배치할 수 있다. 새로운 한국어 교육과정을 계획할 때에도 평가 문항의 내용과 형식은 수업 설계 지점에서 고려된다. 학기 전 교수자에게 해당 과정 이수 후 학습자 능력의 도달 지점이 명확히 표상되어야 학습자 수준에 대한 진단 및 성취도 평가를 일관성 있게 실시할 수 있다. 독학자에게도 평가 결과는 중요하다. 자신의 현재 수준을 타당하게 진단받고 나서 학습 목표에 따라 본인이 투입 가능한 시간과 진도율을 조정하고 진학, 입사, 취미 등 응시자 인생의 미래 숙원 사업으로 넘어가는 시점을 예측할 수 있기 때문이다.

현재 외국인 대상의 공인된 한국어 시험 중에서는 국립국제교육원 주관의 한국어능력시험(TOPIK)이 국내외적으로 가장 신임이 높다. 민간 자격시험으로는 KBS KLT, YBM-SISA KPE가 시행 중이며 2021년부터 세종학당재단이 세종한국어평가(SKA, Sejong Korean Assessment)를 운영 중이다.[1)]

국가가 공인하는 고부담 평가의 결과는 입학 및 취업 등의 당락을 결정짓기

---

1) 2009년 연세대학교 언어연구교육원이 YBM-SISA의 후원으로 개발한 KPE 한국어능력시험은 말하기와 쓰기 능력에 대한 직접 평가와, 듣기, 읽기 능력에 대한 간접 평가로써 4개 언어 기능에 대한 평가를 최초로 완비하였다는 점에서 의의가 있다. 현재 KPE 한국어능력시험은 주관 기관의 사정으로 정기 시험이 중단되었고 소규모 회사원 집단의 개별 신청을 받아 단체 특별시험 형태로만 시행된다.

때문에 개인에게 크게 영향을 미친다. 그래서 교사가 담임 반 학생의 성취 수준을 평정하는 소규모 평가 국면과 마찬가지로 대규모 숙달도 평가 관련 연구에서도 응시자 수준의 정확한 진단과 예측적 타당도를 높이기 위한 사전 사후 관리 등 수험자 능력의 엄밀한 측정이 늘 중시된다. 평가 구인 설정이나 시험 결과의 주관적 해석을 줄일 방안 등이 중요한 논제로 그간 활발하게 다루어져 온 것도 수험자 수준을 엄밀하게 측정할 수 있다는 믿음이 있기 때문이다.

그러나 TOPIK과 같이 국가 주도의 고부담 평가는 연중 시행 시기와 횟수가 정해져 있어서 학습자 각각의 개별적이고 즉시적인 요구에 부응하기 어렵다. 특히 2019년 전 세계적으로 전염병이 확산되던 초기에는 집합 시험이 불가능하여 정기 시험 일자가 기약 없이 연기되기도 했으므로 한국 내 대학으로의 진학이나 유학을 계획한 응시자의 불편이 컸다. 또한 응시자에게 다음 단계 학습의 출발 지점을 고지하고 격려하는 평가 본래의 취지를 상기한다면, 현행 고부담 평가에서 수험자에 대한 배려나 구체적 피드백이 부족한 점도 재고되어야 한다.

한국어 능력 평가를 위하여 다양한 민간자격시험이 개발된다면 학습자 친화형 평가의 본래 취지가 실현될 수 있을 뿐만 아니라 평가 등급 지표를 다각적으로 검증하는 연구가 활성화될 것이다. 그리고 타당한 등급 판정이 민간의 자기주도학습 아카이브 개발 사업과 결합되면 에듀테인먼트 산업의 발달을 꾀할 수도 있다. 또한 평가 전문가 양성 및 활용 수요를 창출하여 한국어 교원의 자질 향상과 수익 증대에도 기여하게 된다. 우수한 한국어교육 기관의 평가자 양성 과정을 통해 전문 평가자를 길러내는 검증된, 말하기 및 쓰기 평가자 양성 과정이 활성화되어야 하는 이유이다. 향후 한국어 평가를 목표로 하는 민간자격시험 주관사들에서는 선다형 문항들뿐만 아니라 일회성 평가로 소비되는 말하기나 쓰기 수행 평가 문항을 지속적으로 개발함과 동시에 엄격한 평가자 교육도 병행해야 할 것이다.

이에 5장에서는 민간자격시험으로 개발된 연세대학교 한국어학당의 한국어 숙달도 평가 도구의 개발 원리를 자기주도학습 아카이브와의 결합에 초점을 두어 살펴보고자 한다. 또한 언어 학습 환경에서 근본적으로 추구되어야 할 학습자 친화형 평가의 원리를 정리해 보고, 문법 지식의 위계성, 주제 어휘 분포의 체계성 및 담화 기능 구인의 상보성을 실제 평가 도구에 어떻게 구현할 수 있는가를 설명한다. 또한 이러한 쓰기 능력 평가 도구가 평가 본연의 역할인 진단과 피드백 기능을 제대로 수행하도록 설계하기 위하여 자기주도학습 아카이브와의 연계성을 추구한 원리를 살펴본다.

1. 학습자 친화형 평가의 실현

언어 교실에서 학습자 친화적 평가 원리를 구현하려면 학습자의 실제적 요구를 파악하고 이러한 실제적 요구를 평가 문항에 어떻게 구현할 것인가 하는 고민이 선행되어야 한다. 교수학습 과정에서 교사와 학습자 역할 및 위계의 변화라든가 언어를 배워서 쓰고 말한다는 것, 즉 새로운 리터러시(literacy)나 오러시(oracy)를 익히는 행위가 가진 사회적 담론 차원의 논의 그리고 보다 실제적 형태의 문식성 평가—생태학적 평가—의 유용성에 대한 논의가 활발해지면서 문항의 실제성을 어떻게 확보할 것인가 하는 문제도 지속적으로 탐구되어 왔다. 이는 듣기나 읽기 같은 이해 영역 문항의 제시문뿐 아니라 쓰기나 말하기 같은 수행 평가 과제를 개발하는 국면에서도 동일하게 중시되었다. 학습자의 의사소통 능력은 실제적 자료의 이해와 생성 현장에서 효율적으로 의사소통에 성공했는지 여부로써 측정되어야 하기 때문이다. 생태학적 평가를 하려면 교실 환경을 교실 밖 커다란 문식성 환경과 유사하게 작은 생태계로 만들어야 하고 대규모 평가 국면에서도 생활 세계를 최대한 반영해야 한다. 연세대학교 한국어학당은 온라인 평가용 36개 문제은행 세트 안에 이러한 생활 세계를 구현하기 위해 출제에 앞서 등장인물 간 관계도를 설계하면서 국적 및 나이, 피부색 등을 살핌으로써 듣기와 쓰기 과제에 등장하는 인명 배치와 삽화 제작에 통일된 생태계를 구축하였다([부록 9] 참조). 이러한 생태적 평가 설계의 두 가지 기본 전제는 실제적 과제와 실제적 텍스트로 요약된다.[2)]

한국어 쓰기 능력 평가 국면에서 학습자 친화형 평가를 구현하려면 응시의 용이성, 상세한 피드백, 자기주도학습 장려 등이 중요하다. 먼저 응시의 용이성부터 살펴보자. 전 세계적으로 한국어 학습자는 다양한 응시 여건에 처해 있다. 여러 개의 디지털 기기를 사용하며 온라인 환경에 익숙한 디지털 네이티브도 많지만 종이 시험지로만 평가가 가능한 이도 적지 않다. 이들에게 응시의 편이를 제공하려면 PBT, CBT, IBT 등 다양한 형태의 문항 제공 시스템을 갖추어야 한다. 집합 시험이 가능하다면 PBT가 개발 비용이나 보안 면에서 가장 효율적이다. 그러나 정보통신기술의 발달로 응시자와 채점자의 시공간 제약이 사라진 데다가 응시자의 문항 반응 데이터 관리로써 더욱 상세한 피드백이 가능하므로 학습자 친화적 평가를 구현하려면 한국 정부나 민간 기업 차원에서 컴퓨터를 활용한 웹 평가 시스템을 제3세계에 보급할 필요가 있다.

둘째, 쓰기 시험을 보는 응시자에게 가장 중요한 것은 본인의 쓰기 능력 개선을 도울 상세한 피드백이다. 그러려면 평가 도구가 타당한 진단 절차와 적합한 처방 시스템을 갖추어야 한다. 현재 TOPIK은 수험자에게 채점 결과로 판정된 등급만을 유효기간과 함께 고지하지만, SKA는 보다 상세한 피드백을 제공하고자 〈그림 5-1〉과 같은 결과 조회 화면을 구성하였다. SKA에는 수행평가 영역이 없으므로 어휘, 문법, 이해 영역의 객관식 점수 분포를 삼각형으로 시각화해 보이고 나서 세종학당 사이트에서 학습 가능한 콘텐츠를 추천해

---

2) 실제적인 문식성 과제(Authentic literacy task)는 학생들이 학교 밖 세계에서 수행해야 할 읽기, 쓰기, 말하기 과제를 말한다. 예를 들면 만화, 주방 세척제 사용 설명서, 스티븐 킹의 최신 소설, TV 프로그램 안내, 대통령 선거 후보자들의 서로 대립적인 논점을 비교하는 신문기사 내용 읽기, 할머니께 편지 쓰기, 걸 스카우트 회의에서 구두로 자신의 견해 발표하기 등의 과제를 들 수 있다. 실제적인 글(Authentic text)이란 신문, 잡지, 지시문, 라벨, 신청서, 일기, 편지, 소설과 같은 실제 문식성 환경에서 구체적인 목적으로 통용되는 일체의 자료들을 말한다(Lauren Leslie, 2004: 24).

〈그림 5-1〉 SKA 성적표 화면 예시

준다. 하지만 판정 점수가 TOPIK과 마찬가지로 숫자 데이터 하나로만 고지된다는 점에서 수험자가 얻는 정보는 본인의 능력에 대한 대략적인 등급 정보밖에 없다.

셋째, 학습자 친화형 평가 도구에서 수험자 능력에 대해 타당한 피드백을 주고 향후 자기주도학습까지 도우려면 어휘, 문법, 듣기, 읽기 시험 같은 이해 영역의 지식 척도는 물론 쓰기나 말하기 같은 표현 능력 지표도 함께 제공해야 한다. 등급별 시험지를 따로 구성하지 않는 이상 학습자는 백분위 점수로써 자신의 한국어 능력이 1~6등급 내 상중하 어디에 위치하는지 직관적으로 파악하기 어렵다. 영역별 판정 결과를 점수 체계가 아닌 등급 체계로 고지하는 것이 수험자에게 더 친화적인 이유가 여기에 있다. "현재 ○○○ 씨의 한국어 수준은 3급 상이므로 지금부터 4급 하 공부를 시작할 수 있습니다."와 같이 시험 이후에 어느 수준 교실에서 학습 참여가 가능한지 알려주는 것이 평가의 본질적 기능이다.

일회성 평가의 점수 고지에 그치지 않고 평가 이후 자기주도학습을 장려하는, 평가 본연의 목표를 구현하려면 시험 결과를 학습 시스템과 연동시킬 필요가 있다. 어휘·문법, 듣기, 읽기, 쓰기, 말하기 등 세부 영역별로 응시자의 한국어 숙달 수준을 타당하게 판정한 다음, 학습자의 총괄적 등급 수준에 비하여 부족한 영역을 보완할 학습 콘텐츠를 제공해 주기 위함이다. 디지털 네이티브 학습자를 위하여 재미 요소를 고려한 온라인 학습 콘텐츠 및 시스템 개발이 필요하며 필요 시 자기주도학습 관련 서책 출판 및 교육과정 운영도 병행하도록 기관 차원의 준비도 요구된다.

연세대학교 한국어학당은 수험자가 원하는 시공간에서 최단 시간 안에 응시자의 4개 언어 수준을 정확하게 판정하고 서술식 피드백을 줄 수 있도록 새로운 한국어 시험의 운영 계획을 준비 중이다. 학습자 친화적인 이 IBT 평가 시스템은 5개 영역(어휘·문법, 듣기, 읽기, 쓰기, 말하기)의 문제은행 36개 세트 문항을 평가 학습 AI에 기반한 고도의 응시 플랫폼에 탑재함으로써 완비될 예정이다. 이 미래형 IBT 한국어 시험은 고도의 온라인 평가 시스템 구축을 전제한 것으로서 어휘·문법 수준에 대한 이해도를 바탕으로 4개 언어 기능에 대한 핀셋형 평가를 구현한다는 점이 특징이다.[3)]

연세대학교 한국어학당이 새로 제안하는 핀셋형 평가란 일종의 컴퓨터 적응형 평가(CAT: Computerized Adaptive Test)로, 학습자가 1차로 응시한 어휘·문법 영역의 평가 결과에 따라 이후 4개 언어 기능별 평가의 난이도 범위를 한정하여 제공하는 평가 체계를 가리키는 개념이다. 즉, 응시자가 자신의 능력껏 최대 60개 어휘·문법 문항을 풀면서 반응한 양태에 따라 듣기, 읽기, 쓰기, 말하기 문항 수준이 제한되어 제공되는 것이다.

---

3) 본 한국어 숙달도 평가의 어휘·문법 시험은 1급부터 누적된 점수가 응시자의 등급을 판정하는 시스템이며 각 급 20% 이상 60% 미만 성취자는 해당 등급 하, 60% 이상 80% 미만 성취자는 중, 80% 이상부터 상위 단계 20% 미만 성취자는 상으로 판정된다. 본 평가의 첫 관문인 어휘·문법 시험에서 성취한 수준을 기준으로 수험자에게 차등화된 듣기, 읽기, 쓰기, 말하기 문항이 순차적으로 제공된다.

이와 같이 시험의 첫 관문인 어휘·문법 시험에서 응시자의 한국어 등급이 결정되면 1급 하, 중, 상 수준부터 6급 하, 중, 상까지 각 2개 문항씩 총 18개 등급의, 36개 문항으로 구분된 듣기와 읽기 문항이 '해당 응시자의 능력 ± 2개 등급' 기준에 맞게 각 10개씩, 36개 문제은행 세트로부터 랜덤하게 제공된다. 수험자가 듣기에 이어 읽기 답안까지 제출하고 나면 역시 어휘·문법 결과치에 준하여 쓰기 1~2문항, 말하기 3~4문항을 순차적으로 제공받는 구조다.[4] 이러한 핀셋형 평가는 4개 언어 기능에 대한 평가 시간을 획기적으로 줄이므로 응시자의 피로도 및 응시 비용 면에서 대단히 효율적이고 경제적인 학습자 친화형 평가 시스템이라 할 수 있다.

연세대학교 한국어학당이 IBT 시험을 시행할 목적으로 문제은행을 개발하고 나서 전문 시험 운영 업체를 구하고 나선 데에는 COVID19의 영향이 컸다.[5] 2019년 겨울부터 지속된 COVID19 전염병 확산으로 인해 2년 이상 온라인 교육을 수행하면서 기관이 기존에 수립해 둔 연구 계획보다 일찍 온라인 콘텐츠나 평가 플랫폼 개발을 서두르게 되었다. 대학 부설 기관 주도로 평가 도구를 개발하는 것이니만큼 국가 기관 주도의 고부담 시험과는 다른, 학습자 친화적 평가 시스템 개발을 최우선 목적으로 삼았다. 본 IBT 한국어 시험은 숙달도 평정 과정에 응시자의 문항 반응 양태가 반영되어 다음번 제공 문항이 실시간으로 달라지므로 기본적으로 PBT가 불가하다. 하지만 응시자 집단의 특수성상 반드시 PBT 평가가 필요하다면 36개 세트 중 1개 세트를 순차적으로

---

4) 36개 문제은행 풀에서 어휘·문법, 듣기, 읽기 문항이 임의로 추출되어 응시자마다 상이한 문항을 풀게 되므로 부정행위 시도가 일정 부분 차단된다. 그러나 말하기와 쓰기 수행 결과물은 응시자의 PC에 JPG나 .mp3 등 파일 형태로 저장되었다가 제출되는 시스템적 한계로 인해 문항이 공개될 수밖에 없다. 따라서 IBT 정기 시험에서 말하기와 쓰기 문항은 제1~36세트가 순차적으로 제공된다.

5) 연세대학교 한국어학당은 1959년 대학 부설 교육기관으로 개설되어 200시간 6등급의 교육과정 체계를 수립하였고 서책형 교재는 물론 온라인 수업 교구를 개발하는 데에도 선도적 역할을 하고 있다. 어휘·문법 교육을 위한 교사용 지침서를 개발하여 연세대 대학출판문화원 홈페이지를 통해 무료 배포하는 등 양질의 한국어교육 콘텐츠를 제공하기 위해 매년 일정 규모의 연구 예산을 집행 중이다.

사용할 수 있다. 단, IBT 시험은 평가자가 응시 환경을 100% 관리하기 어렵다는 점에서 응시자의 의도적 눈속임 같은 불법 행위를 어떻게 통제할 것인가 하는 문제가 제기된다. 현재 기술력으로는, IBT 시스템을 개발한 후 이를 디바이스에 탑재하고 응시 공간을 통제한 CBT를 시행하면 보안 등 제반 문제를 해결할 수 있다.

2. 한국어 숙달도 등급 지표의 다각적 검증

대학 부설 기관 주도의 이러한 IBT 시험이 상용화되면 한국어 평가 생태계에 여러모로 긍정적 변화가 예견된다. 전술한 바와 같이 학습자 친화형 평가 도구 개발을 통해서 진단과 피드백이라는 평가 본연의 기능을 회복하게 될 뿐 아니라 응시자의 한국어 숙달도를 지표화하는 다양한 구인과 자기주도학습 콘텐츠에 대한 연구도 활발해질 것이기 때문이다. 외국어로서의 한국어는 여타 외국어와 다르게 그 기원이 명확하고 문화적 체감 효용이 높다는 장점이 있다. 한국어 평가의 역사를 돌이켜 보면 1959년 연세대학교에서 한국어교육이 비롯된 이래 1997년 TOPIK이라는 국가공인자격시험이 만들어졌고 점차 유럽공통참조기준(CEFR)에 맞춰 글로벌 표준을 지향하고 있다. 이러한 평가 도구의 정비가 다시 일선 교육과정의 지침으로 작용하는 선순환 효과를 거두면서 평가 등급별 어휘와 문법 지식이 체계화되는 점도 한국어교육 분야에서 타당한 평가 도구 개발을 추진하는 요인이다.

한국어 학습자들은 자신이 배우는 '한글'이 중세 언어학자들의 과학적 지식과 군주의 애민 정신에 의해 인공적으로 만들어졌다는 사실을 알고 놀란다. 자음 형태가 발음 기관의 모양을 닮았고 모음 형태에 천지인 철학이 담긴 것이라든가, '반짝반짝, 번쩍번쩍' 같은 의태어나 '호호, 히히' 같은 의성어가 모음의 차이로 어감의 차이를 발생시킨다는 것에서도 매력을 느낀다. 인공 언어의 제자 원리에 담긴 이러한 철학성은 수행 평가에서 맞춤법이나 발음의 정확성을 강조할 근거가 된다. 물리적 소리와 자모 형태의 상관을 파악하는 것 자체가 한글에 대한 관심과 학습량의 정도를 판별하므로 평가 구인이 될 수 있다. 또한 상대를 높이거나 자신을 낮춤으로써 공손성을 표현하는 것, 동일한 의미도 상황에 따라 다른 뉘앙스의 양태 표현에 담아야 하는 것, '불이 나다, 화재가 발생하다'처럼 한글 명사와 동사, 한자 명사와 동사끼리 연어 관계를 형성하는 것 등에 대한 지식도 한국어 숙달 수준을 변별할 기준이 된다.

한국어는 등급별로 교수되는 문형의 종류라든가 어휘장의 주제, 사회언어학적 지식 등의 차이가 유표적이어서 학업 착수 지점의 등급 판정이 상대적으로 수월하다. 물론 ACTFL에 기반한 북미권 한국어 교재의 문법 배열과 비교하면 국내 한국어 교육기관의 중급 1과 중급 2, 즉 한국어 2급 상 수준부터 4급 중상 수준 교재에 배열되는 문형 표현의 제시 순서가 일부 다른 것도 있다. 하지만 학습자가 머리로 이해한 지식을 자연스럽게 부려 쓰게 되기까지 그 숙달 수준의 차이가 있음을 전제한다면 중급 수준 학습자에 대한 기관별 평가 결과나 TOPIK 평가 결과가 조금씩 어긋나는 것도 일견 당연하다고 볼 수 있다.

2.1. 문법 지식 배열의 위계성

1급부터 6급까지 모든 수준의 학생을 가르치는 기관에서는 주당 기능별 수업 시수에 따라 한국어 교육과정의 핵심 문형 표현을 위계적으로 배열한 교재를 자체 개발해 사용한다. 그리고 이 숙달도별 단원구성표를 기준으로 학기 초 배치고사를 실시하여 적합한 등급으로 학생을 배정하고 교수학습을 진행한다. 예를 들어 연세대학교 한국어학당은 1급 교육과정에서 과거 경험이나 미래 계획을 시제에 맞게 사용하도록 가르치고 2급에서 간접화법과 반말을 가르치며 3급에서 피사동 지식과 구어체 축약 표현을 익히도록 한다. 이러한 지식이 없는 학습자는 해당 등급에 배치되어 관련 표현을 익히며 숙달도를 높이게 된다. 4급 이상 학습자는 문법 관련 지식보다 관용 표현이나 속담, 시사 주제 관련 어휘 지식의 정도로 평가되고 분반되기도 한다.

초급 한국어 교육과정에서는 개개 문형의 함의를 분석적으로 가르치고 활용시킨다. '-고, -어서, -니까, -는데, …' 등이 가진 고빈도 용법을 배우고 나서 제2, 제3 용법을 배우도록 구조화한 것도 한국어 문법 지식이 가진 위계성이다. 3급 이상에서는 단일 형태소들을 결합한, 복합적 의미 표현 방식을 배우게 된다. 학습자가 생성하는 문장의 '주+술 복잡도'로도 한국어 초급과 중급 능력 수준에 대한 가늠이 가능하다. 한국어 숙달도가 높아질수록 한 문장 안에 두세 개의 주술 관계를 문법적 오류 없이 사용하게 되기 때문이다. 한국어 문형 구조가 가진 이러한 위계성은 연세대학교 한국어학당이 개발한 IBT 한국어 시험의 쓰기와 말하기 수행 평가의 채점 준거에도 반영되었고 듣기와 읽기 문항 텍스트를 구성하는 데에도 급별 난이도 기준으로 참조되었다.

2.2. 주제 어휘 배열의 체계성

학습자 친화형 한국어 평가 도구는 수준별 자기주도학습 콘텐츠 제공을 목표로 하기 때문에 학습자의 언어 지식수준 파악이 중요하다. TOPIK도 34회 시험(2014년 4월) 이전까지는 어휘·문법 시험을 쓰기 시험과 별개 영역으로 출제하고 그 이해 정도로써 초·중급 학습자의 숙달도를 변별하였다. 한국어 학습자가 많아지고 의사소통 기능에 대한 실제적 평가 요구가 커지면서 어휘·문법 지식 측정 문항을 듣기와 읽기 같은 이해 영역 안으로 옮겨 넣었지만 여전히 한국어교육 기관에서 특정 어휘와 문법에 대한 이해도는 학기 시작 전에 학습자의 한국어 숙달도를 평정하는 근거로 쓰인다.

한국어 교육과정의 주제 어휘장은 문법 지식 체계와 동일하게 등급별로 제시 기준이 체계화되어 있다. 일상생활 관련 고빈도 어휘로부터 학업 및 직장 생활 관련 저빈도 전문용어에 이르기까지 급별로 약 1,000여 개씩 어휘 지식이 누적되어 가는 체계이다. 특히 중급 이후로는 교육 기관별로 한자 어휘 학습량이 많아지는 데다가 한자성어와 속담 등 관용 표현 관련 지식이 4급이나 5급 등 특정 등급의 유표적 판단 기준이 되기도 한다. 어휘 학습량이 많아지면서 유사어와 반의어, 접사 관련 파생어와 합성어, 연어 관계 등 지식도 한국어 숙달 수준을 가늠하는 기준이 된다.

2.3. 담화 기능 구인의 상보성

연세대학교 한국어학당이 개발한 시험에서 응시자의 최종 한국어 숙달도 점수는 주제 어휘 및 문형 표현 지식에 대한 1개 언어 지식 영역과 듣기, 읽기, 쓰기, 말하기 등 4개 기능 영역의 능력 지표가 합산되어 평정된다. 이러한 5개 측정 영역에서 고르게 일관된 숙달 수준을 갖춘 응시자에게는 5개 영역의 개별 성취 수준과 총괄 성취 수준을 그대로 고지하면 된다. 하지만 만약 동일 등급 내에서 판정된 세부 내역이 '어휘·문법 3급 상, 듣기 3급 중, 읽기 3급 중, 쓰기 3급 중, 말하기 3급 하'로 상이하다면 총괄 성취 수준을 사정할 기준이 필요하다. 따라서 평가 시스템을 프로그래밍할 때 각 급 하 수준의 명목 척도는 60점, 중 수준은 75점, 상 수준은 90점의 서열화된 점수 변환 단계가 필요하다.

5개 측정 영역별로 판정받은 등급의 편차가 아주 큰 계승어 학습자의 총괄 점수 사정 상황에서 이러한 문제는 좀 더 복잡해진다. 예를 들어 '어휘·문법 2급 하, 듣기 4급 중, 읽기 1급 상, 쓰기 3급 중, 말하기 5급 중'으로 판정받은 응시자의 경우 개별 영역의 성취 수준을 그대로 고지함으로써 부족한 영역을 집중적으로 학습하라고 동기 부여할 수 있다. 하지만 총괄 숙달도 수준을 과연 몇 급으로 사정해 주어야 할 것인가의 문제는 간단하지 않다.[6] 고부담

---

6) 한국어 교육기관 내 면대면 편입시험에서는 학습자의 학습 동기나 장단기적 목적, 학습 가능 기간 등을 고려하여 응시자에게 최적의 분반을 배정해 준다. 말하기만 유창한 교포에게는 어휘, 문형 지식을 강화할 분반으로, 독학으로 어휘, 문형 지식의 이해만 높여 온 학습자에게는 말하기와 듣기 등 구어 능력을 강화할 수 있는 분반으로 배정한다는 암묵적 기준이 있다.

시험의 판정 결과는 대학 입학이나 직장 내 수당 여부 등에 영향을 미치므로 이해 영역이나 표현 영역 등 특정 점수를 우선했을 때 상대적 차별을 초래할 수도 있기 때문이다. 이러한 문제를 해소하기 위하여 동일 등급 내 상중하 수준 평정의 원리를 등급 간 평정 원리에도 동일하게 적용할 필요가 있다. 구체적인 구현 양태는 평가 시스템 개발 과정에서 심도 있게 논의될 것이다.

3. 자기주도학습 아카이브와의 결합

평가 본연의 역할인 진단과 피드백 기능을 제대로 수행하려면 한국어 평가 도구와 자기주도학습 아카이브와의 연계 개발이 필요하다. 아카이브(Archive)란 보존할 가치가 있는 정보, 데이터, 기록 등을 저장하는 장소 또는 방법 또는 그 자체를 의미한다(이희재, 2004: 233). 아카이브에 저장된 데이터는 보관만 하는 것이 아니라 기관 운영을 위하여 전시하는 경우도 있고 축적된 데이터를 학문적 연구, 교육적 분야, 연구 방면 등에 유용하게 활용하기도 한다. 아카이브 자료는 웹 사이트에서 단순 검색되는 자료가 아닌, 전문적으로 검증되고 체계적으로 구성된 콘텐츠이므로 교육자 및 연구자, 학습자들에게 매우 유용한 자료가 된다.

한국어 숙달도를 타당하게 진단받은 학생이 총괄 등급 수준에 비추어 상대적으로 부족한, 세부 기능 영역을 체계적으로 강화하고자 할 때, 혹은 학습자가 현재 속한 국내외 교육기관에 수준별 읽기나 듣기 텍스트가 충분하지 않을 때 이들의 자기주도학습을 독려할 공개된 학습 아카이브가 현재 한국어 교육계에는 많이 부족하다.[7)]

7) 현재 교사들은 단원 주제에 따라 네이버 주니어의 애니메이션 콘텐츠나 국립국어원의 한국어 교수학습 샘터 게시물, 세종학당이 개발한 앱, 유튜브 동영상 등에서 적합한 수업 자료를 찾는 데 많은 시간을 들인다. 학습자도 복습용 콘텐츠가 충분치 않으므로 공책에 손글씨로 작성한 숙제를 제출하고 피드백을 받는데 이러한 피드백 역시 수업 시간 외 업무로서 교사에

다양하고 풍부한 디지털 콘텐츠를 장기적으로 저장, 보존하고 활용, 운영하기 위해서는 플랫폼이 필요하다. 플랫폼을 기반으로 운영한다면 다양한 형식의 교수학습 콘텐츠를 손쉽게 생산, 제공할 수 있다. 시공간을 초월하여 학습 기회를 확장하는 온라인 강의 및 원격 교육도 가능하다. 교수학습 자료를 아카이빙하여 학습자의 자기주도학습도 장려할 수 있다. 학습자는 자신의 수준과 필요에 따라 맞춤형 학습 경로를 선택하고, 플랫폼은 사용자의 진행 상황을 추적하고 적절한 콘텐츠를 추천하여 개인화된 학습을 제공할 수 있다. 사용자 간의 원활한 상호작용과 피드백을 통하여 학습자 간의 상호작용을 촉진하고 심화학습, 개별학습을 무한으로 제공하여 학습 효과를 극대화할 수 있게 되는 것이다(조인옥, 2023: 82).

언어학과 역사학 분야에서 아카이브 활용 교육이 활발한 데 비하여 한국어 교육 분야에서의 아카이브 관련 연구는 2020년 즈음해서야 논의가 시작되었다. 한국어교육에의 활용을 위해 공공 방송콘텐츠 아카이브 구축의 필요성이 주장되었고(노진선미, 2018) 한국어 아카이브를 활용한 학습자 맞춤형 한국어 읽기 학습 모델이 제안되었다(조인옥, 2019). 또한 노래를 활용한 한국어 수업을 위하여 아카이브 구축의 필요가 제기되기도 했고(이영준, 2020) 한국어교육 아카이브의 세부 구성 요소가 제안되기도 했다(김유진, 2023). 나아가 아카이브를 통하여 모듈화된 교수학습 콘텐츠로 학습자 맞춤형 학습 모델을 제안한 연구도(조인옥, 2023) 이어지고 있다.

아카이브에서는 물리적으로 실재하는 교실에 비해 무한에 가까울 정도의 충분한 학습이 가능하며 학습자의 인지 수준별 맞춤형 학습도 가능하다. 아카이브와 연동된 진단 평가나 숙달도 평가 시스템을 통해 학습자는 최적의 수업을 추천받을 수 있고 자기 수준을 정확하게 확인받을 수 있으며 이후 해당 아카이브 안에서 다양한 학습 활동을 경험하고 성취도 평가와 피드백을 받게

게는 부담이 될 수 있다. 웹 기반 학습 자료 아카이브가 개발되면 학습자와 교사 모두에게 이런 점에서 편이를 제공할 수 있을 것이다.

된다. 또한 평가와 피드백을 받는 것에서 그치지 않고 그로 인해 발견된 자신의 부족한 영역이나 관심 있는 부분의 반복 학습, 심화 학습, 보충 학습을 원하는 만큼 할 수도 있다.

요컨대 한국어 수준, 주제, 담화 맥락 등 다양한 범주로 세분화된 콘텐츠가 아카이빙되어 교육 전문 플랫폼에 탑재된다면 학습자 주도의 학습과 평가가 구동 가능해지는 것이다. 그뿐만 아니라 소통과 공유의 기능을 강화한 플랫폼 기반 평가 서비스 실시로 이용자 간의 연결도 용이해질 것이다. 서로 간의 학습 경험 및 데이터의 공유 그리고 자유로운 소통의 장이 열리면서 학습자의 능동적인 참여가 활발해지고 이는 평가자의 일방적인 평가 결과 전달에서 종료되는 것이 아닌, 학습자 간의 상호 피드백과 의견이 다시 평가에 반영되는 순환적이고 발전적인 루프의 시작점이 될 것이다. 자기주도학습 아카이브가 고려해야 할 사항은 다음과 같다.

3.1. 숙달도 등급별 학습 자료 배분

연세대학교 한국어학당은 1959년부터 한국어 수준별로 6개 등급의 교육과정을 운영해 오면서 방대한 규모의 어휘·문법, 읽기, 듣기, 쓰기, 말하기, 한자, 활용연습, 비즈니스, 시사 관련 서책을 출간하였고 중간, 기말 성취도 평가 자료와 기능별 연습 자료들을 개발해 사용 중이다. 이러한 아날로그 자료를 국제적인 외국어 시험의 등급 기준에 맞추어 수준별로 배치하고 플랫폼에 공개함으로써 학습자 접근성을 높이고자 한다. 즉, 특정 등급의 200시간 교수 자료를 선조적으로 정리한 뒤 첫 100시간 자료는 해당 등급의 하 수준으로, 이후 100시간 자료는 상 수준으로 구분해 제공함으로써 학습자가 본인의 일정과 진단받은 수준에 맞춰 자습하게 하는 것이다.[8] 이러한 디지털 아카이브는

8) 한국어 교육기관은 법무부의 유학생(D4) 비자 발급 요건에 따라 10주 160시간 이상 시수 동안 1개 등급을 가르치고 5주 단위로 성취도 평가를 실시하여 학습 동기를 북돋운다. 개강일

국내외 교수자에게 유용한 수업 교구로 기능할 수 있다. 특정 어휘나 문형과 연계된 듣기, 읽기, 쓰기, 말하기 자료를 다양하게 활용할 수 있기 때문이다.

연세대학교 한국어학당이 시험의 각 회차별로 어휘·문법 60개 문항과 듣기와 읽기 각 36개 문항, 쓰기와 말하기 각 6개 문항씩을 36세트로 개발하여 총 5,184개 문항의 문제은행을 구축한 이유는 학습자가 원할 때마다 응시 기회를 제공해 그 성취 수준을 변별해 주고 자기주도학습 동기를 강화하기 위함이다. 한국어 시험의 등급 위계와 연계된 자기주도학습 아카이브를 구축함으로써 체계적으로 한국어교육을 받을 기회가 적었던 독학자들에게 양질의 자습용 콘텐츠를 저렴하게 제공할 수 있다.

3.2. 지식 영역과 기능 영역의 구획

한국어 시험과 연동되는 학습용 아카이브에서는 플랫폼의 체계적 설계가 중요하다. 어휘·문법 관련 지식과 4개 기능 영역 숙달도를 확인받은 학습자에게 각 영역별로 1건씩의 맛보기 자료를 선보이고 추가 콘텐츠는 유료 구독 서비스로 이용하게 하는 시스템을 고려할 수 있다.[9] 각 급의 어휘, 문법 등 2개 지식 영역과 듣기, 읽기, 쓰기, 말하기 등 4개 기능 영역의 총 6개 자료 아카이브 셀에는 '등급_영역_개수'로 명명된 자료가 1부터 n까지 순차적으로 축적되고 개별 과제의 완수 여부는 별도 LMS의 학습 진도표로 표시된다. 다음은 한국어 시험과 연동된 학습용 아카이브 구조의 예시이다. 왼쪽 열에 기재된 각 급은 다시 6급 상하, 혹은 6-1, 6-2 등으로 구분될 것이다.

에서 종강일로 가면서 동일 등급 내 주제 어휘 및 문형 표현의 난이도를 높여 가는 방식이다. 이론적으로는 특정 등급의 종강일과 가까운 날에 TOPIK을 치를수록 해당 등급에서 고득점할 가능성이 크다고 볼 수 있다.

9) 콘텐츠 이용료 납부는 이용 기간에 따른 환불 정책 등 다양한 변수를 고려하여 더 자세한 계획 수립이 필요하다.

TITLE	어휘	문법	듣기	읽기	쓰기	말하기
6급	6어1~6어n	6문1-6문n	6듣1-6듣n	6읽1~6읽n	6쓰1-6쓰n	6말1-6말n
5급	5어1~5어n	5문1-5문n	5듣1-5듣n	5읽1~5읽n	5쓰1-5쓰n	5말1-5말n
4급	4어1~4어n	4문1-4문n	4듣1-4듣n	4읽1~4읽n	4쓰1-4쓰n	4말1-4말n
...	...	...	...	...	...	...

〈그림 5-2〉 디지털 아카이브의 파일명 체계

〈그림 5-2〉의 오른쪽 2개 열, 즉 쓰기와 말하기 활동은 각 영역 전문가의 피드백을 받자면 별도 비용이 발생한다. 그런데 운영 기관이 이러한 시스템을 유지, 관리하는 데 비용 부담이 크다면 학습자에게 장기적으로 양질의 서비스를 제공하기 어렵다. 이러한 문제를 해결하려면 학습용 아카이브 안에서 학습자들 사이에 활발한 피드백이 일어나게 할 장치가 필요하다. 만약 쓰기 결과물에 대한 동료 평가용 온라인 플랫폼을 구축할 수 있다면 다음과 같은 절차를 가정해 볼 수 있다. 〈그림 5-3〉은 Thomas Staubitz et. al.(2016)의 연구를 참조하여 학습자가 제출한 과제물을 동료 평가 트랙에 배치하는 시스템을 예시한 것이다.

제출 기한 내에 과제가 제출되면 ① 동료 평가를 전혀 받지 않은 과제물을 우선 배치한다. ② 첫 검토자에게 보너스 점수를 주어서 과제마다 필수 검토자 수를 줄여 나간다. ③ 필수 검토자 수를 고르게 늘리면서 동료 평가를 계속 진행한다. ④ 6시간이 경과하는 동안 기준 이상의 평균 점수를 받은 과제 수행자에게 보너스 점수를 주는 것으로 과제 피드백 루프를 종료한다. [④ 과제 제출자에게 수정할 기회를 준다. ⑤ 수정고를 제출하면서 자기 글을 스스로 평가한 과제 수행자에게 보너스 점수를 줌으로써 과제 피드백 루프를 종료한다.] 마지막 ④와 ⑤ 단계는 선택적인 것으로서 자기주도학습 동기가 강한 학습자를 위한 배려이다.[10)]

10) 웹 공간을 문어적 소통에 활용하려면 한글 자모 교육 이후 한글 자판의 타자 교육도 필요하다.

이때 시스템으로 구현될 동료 평가 문항 내용은 [부록 8]과 같이 객관적 채점이 가능하도록 주관적 해석을 최대한 배제하는 준거여야 한다. 동료 평가 문항 구인의 요건은 '① 채점자 변인을 최소화할 문항을 위주로 한다. ② 등급 판정 목적이 아닌, 이후 과제 착수 시점의 학습자 능력을 향상시킬, 평가의 긍정적 환류 효과를 목적으로 한다. ③ 피평가자뿐만 아니라 평가자에게도 유의미한 학습 활동이 되어야 한다.'로 요약된다. 동일 과제를 수행한 동료의 글을 평가하는 동안 쓰기 결과물에 대한 감식안을 높여서 향후 본인의 다른 과제 수행 능력을 진작하기 위함이다.

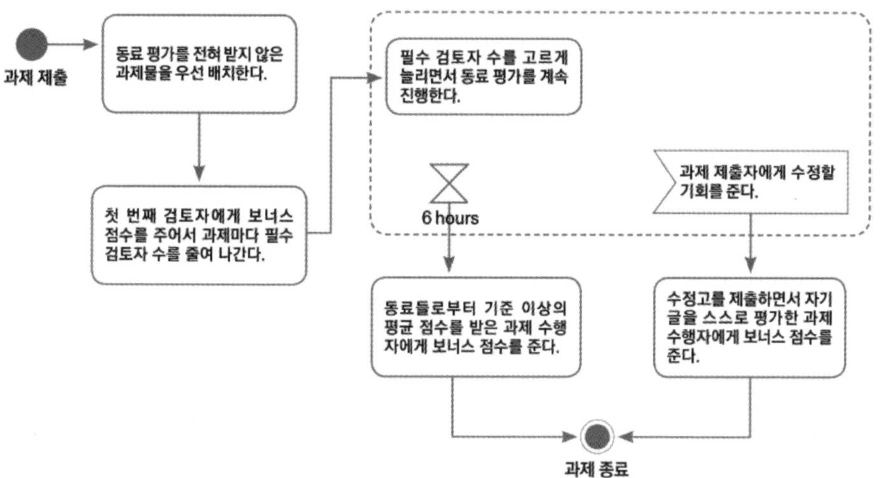

〈그림 5-3〉 동료 평가를 위한 과제 배치 시스템 예시(김성숙, 2016: 233)

자동 채점 기술이 발전하고 온라인 평가가 일반화되는 추세를 감안하지 않더라도 벌써 손글씨가 아닌 전자 문서 작성 방법이 학문적, 직업적으로 더 실제적인 의사소통 수단이 되었다.

3.3. 시청각 에듀테인먼트 요인 개발

학습용 아카이브는 학습 기종에 상관없이 디지털 학습 자료가 적절한 화면 사이즈로 재구성되는 웹 반응형 화면을 기본으로 하되, 접근성과 작업성이 용이하고 보상 체계가 매력적이어야 한다. 접근성 면에서는 신체적 장애 여부에 관계없이 콘텐츠 이용이 가능하도록 음성 지원을 병행하고 화면 확대 기능을 탑재해야 한다. 모든 학습용 콘텐츠는 급별 주제 어휘 분류 체계에 따라 코딩되는 한편 목표 문형 목록 값으로도 코딩되어 검색 대상이 되어야 한다. 예를 들어 검색창에 '일상생활 관련 읽기'라고 써 넣으면 1급부터 6급까지 '일상생활'을 주제로 한 읽기 텍스트가 특정 어휘 등급 및 해당 텍스트에 쓰인 문형 목록 정보와 함께 추출되어 보이는 구조이다.

작업성 면에서는 정답 고르기, 선 긋기, 끌어다가 붙여 넣기(drag and paste) 등 바로바로 정답 확인이 가능한 시스템이 관리자와 이용자 모두에게 선호된다. 말하기 과제는 휴대전화로 녹음한 것을 바로 업로드하고 동료나 교사 피드백을 받을 수 있는 시스템이 필요하다.

쓰기 과제 활동은 말하기 과제의 음원 채록 절차보다 더 다양한 접근법이 고려되어야 한다. 먼저 여러 가지 사정으로 디지털 기기 사용에 제약이 있는 학습자를 위해서는 사이트에 게시된 원고지 양식을 출력하여 혹은 본인이 가진 공책 등 종이에 검은색 필기구로 가독성 높게 글을 쓰도록 지도하고 작성이 끝나면 원고지나 공책 등 종이를 사진 찍어 제출하게 하는 방법이 있다.

만약 학생이 다양한 전자기기를 활용 중이라면, 키보드로 작성한 전자 문서뿐 아니라 태블릿에 전용 펜슬로 작성한 이미지 텍스트도 업로드 가능해야 한다. 고도화된 사양(仕樣)에서는 말하기와 쓰기 자료 모두 STT(speaking to text) 혹은 TTS(text to speaking) 등 텍스트 변환 장치가 있어야 하고 평가자의 코멘트가 필요한 부분에 클릭과 메모 달기 기능이 지원되어야 한다.

이용자가 사이트에 머무른 시간과 그 시간 동안 성취한 수준에 대해서도 적절하게 심미적 보상이 필요하고 이러한 보상 체계가 흥미롭고 환금성이 높을수록 학습 유인도가 높다. 이에 많은 학습용 웹사이트는 방문 횟수나 획득 점수에 따라 식물, 아바타, 캐릭터 등을 키우고 꾸미는 과정을 설계하기도 한다. 사이트 내 활동 이력에 따라 수강료를 할인하는 등의 환금 절차는 더 적극적인 유인책이 된다. 학습자가 자기 아래 등급의 학습자가 작성한 말하기 및 쓰기 게시물에 대해 조언하는 멘토 행위에 적절한 보상이 이루어진다면 학습자 간에 더 적극적인 상호작용을 유도할 수 있다. 이와 같이 말하기 과제 활동의 내용에 대해서는 동료 및 교사 피드백을 받도록 설계하고 발화 지속 시간 대비 발화된 음절 수를 계산하여 유창성을 자동으로 확인해 주는 시스템을 개발하면 학습자들에게 유용한 자가 점검 지표가 될 수 있다.[11)]

11) TOPIK 말하기 평가 문항 개발을 위한 예비 연구에서 한국어 등급별 말하기 수행 점수 변인을 밝힌 장미미(2017: 203)의 연구를 보면 전 급에서 '발화 속도'가 가장 큰 변인이고, '어휘 다양도'나 '오류율', '발화 간 휴지 길이'도 유의미한 변인이었다. 이 중에서 어휘 다양도나 오류율은 채점자의 판단이 요구되지만 발화 속도는 시스템 개발로 측정이 가능하다. 따라서 말하기 평가로 누적된 데이터가 많아지면서 급별로 유의미한 발화 속도 구간을 설정할 수 있다면 말하기 기계 채점에 획기적인 전기가 마련될 것이다. '휴지 길이'와 '발화 속도'는 반비례하므로 휴지 길이를 따로 계량할 필요는 없다.

〈표 5-1〉 문학 2~7에서 문항 점수에 가장 많은 영향을 미치는 요인들

집단	1	2	3	4
문항 2(초급 과제)	발화 속도	오류율	어휘 다양도	어휘 밀도
문항 3(초급 과제)	발화 속도	어휘 다양도	휴지 길이	
문항 4(중급 과제)	발화 속도	오류율	어휘 다양도	
문항 5(중급 과제)	발화 속도	어휘 다양도		
문항 6(고급 과제)	어휘 다양도	발화 속도	어휘 밀도	
문항 7(고급 과제)	어휘 다양도	오류율		

참고문헌

강수정(2017), 한국어 평가연구의 역사적 고찰, 언어와 정보 사회 31, 5~63쪽, 서강대학교 언어정보연구소.

강승혜 외(2006), 한국어 평가론, 태학사.

강승혜 외(2019), 2019년 세종학당재단 숙달도 평가 도구 개발 연구 사업 최종보고서, 세종학당재단.

강승혜·강명순·이영식·이원경·장은아(2006), 『한국어 평가론』, 태학사.

곽지영·김미옥·김제열·손성희·전나영·정희정·조현선·한상미·한송화·황인교(2007), 한국어 교수법의 실제, 연세대학교 출판부.

김경선(2022), 2021년 한국어능력시험(TOPIK) 말하기 평가 시범 시행 결과 분석, 국제한국어교육학회 춘계학술발표 논문집, 2022권, 322~342쪽, 국제한국어교육학회.

김성숙(2016), 온라인 대중 공개강좌(MOOC) 한국어 수업에서 학습자 참여형 쓰기 평가의 효용성, 대학작문 18집, 223~246쪽, 대학작문학회.

김성숙·정희모(2009), 내·외국인 학생 간의 작문 수정 결과 비교, 국어국문학153호, 377~416쪽.

김성숙·정여훈·조인옥·한상미(2024), IBT 한국어 숙달도 평가 도구 개발의 원리, 외국어로서의 한국어교육

김성숙·정여훈·조인옥·한상미·김미옥·황지선·장혜정·최혜영·김영은·주혜림·이언숙·손은경·김선영·박혜란·심혜선·민지숙·박영희·송다금·백초롱·정송이·이혜리·나윤하·송미현(2022), 연세 온라인 한국어 평가 문제은행 개발 연구 최종 보고서, 연세대학교 언어연구교육원 한국어학당.

김성숙·정여훈·조인옥·한상미·박경희·박혜란·임지숙·정지은·송미현(2023), 한국어 평가 전문 교원 양성 교육과정 및 워크숍 모형 개발 연구 최종 보고서, 연세대학교 언어연구교육원 한국어학당.

김성숙·조인옥·박유현·박지원·안기정·이경하·이복자·이윤주·장선희·전지인·유종혁(2020), 연세 한국어 온라인 평가 도구 개발 최종 보고서, 연세대학교 언어연구교육원 한국어학당.

김유정(1999), 한국어 능력 평가 연구, 고려대학교 박사학위논문.

김유정(2020), 언어 평가와 한국어 평가, 도서출판 지식과교양.

김유진(2023), 한국어 교육 디지털 아카이브의 구성요소 제안, 한국외국어대학교 대학원 석사학위논문.

김은실·강승혜(2019), 한국어교육 평가 관련 연구동향 분석: 동시출현단어 분석을 중심으로, 한국어교육 30(3), 1~20쪽, 국제한국어교육학회.

김은호·성지연·김서형 역(2018), 제2언어 교실에서의 문법 교육: 의사소통 맥락에서 형태 초점 교수 통합하기, 한국문화사(Hossein Nassaji & Sandra Fotos, 2011, *Teaching Grammar in Second Language Classrooms-Integrating Form-Focused Instruction in Communicative Context*, Routledge Inc.).

김재덕(1988), 청해능력과 발화능력의 시험과 평가: 외국어로서의 한국어교육을 중심으로, 연세대학교 교육대학원 석사학위논문.

김재상(2017), 인간과 인공지능 기기의 상호작용이 EFL 환경에서 초등학생들의 협업적 언어 습득에 미치는 영향, 광주교육대학교 석사학위논문.

김주훈·동효관·송미영·남민우·김미영·최원호·이재봉·주지은·이은경·김지윤(2010), 문항의 배점 결정요인 및 타당성 분석, 교육과정평가연구, 13(2), 197~218쪽.

김중섭 외(2017), 2017년 국제 통용 한국어 표준 교육과정 적용 연구(4단계) 어휘, 문법 등급 목록, 국립국어원.

김지영(2018), 한국어 말하기 평가 채점자의 채점 경향 연구, 연세대학교 일반대학원 석사학위논문.

김혜영·신동광·양혜진·이장호(2019), 영어교과 보조 도구로서의 AI 챗봇 분석 연구, 학습자중심교과교육연구 19(1), 89~110쪽, 학습자중심교과교육학회.

노대규(1983), 외국어로서의 한국어 시험과 평가, 이중언어학 1, 39~170쪽, 이중언어학회.

노대규(1996), 한국어의 입말과 글말, 국학자료원.

노진선미(2018), 한국어교육을 위한 공공 방송콘텐츠 저작권 정책의 방향성 연구: 아카이브 구축을 중심으로, 경희사이버대학교 문화창조대학원 석사학위논문.

민덕기(2019), 초등영어 예비교사들의 AI 챗봇 개발 활동 연구, 초등영어교육 25(4), 169~190쪽, 한국초등영어교육학회.

박규준(2010), 인지적 도제 이론을 활용한 학술적 글쓰기 교육론, 우리말글 50집, 83~106쪽.

박영목(1999), 작문 능력 평가 방법과 절차, 국어교육 99호, 한국국어교육연구회, 1~29쪽.

박영민(2009), 인문계 고등학교의 쓰기 지식과 쓰기 수행의 상관 및 성별·학년별 차이 연구, 국어교육 128.

박정아·이향(2021), 한국어 교육용 AI 챗봇 빌더 활용 방안 연구, 외국어로서의 한국어교육, 63집, 51~91쪽, 연세대학교 언어연구교육원.

백영균(1999), 웹기반 학습의 설계, 양서원.

서영민(2020), 한국어 말하기 평가 문항 개발을 위한 영어권 말하기 평가 비교 연구: 주제 및 유형을 중심으로, 연세대학교 교육대학원 석사학위논문.

성태제(2005), 『교육연구방법의 이해』, 학지사.

성태제·시기자(2006), 『연구방법론』, 학지사.

신동광(2019), 영어 쓰기 능력 향상을 위한 AI 챗봇 활용 방안 탐색, 교원교육 35(1), 41~55쪽, 한국교원대학교 교육연구원.

양세정(2023), 한국어능력시험(TOPIK) 말하기 평가 분석과 응시자 피드백 고찰, 어문론집 제95집, 533~566쪽, 중앙어문학회.

원진숙(1994), 작문 교육의 이론적 기초와 방법론 연구 - 논술문의 지도와 평가를 중심으로, 고려대학교 박사학위논문.

이경·성아영(2021), 한국어 말하기 평가 연구 동향 분석, 한국언어문화학, 제18권 제2호, 199~245쪽, 국제한국언어문화학회.

이영준(2020), 한국어 교육을 위한 노래자료 아카이브 구축 설계 연구, 제주대학교 교육대학원 석사학위논문.
이용상·신동광(2020), 원격교육 시대의 인공지능 활용 온라인 평가, 학습자중심교과교육연구, 제20권 14호, 389~407쪽, 학습자중심교과교육학회.
이은하(2007), 학문 목적 한국어 학습자의 쓰기 수행 평가를 위한 분석적 채점 척도 개발, 이화여자대학교 석사학위논문.
이해영(2006), 구어의 특징과 구조, 새국어생활 제16권 제2호, 국립국어연구원.
이희경·강승혜·김미옥·김제열·정희정·한상미·황인교(2002), 한국어 성취도 평가 문항 개발 연구, 외국어로서의 한국어교육 27집, 341~416쪽, 연세대학교 언어연구교육원 한국어학당.
이희재(2004), 아카이브의 효율적인 운영과 정리에 관한 연구, 한국문헌정보학회지, 38(4), 231~249쪽, 한국문헌정보학회.
임인재(1993), 심리 측정의 원리, 교육과학사.
장미미(2017), 한국어 학습자의 언어 능력에 대한 연구: 말하기 평가 점수와의 관계를 중심으로, 연세대학교 박사학위논문.
장은아(2011), 한국어교육 평가 연구, 이중언어학 47, 351~382쪽, 이중언어학회.
전나영·한상미·윤은미·홍윤혜·배문경·정혜진·김수진·박보경·양수향(2007), 한국어 말하기 능력 평가 도구 개발 연구, 외국어로서의 한국어교육 제32집, 259~338쪽, 연세대학교 언어연구교육원 한국어학당.
정희모·김성희(2008), 대학생 글쓰기의 텍스트 비교 분석 연구, 국어교육학연구 32집, 393~426쪽.
정희모·김성숙·유혜령·서수현 역(2017), 쓰기 평가, 글로벌콘텐츠(Sara Cushing Weigle, 2001, *Assessing Writing*, Assessing Series, Cambridge University Press).
조인옥(2019), 한국어 학습자의 자기 주도형 학습 모델의 모색: 한국어 읽기 아카이브를 중심으로, 제49회 겨울 작문학회 발표 자료집, 23~37쪽, 한국작문학회.
조인옥(2023), 한국어 교육 아카이브 구축 및 활용 방안 연구, 국제한국언어문화학회(INK) 제36차 추계학술대회 발표 자료집, 74~89쪽, 국제한국언어문화학회.
지현숙·이혜란(2021), 한국어 말하기 시험의 구인과 과업에 관한 연구: 교실 평가를 중심으로, 외국어교육연구, 35(3), 117~132쪽, 한국외국어대학교 외국어교육연구소.

채선희·지은림·백순근·설현수 옮김(2003), 『문항반응이론의 이론과 실제: 외국어 수행 평가를 중심으로』, 서현사(Tim F. McNamara(1996), *Measuring second language performance*).

최길시(1991), 한국어 능력 검정 방안에 관한 연구, 연세대학교 교육대학원 석사학위논문.

추성엽·민덕기(2019). 영어 상호작용 촉진을 위한 과업 기반 AI 챗봇 활용 및 학생 발화분석, 초등영어교육 25(2), 27~52쪽, 한국초등영어교육학회.

한상미 외(2024), 한국어 말하기 평가론: 한국어 교원 및 예비 평가 전문가를 위한 말하기 숙달도 평가 안내서, 경진출판.

한상미(2009), 학문 목적 한국어 말하기 평가 연구: 대학 입학 전 과정을 중심으로, 한국어교육 제20권 1호, 207~238쪽, 국제한국어교육학회.

황상연·김두규·임병민·김정훈·이재무(1999), 웹을 기반으로 한 학습자 진단 및 조언 시스템 구현, 한국정보교육학회 동계학술대회 자료집, 193~201쪽, 한국정보교육학회.

황성은(2022), 인터넷 기반 한국어 성취도 평가 개발을 위한 ICT 활용 방안 연구: 온라인 세종학당 중급 성취도 평가를 중심으로, 이중언어학 제87호, 331~345쪽, 이중언어학회.

황지유·원미진(2019), 일반화가능도 이론을 적용한 한국어 말하기 숙달도 평가의 신뢰도 및 타당도 분석, 국제어문 제81집, 321~349쪽, 국제어문학회.

Bachman, L. F.(1990), *Fundamental Consideration in Language Testing*, Oxford: Oxford University Press.

Bachman, L. F.(1990), *Fundamentals of Language Testing*, Oxford: Oxford University Press.

Bachman, L. F., & Palmer, A. S.(1996), *Language testing in practice: Designing and developing useful language tests*, Oxford: Oxford University Press.

Blanton, Linda Lonon(1993), Readingas performance: reframing the function of reading. In Joan G. Carson & Ilona Leki(eds.), *Reading in the composition classroom:*

second language perspectives, Boston: Heinle and Heinle Publishers, pp. 234~246.
Brown, H. D.(1994), *Teaching By Principles*, Prentice Hall Regents.
Brown, H. D.(2007), *Principles of Language learning and teaching* (5th edition), Pearson Education.
Canale, M. & Swain, M.(1980), Theoretical Bases of Communicative Approaches to Second Language Teaching and Testing, *Applied Linguistics*, 1(1), pp. 1~47.
Canale, M.(1983), From Communicative Competence to Communicative Language Pedagogy, In J. C. Richards & R. W. Schmidt(eds.), *Language and Communication*, pp. 2~14, London: Longman.
Constance Hui Ling Tsai(2004), Investigating the Relationships Between ESL Writers' Strategy Use and Their Second Language Writing Ability, Unpublished dissertation, Columbia University.
Cummins, Jim(1985). Language proficiency, bilingualism, and academic achievement. In J. Cummins, *Bilingualism and special education: issues in assessment and pedagogy*, San Diego, CA: College-Hill, pp. 130~151.
Defort, Alyson Lefkowitz(2002), *Construction and validation of a Test of Writing Competency*, Temple University, pp. 8~10.
Deno, S. L., Marston, D., & Mirkin, P.(1982), Valid measurement procedures for continuous evaluation of written expression. *Exceptional Children*, 48(4), pp. 368~371.
Diederich, P. B.(1974), *Measuring growth in English*, Urbana, IL:NCTE.
Foster, D. & Russell, D.(2002), *Writing and learning in cross-national perspective: Transitions from secondary to higher education*, Urbana, IL: National Council of Teachers of English.
Freeman, Jennifer Maria(2007), The writing exam as index of policy, curriculum, and assessment: An academic literacies perspective on high stakes testing in an American university, Unpublished dissertation, University of Pennsylvania.
Gee, J. Paul.(1996), *Social Linguistics and Literacies: Ideology in Discourses*, Bristol, PA: Taylor and Francis, Inc.

Hamp-Lyons, L.(1991), Pre-text: Task-related influences on the writer, In L. Hamp-Lyons(ed.), *Assessing second language writing in academic contexts*, Norwood, NJ: Ablex.

Hamp-Lyons, L. & Condon, W.(2000), *Assessing the portfolio: Principles for practice theory and research*, Cresskill, NJ: Hampton Press.

Henning, Gran t& Davidson, Fred(1987), Scalar Analysis of Composition Ratings, In Bailey, K. M., Dail, T. L. and Clifford, R. T.(eds.), *Language testing research*, selected papers from the 1986 colloquium, Defense Language Institute, Monterey CA, pp. 24~38.

Herman, J. L., Gearhart, M. & Aschbacher, P. R.(1996), Portfolios for classroom assessment: Design and implementation issues. In R. Calfee and P. Perfumo (eds.), *Writing portfolios in the classroom: Policy and practice, promise and peril*, Mahwah, NJ: Lawrence Erlbaum Associates.

Houck, C. K. & Billingsley, B. S.(1989), Written expression of students with and without learning disabilities: Differences across the grades, *Journal of Learning Disabilities*, 22, pp. 561~572.

Huot, B.(2002), *(Re)articulating writing assessment for teaching and learning*, Logan: Utah State University Press.

Hymes, D.(1972), On Communicative Competence, In J. B. Pride and J. Holmes(eds.), *Sociolinguistics*, pp. 269~285, Harmondsworth: Penguin Books.

Hymes, D.(1974), *Foundations in Sociolinguistics: An Ethnographic approach*, Philadelphia: University of Philadelphia Press.

Jacobs, H. L., Zinkgraf, S. A., Wormuth, D. R., Hartfiel, V. F. andHughey, J. B.(1981), *Testing ESL composition: a practical approach*, Newbury House, Rowley MA.

Kim, N-Y.(2016), Effects of voice chat on EFL learners' speaking ability according to proficiency levels. *Multimedia-Assisted Language Learning*, 19(4), pp. 63~88.

Leslie, L. & Jett-Simpson, M.(1997), Authentic Literacy Assessment: An Ecological Approach, Addison-Wesley Educational Publishers Inc.

Linacre, J. M.(1989), *Many-faceted Rasch measurement*, MESA Press, Chicago IL.

Linacre, J. M.(2005), *A user's guide to FACETS: Rasch measurement computer program*, Version 3.57. Chicago, IL.

Lloyd-Jones, R.(1977), Primary trait scoring In C. R. Cooper and L. Odell(eds.), *Evaluating writing*, pp. 33~69. NY: National Council of Teachers of English.

Lunz, M. E., Wright, B. D. & Linacre, J. M.(1990), Measuring the impact of judge severity on examination scores, *American Measurement in Education*, 3(4), pp. 331~345.

Lynch, E., & Jones, S.(1989), Process and product: A review of the research on LD children's writing, *Learning Disability Quarterly*, 12. pp. 74~86.

Lyons, Hamp(1991), *Assessing second language writing in academic contexts*, Norwood, NJ: Ablex, pp. 241~278.

Mary Jett-Simpson, Lauren Leslie, Wisconsin Reading Association(2004), 원진숙 옮김, 『생태학적 문식성 평가』, 한국문화사.

Messick, S.(1995), Standards of validity and the validity of standards in performance assessment, *Educational Measurement: Issues and Practice*, 14(4), pp. 5~8.

Mullen, K.(1977), Using rater judgement in the evaluation of writing proficiency for non-native speakers of English, In Brown, H. D., Yorio, C. A. and Crymes, R. H.(eds.), *Teaching and learning English as a second language: trend in research and practice*, TESOL, Washington DC, pp. 309~320.

Murphy, S. & Camp, R.(1996), Moving towards systematic coherence: A discussion of conflicting perspectives in portfolio assessment. In R. Calfee and P. Perfumo (eds.), *Writing portfolios in the classroom: Policy and practice, promise and peril*, Mahwah, NJ: Lawrence Erlbaum Associates.

O'Sullivan(2012), Assessing Speaking, In Coombe et. al.(eds.), *The Cambridge Guide to Second Language Assessment*, pp. 234~246, Cambridge: Cambridge University Press.

Ojeda, J. H.(2004), English as a second language writing revisited: Grading timed essay responses for overall quality and global assets, Ph.D., University of Florida.

Schiffrin, D.(1994), *Approaches to Discourse*, Cambridge: Blackwell.

Song, B. & Caruso, I.(1996), Do English and ESL faculty differ in evaluating the essays of native English-speaking and ESL students?, *Journal of Second Language Writing*, 5(2), pp. 163~182.

Tadayon, F. & Ravand, H.(2016), Using grounded theory to validate Bachman and Palmer's(1996) strategic competence in EFL graph-writing, *Language Testing in Asia*, 6(1).

Thomas Staubitz, Dominic Petrick, Matthias Bauer, Jan Renz, Christoph Meinel(2016), Improving the Peer Assessment Experience on MOOC Platforms, Hasso Plattner Institute, Potsdam.

Tindal & Parker(1989), Development of Written Retell as a Curriculum-Based Measure in Secondary Programs, *School Psychology Review*, Vol. 18(3).

Trachel, M.(1992), *Institutionalizing literacy: The historical role of college entrance examinations in English*, Carbondale: Southern Illinois University Press.

Trosborg A.(1994), *Interlanguage Pragmatics*, New York: Mouton de Gruyter.

Vaughan, C.(1991), Holistic assessment: What goes on in the raters' minds? In L. Hamp-Lyons(Ed.), *Assessing second language writing in academic contexts*.

White, E.(1984), Holisticism. *College Composition and Communication*, 35(4), 400~409. Norwood, NJ: Ablex, pp. 111~126.

Widdowson, H. G.(1990), *Aspects of Language Teaching*, Oxford: Oxford University Press.

Wiseman, Cynthia, S.(2008), Investigating selected facets in measuring second language writing ability using holistic and analytic scoring methods, Unpublished dissertation in Teachers College, Columbia University.

Witte, S.(1983), Topical Structure and Revision : An Exploratory Study, *College Composition and Communication*, Vol. 34, No. 3.

Wolcott, Willa & Legg, Sue M.(1998), *An Overview of Writing Assessment: Theory, research, and practice*, NCTE, Urbana, IL.

IELTS Writing Key Assessment Criteria,

https://s3.eu-west-2.amazonaws.com/ielts-web-static/production/Guides/ielts-writing-key-assessment-criteria.pdf

[부록]

[부록 1] 쓰기 샘플 답안 채점지

쓰기 채점 결과 채점자 이름:						
응시자	평가 척도		1차 채점	2차 채점	전체	비고
1S	내용	적합성				
		풍부성				
	조직	응집성				
		체계성				
	표현	정확성				
		다양성				
		적절성				
3S	내용	적합성				
		풍부성				
	조직	응집성				
		체계성				
	표현	정확성				
		다양성				
		적절성				
5S	내용	적합성				
		풍부성				
	조직	응집성				
		체계성				
	표현	정확성				
		다양성				
		적절성				

[부록 2] 쓰기 샘플 1A ~ 6B 답안 채점지

쓰기 채점 결과 채점자 이름:						
응시자	평가 척도		1차 채점	2차 채점	전체	비고
1A	내용	적합성				
		풍부성				
	조직	응집성				
		체계성				
	표현	정확성				
		다양성				
		적절성				
1B	내용	적합성				
		풍부성				
	조직	응집성				
		체계성				
	표현	정확성				
		다양성				
		적절성				
1C	내용	적합성				
		풍부성				
	조직	응집성				
		체계성				
	표현	정확성				
		다양성				
		적절성				

쓰기 채점 결과

채점자 이름:

응시자	평가 척도		1차 채점	2차 채점	전체	비고
2A	내용	적합성				
		풍부성				
	조직	응집성				
		체계성				
	표현	정확성				
		다양성				
		적절성				
2B	내용	적합성				
		풍부성				
	조직	응집성				
		체계성				
	표현	정확성				
		다양성				
		적절성				
2C	내용	적합성				
		풍부성				
	조직	응집성				
		체계성				
	표현	정확성				
		다양성				
		적절성				
2D	내용	적합성				
		풍부성				
	조직	응집성				
		체계성				
	표현	정확성				
		다양성				
		적절성				

쓰기 채점 결과 채점자 이름:						
응시자	평가 척도		1차 채점	2차 채점	전체	비고
3A	내용	적합성				
		풍부성				
	조직	응집성				
		체계성				
	표현	정확성				
		다양성				
		적절성				
3B	내용	적합성				
		풍부성				
	조직	응집성				
		체계성				
	표현	정확성				
		다양성				
		적절성				
3C	내용	적합성				
		풍부성				
	조직	응집성				
		체계성				
	표현	정확성				
		다양성				
		적절성				

쓰기 채점 결과

채점자 이름:

응시자	평가 척도		1차 채점	2차 채점	전체	비고
4A	내용	적합성				
		풍부성				
	조직	응집성				
		체계성				
	표현	정확성				
		다양성				
		적절성				
4B	내용	적합성				
		풍부성				
	조직	응집성				
		체계성				
	표현	정확성				
		다양성				
		적절성				
4C	내용	적합성				
		풍부성				
	조직	응집성				
		체계성				
	표현	정확성				
		다양성				
		적절성				
4D	내용	적합성				
		풍부성				
	조직	응집성				
		체계성				
	표현	정확성				
		다양성				
		적절성				

쓰기 채점 결과 채점자 이름:						
응시자	평가 척도		1차 채점	2차 채점	전체	비고
5A	내용	적합성				
		풍부성				
	조직	응집성				
		체계성				
	표현	정확성				
		다양성				
		적절성				
6A	내용	적합성				
		풍부성				
	조직	응집성				
		체계성				
	표현	정확성				
		다양성				
		적절성				
6B	내용	적합성				
		풍부성				
	조직	응집성				
		체계성				
	표현	정확성				
		다양성				
		적절성				

[부록 3] 쓰기 시험용 600자 원고지

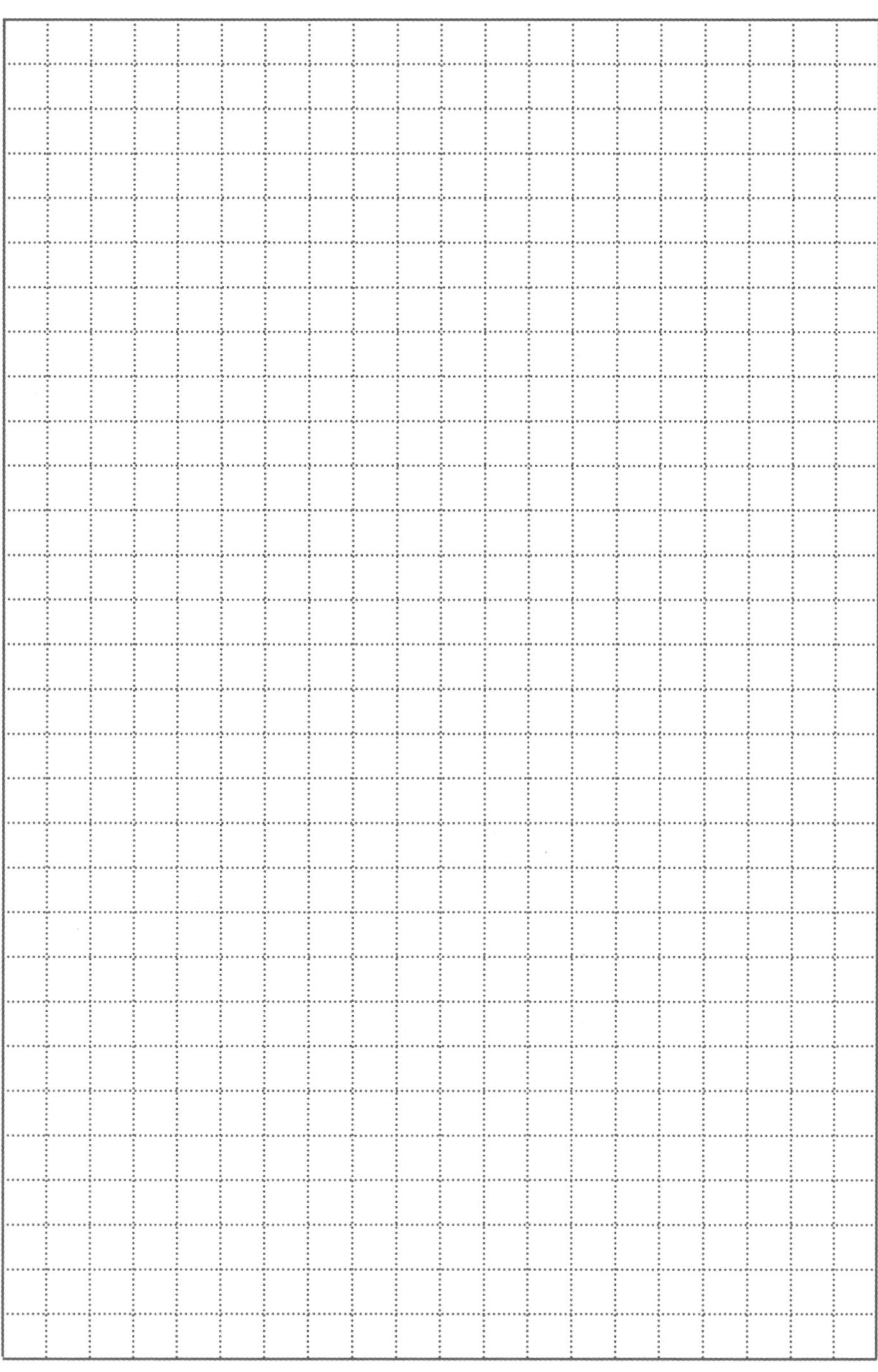

[부록 4] 국제 통용 한국어 표준교육과정의 등급별 주제 분류

중점등급	구분	항목
1	개인신상	이름, 전화번호, 가족, 국적, 고향
	주거와 환경	장소
	쇼핑	가격
	식음료	음료
2	주거와 환경	생활 편의 시설
	쇼핑	쇼핑 시설, 식품, 의복, 가정용품
	식음료	배달, 외식
	공공서비스	우편, 은행, 병원, 약국
	여가와 오락	휴일, 취미, 관심
	대인관계	편지
	교통	위치, 거리, 길
3	개인신상	성격, 외모
	주거와 환경	숙소, 방, 가구, 침구, 주거비, 지역, 동식물
	일상생활	가정생활, 학교생활
	식음료	음식
	공공서비스	전화, 경찰서
	여가와 오락	영화, 공연, 전시회, 박물관
	일과 직업	직장 생활
	대인관계	친구·동료·선후배 관계, 초대, 방문, 모임
	기후	날씨, 계절
	여행	관광지, 일정, 짐, 숙소
	교통	교통수단
4	개인신상	연애, 결혼, 직업
	주거와 환경	지리
	여가와 오락	라디오, 텔레비전, 독서, 스포츠
	일과 직업	취업, 업무
	건강	신체, 위생, 질병, 치료, 보험
	교통	운송, 택배
	교육	학교 교육, 교과목, 진로
5	개인신상	종교
6	사회	정치, 경제, 범죄, 제도, 여론, 국제 관계
	예술	문학, 음악, 미술
	전문분야	언어학, 과학, 심리학, 철학

[부록 5] 국내 대학 부설 한국어 교육 기관 교재의 1급~6급별 주제와 문화

1급

주제	인사(인사말, 통성명) / 소개(자기소개, 타인 소개, 이름, 국적, 고향, 직업, 취미) / 개인 정보(전화 번호) / 능력(개인의 능력, 재능, 운동, 악기) / 물건(교실 문구, 소지품, 방, 집, 학교 기계, 위치) / 장소(장소의 위치, 목적) / 공공장소(교내 장소, 우체국, 은행, 자주 이용하는 곳, 명소, 묻기와 찾기, 공공장소 이용) / 학교와 집(물건 이름, 장소, 위치) / 가족(가족 관계, 가족 소개) / 친구(친구 소개) / 고향 소개(날씨, 경치, 유명한 것) / 신체 증상(아픈 증세) / 병원, 약국(증상, 약 복용) / 학교생활(수업 일정, 동아리) / 한국생활(소감, 한 일과 못한 일, 편지) / 친구, 동료, 선후배 관계 / 쇼핑(장소, 가게, 물건의 질과 크기, 물건 값, 물건 사기, 물건 고르기, 산 물건, 전화주문, 쇼핑 경험) / 옷(옷 묘사) / 시장(친구와 시장가기) / 편지 / 음식(한식, 음료, 좋아하는 음식, 소개, 추천, 맛, 식당 안내, 음식 경험) / 요리 / 음식 주문(수량, 후식, 요구 사항, 음료 주문) / 집(집/기숙사 위치) / 주거(방 구하기, 좋은 점 비교) / 초대(생일 초대) / 방문(친구 집 방문) / 모임(장소 제안, 반모임, 계획) / 사회생활(영화 구경, 데이트 신청) / 약속(영화 등 제안, 약속 정하기, 변경, 확인) / 계획(방과 후, 주말, 휴가, 방학, 생일파티, 미래) / 전화(전화하기, 전화번호, 전화 바꿔주기, 약속, 메모, 예약, 모임 정보) / 교통(교통수단과 이용, 소요 시간, 택시 타기, 갈아타기, 표 예매, 관광코스) / 길 찾기(위치, 방향) / 하루 생활(시간과 하루 일과, 일상생활, 날짜, 요일, 하숙집 생활, 과거) / 일상생활(특정 일의 장소와 활동) / 외모, 복장 / 성격, 감정 / 날씨와 계절(소개와 비교, 계절 활동, 일기 예보, 여행지) / 날짜, 요일 / 생일(날짜, 생일 모임, 선물, 음식) / 크리스마스(모임 준비, 선물, 음식) / 공연과 감상 / 감사와 사과 / 직장 생활 / 취미(취미 활동, 동아리, 동호회, 경험) / 운동(횟수) / 개인적 관심사 / 한국어, 한글 소개 / 과거 일(어제 한 일, 일기, 못한/안 한 일과 이유) / 주말(주말 활동, 주말 계획, 주말에 한 일) / 여행(여행 경험, 관광 코스, 여행지 날씨, 숙박) / 휴일과 방학(하고 싶은 일, 계획)
문화	한국인의 인사말, 인사예절 / 한국인의 인사말(어디 가요?..) / 이름(결혼과 성) / 나이가 몇 살?(잦은 개인적 질문 이유)/ 겸손의 미덕 / 한국 안내 / 한국의 교육제도 / 젊은이의 거리 신촌 / 한국의 신분 확인 수단 / 서울의 역사문화관광 (경복궁) / 주말에 갈만한 곳 / 가족, 친족 호칭 / 주의할 호칭(너, 김 씨..) / 아줌마와 아저씨 / 한국의 약국 / 한국의 위치와 크기 / 쇼핑 명소 / 한국의 쇼핑(한 근, 덤..) / 한국의 돈(화폐 단위) / 숫자 읽기 / 백의민족, 한복(치마, 저고리..) / 신발 사이즈 / 한국의 식사 문화, 식사예절 / 한국인의 음식 인심 / 한국의 상차림, 식기 / 음식, 김치 / 음식주문(반찬 무료), 식 후 계산법 / 한국의 옛날 집, 온돌 / 신발 신고 들어가면 안 돼요 / 이사 떡(팥시루떡) / 한국의 방(방 문화) / 바람맞다 / 한국식 거절 (다음에, 생각해 보겠습니다..) / 한국인의 새해 계획 / 유용한 전화번호 / 한국의 통신 문화, 한국인과 휴대 전화 / 서울의 대중교통, 한국의 지하철 / 교통수단(버스, 비행기..) / 노약자석, 가마, 서울 관광 / 시간(다양한

	단어) / 한국인과 수, 숫자 4 / 주사위 게임 / '일이삼'과 '하나둘셋' / 손가락으로 숫자 세기 / 옛날의 일기예보 / 한국의 계절과 날씨(한국의 여름..) / 한국의 봄꽃, 장마와 황사 / 날짜와 요일 쓰는 순서 / 시간과 주소 쓰는 방법 / 생일 음식 (미역국) / 생일 축하 노래 / 돌과 회갑, 큰 생일잔치 / 나이와 존경(존대법, 기본예절) / 감사와 사과(고맙습니다...) / 한국 인의 여가활동, 한국인의 취미 생활(등산) / 태권도 / 한국 영화, 즐거운 노래방 / 한글과 세종대왕 / 한국인의 주말 활동 / 주부들의 주말 / 제주도

2급

주제	첫 만남(이웃과 인사, 동아리) / 자기소개(공식적/개인적, 이름, 연락처, 취미, 전공) / 개인정보 / 친구 소개 / 가족(소개, 사진 소개, 성격 비교, 옛날과 지금 비교) / 고향소개 / 집안일(이사, 세탁소 이용) / 병원, 약국, 치료(증상과 원인, 치료법, 진료 예약, 진찰 받기, 약 사기, 배탈, 감기) / 건강(상담, 스트레스 해소법, 다이어트) / 문제 상황과 조언(건강/일상 고민 상담) / 한국말 학습(학습 경험, 장소, 기간, 이유, 수업, 반 친구) / 한국생활(선생님과 상담, 생활 정보, 이메일, 처음과 지금, 계획, 결심) / 외국생활 / 학교생활(도서관 대출, 검색) / 친구, 동료, 선후배 관계 / 도움(동료 짐 정리) / 직장생활(회사 선택, 면접시험, 면접 정보) / 경험(휴가 경험, 회사 면접, 아르바이트) / 사건, 사고, 재해 / 공공장소(비자연장, 은행, 우체국, 도서관, 기숙사 규칙, 금지 사항) / 은행과 생활(환전, 통장과 현금카드 만들기) / 쇼핑(장소 추천, 소개, 물건 찾기, 사기, 산 물건 소개, 교환, 환불, 옷, 과일, 생선, 채소 사기, 옷 취향, 선물, 광고, 사용 후기) / 시장(물건 사기, 물건 주문) / 안부와 소식(모임, 작별 인사, 감사 편지, 추억) / 편지(받은 편지 이야기) / 음식(음식 소개, 먹는 법, 음식 권하기, 메뉴 정하기, 길거리 음식, 손님 초대 음식, 배달 주문, 식사예절) / 요리(장보기, 김치 담그는 법, 요리법) / 음식 주문(의향 묻고 주문, 소문으로 음식 추천) / 예약과 주문(비행기, 식당 예약, 전화 주문, 물건 주문) / 도시(도시의 특성, 고향 소개, 출장, 외국 생활) / 집(하숙집, 기숙사, 원룸 비교) / 주거(집구하기, 부동산 이용, 이사) / 이웃(동네 소개) / 초대(생일, 집들이, 결혼식, 모임 초대, 초대 음식) / 방문(방문 예절, 집들이 선물) / 약속(시간과 장소 정하기, 약속하기, 취소, 주말 약속) / 계획(계획 말하기/세우기, 새해, 주말 계획, 여행 계획) / 전화(휴대전화 기능, 좋은 점, 문자메시지, 메모 남기기, 전화번호 묻기, 전화 통화, 전화 약속, 약속 취소) / 교통(교통편, 가는 방법, 환승, 택시기사에게 목적지 정보 묻기, 대중교통 이용, 교통 방송, 택배) / 길 찾기(길 묻기, 길 안내) / 일상생활(일상과 계획) / 인상 묘사(외모, 행동, 복장 묘사, 인상착의, 이상형 묘사, 분실물, 미아 찾기) / 성격(성격 묘사) / 감정(감정 추측하기, 기분, 감정, 축하, 격려) / 날씨와 계절, 기후(고향의 계절과 날씨, 계절활동, 날씨와 관련된 행동) / 공연과 감상(공연 관람 경험) / 특별한 날(돌잔치, 야유회, 설날, 연휴) / 감사와 사과 / 안부와 근황 / 축하, 걱정(결혼, 병 등의 정보 듣고 감정 표현) / 허락(허락 구하기, 거절) / 부탁(응답, 거절) / 취미(취미 문답과 소개) / 개인적 관심사 / 여가 생활(여가 활동과 장소) / 주말(주말 활동 제안 및 약속, 권유, 주말 계획 묻기) / 여행(숙박, 숙소 결정, 여행정보, 여행계획, 예약, 여행경험, 출장 여행, 여행지 추천, 여행 상품, 여름휴가, 기행문) / 지리 정보 / 휴일, 방학

문화	인사말(인사예절) / 나이를 묻는 이유, 한국 나이 / 한국어 호칭법, 친족 호칭, 호칭 확대, 성 씨 / 한국의 가족, 촌수 / 서울, 신라의 옛 수도 경주 /쓰레기 분리 / 병문안 / 한국의 민간요법 / 인삼, 꿀, 보약 /건강 음식(된장..) / 외국인을 위한 유용한 정보 / 한국 대학생 선호 직업 / 낯선 사람에게 말 걸기 / 한 잔 하러 갑시다 / 한국인의 몸짓 언어 / 초, 중등, 대학원 / 책거리 / 방과 후 활동 / 긴급 구조대 119 / 화문석 / 서울의 박물관 /은행(ATM..) / 출입국 관리 사무소 / 공공기관 이용(우체국,.. 세금 납부..) / 외국인등록증 / 공공기관 업무 시간 / 한국의 시장, 재래시장(유명한 곳) / 한국의 돈, 화폐단위 / 현대 의생활, 전통 의상(한복) / 한국의 여자 옷 사이즈 / 소비문화 / 우체국 마크의 의미 / '다음에 밥 한번 먹자' 의미 / 한국의 장맛, 음식(김치 등), 김장 / 상차림, 식기(숟가락, 젓가락) / 한국의 식사 문화(수저 사용...) / 서울의 맛집 골목 / 식사예절 / 예약과 할인 / 한국의 주거문화, 전월세, 하숙, 자취 / 집들이 선물 / 토정비결 / 12간지 / 재미있는 전화번호, 유용한 전화번호 / 서울의 버스 / 지하철, 택시... / 노약자석 / 관상 / 외모를 중시하는 한국인 / 한국의 전통적 미인 / 한국인과 이태리인 날씨와 생활 / 사물놀이 / 설, 추석, 명절과 음식 / 특별한 날 먹는 음식(미역국..) / 돌과 환갑, 집들이 / 특별한 날의 선물 / 한턱내기 / 한국 사람이 '고맙다' 잘 안 하는 이유 / 한국인의 취미(조사 결과) / 높임말, 비언어적 행위 / 격식체 사용 / 등산, 축구, 축제, 야유회 / 인터넷 동호회, 뒤풀이 문화 / 한국 사람들의 문화생활(공연: 대학로...) / 재미있는 지방 축제 / 한국의 숙박 문화(종류와 시설..), 민박 / 한국의 여행지, 한국의 아름다운 섬(홍도..) / 한국의 공휴일 / 한글날, 어린이날, 어버이날, 스승의 날, 석가탄신일, 크리스마스, 성년의 날 / 벚꽃 놀이, 단풍 놀이

3급

주제	인사(모르는 사람과 신입사원, 자기, 동료 소개－고향과 이름, 전공, 기간 및 목적, 취미, 소중한 것) / 인사(자주 못 본 사람에게 안부 인사, 근황설명) / 취미생활(취미생활, 동아리 소개, 여가 생활, 여가활동) / 문화생활(영화) / 박물관 관람(박물관 관람 방법 및 주의 사항) / 일상생활(이사, 이웃에 인사, 편의 시설 이용, 아르바이트 구하기, 수리 요청) / 전화 / 한국생활 / 문제 해결(분실 등) / 이웃(이웃에게 생활에 대한 조언, 쇼핑정보 주고받기) / 건강(건강에 대한 관심, 운동 소개, 건강식, 생활 습관, 건강 상식) / 건강(안부 묻기와 위로, 아프게 된 경위, 증상, 건강관리)/ 약국(병 증세 설명, 약 사기, 민간요법) / 병원(병원 이용하기, 의사에게 증세 말하기, 의사와 상담) / 공연과 감상(공연 안내, 정보, 예매, 관람 소감, 공연 추천) / 사람(친구 소개, 한국인의 특성, 미담 소개, 존경하는 인물) / 외모와 성격(외모와 성격 묘사, 성격의 장·단점, 복장) / 미용실(머리 모양) / 모임 문화(가족 행사, 안부, 환영 모임, 회식 모임) / 초대(선물, 행사 준비, 파티 계획, 행사 초대, 청첩장, 초대장) / 방문(방문예절, 초대－방문 인사법, 홈스테이 선정) / 생활예절(공공장소에서의 생활 예절) / 실수와 사과(실수, 문화차이, 문화충격 경험, 사과) / 실수와 변명(해야 할 일/약속을 못 지킨 실수) / 학교생활(학교생활에서 부탁하기, 학교활동, 반 친구 소개, 야유회 계획, 언어 교환, 고민, 상담, 학과, 도서관 등 정보 묻기, 대답, 전달) / 학습동기(한국어 학습 동기, 자기소개서, 언어교환친구 찾기) / 학교 시설 이용(학교 시설과 이용 안내, 주의사항, 어학당과 기숙사) / 대인관계

	(친구/동료/선후배 관계) / 유학 생활(도서관이용, 강의 수강) / 감정(친구 위로, 결점 감출 수 있는 옷 조언, 방 친구에 대한 불평, 불만) / 부탁과 거절(제안, 친구 설득, 부탁-친구에게, 모르는 사람에게, 이웃에게, 거절-친구 및 윗사람 부탁) / 보고(메모 내용 전달, 신문 기사 내용 전달) / 어제와 오늘(과거 회상, 현재와 과거 비교, 가정, 미래 예측) / 꿈과 현실(꿈 회상하기, 미래생활 추측, 이루지 못한 꿈) / 인생과 선택(존경하는 사람) / 첫인상(면접, 관상) / 집(집의 특징, 집(설비)의 문제점, 집안일) / 문제(생활의 불편, 고장난 물건, 분실 등, 문제와 문제 해결) / 외국생활과 실수(두고 온 물건에 대해 말하기, 전화해서 도움 요청) / 일(일 걱정, 취업 정보, 구직) / 진로와 취업(면접) / 직업 / 직장생활(새 직장에서의 첫인사, 업무, 고민, 휴가, 직장 선택의 기준) / 편지(소포, 우편배달방법) / 공공생활(우체국, 은행, 출입국 관리 사무소 이용) / 은행 이용(환전 및 현금 자동 인출기 사용 등) / 날씨와 계절(기후, 일기예보, 공항안내방송, 날씨와 생활) / 서울(가볼만한 곳, 쇼핑 장소 추천) / 관광(서울의 관광지 추천, 소개, 안내, 서울시티투어버스, 관광 안내소 이용, 관광 코스 추천) / 여행(여행 제안, 여행 계획, 여행 장소, 여행지 정보/매력, 여행 코스, 비행기 표 예매, 여행준비 조언, 기억에 남는 여행 이야기, 문화 체험) / 교통 / 지하철 이용(지하철 예절 및 이용방법 지하철역 소개) / 숙박 / 휴일 / 방학 / 주말 계획(주말 계획 세우기, 주말 약속, 주말 일기) / 예약(식당, 기차, 호텔 예약, 호텔/식당 이용 후기) / 명절(명절 인사, 풍습) / 음식(음식 설명, 주문 및 요청) / 요리(음식의 재료, 조리법, 음식 소개) / 식사 예절(식사 예절 소개와 비교, 상차림) / 쇼핑(전자제품의 문제와 기능, 전자제품 사기, 옷 쇼핑-사람, 상황에 맞는 옷 권유, 옷 살 때 중시하는 것, 홈쇼핑 등, 교환과 환불) / 선물 쇼핑(선물 문화 비교, 알맞은 선물 추천) / 도시생활과 쇼핑(도시-서울생활의 장단점, 옷가게에서 치수에 맞는 옷 찾기) / 분실(물건과 상태 묘사, 분실물 센터 이용) / 소식과 소문 / 송별회(송별회에서 미래 계획, 직업, 꿈 말하기) / 추억(오랜만에 만난 사람과 옛날얘기, 추억 나누기) / 후회와 계획(이번의 아쉬운 점, 금연에 대한 조언, 동료 고민 듣고 위로, 다음의 계획) / 계획·희망(새로운 생활, 계획·결심) / 봉사 / 감사 / 정보(조언 구하기, 조언하기-불면증 친구 등) / 컴퓨터와 인터넷 / 대중매체 / 소식과 정보(뉴스 정보) / 사건, 사고(사건·사고의 원인과 결과, 사고 현장, 경찰에 신고하기-도둑, 뺑소니) / 규칙과 위반(교통위반 변명, 시험불참 사죄) / 재해 / 환경문제 / 남자와 여자(이성 문제, 남녀 차이) / 연애, 결혼(연애·결혼 조건, 연애 경험)
문화	한국인의 여가 활동, 인터넷 동호회, 대학교의 동아리, 등산, 야구, 축구, 찜질방, 노래방, 비디오방, PC방, 특별한 날 먹는 음식(생일-미역국, 합격/이사-떡 등), 한국인의 건강식, 건강에 좋은 한식, 한국인의 사고와 떡, 전통 놀이(연날리기..), 사물놀이, 판소리, 민요, 수필, 농악, 윷놀이, 세종대왕, 모임 문화, 회식문화(뒤풀이, 음주 등), 문화 충격과 실수, 한국의 학교(초, 중등, 대학(원), 학기와 방학), 방과 후 활동, 아르바이트, 언어예절, 대화상대와 인사말, 한국인의 인사 습관, 호칭 확대, 성씨, 높임말, 직장에서의 높임말, 식사 예절, 주도(술 마실 때 예의), 윗사람과의 악수, 한국인에게 나이란, 속담(날씨와 속담, 경제와 속담, 말 관련 속담, 소문과 관련된 속담), '소 잃고 외양간 고친다', 어원, 명사형으로 끝나는 관용 표현, 몸과 관련된 관용표현, 지명과 관련된 관용 표현, 동물 관련 비유 표현, 맛과 관련된 비유적 표현, 색채언어, 색으로 표현하는 감정, 결혼풍

	속과 언어표현, 시험 풍속과 언어표현, 외래어, 사람을 부르는 동작, 몸짓언어, 비문자 언어, 비언어적 행위, 한국인의 별명, 고유어와 한자어, 사투리, 은어, 의성어, 의태어, 감탄어, 한강의 과거와 현재, 현대 의생활, 한국인이 좋아하는 머리 모양, 전통 의상(한복), 한국의 집(온돌), 현대의 주거 형태(아파트, 기숙사, 원룸 등), 전월세, 하숙, 자취, 음식(김치 등), 한국의 장(된장, 고추장, 간장), 기후, 계절, 날씨, 대표적인 24절기와 세시풍속, 야유회, 벚꽃놀이, 단풍놀이, 축제, 한국 사람들의 주말 활동, 소비문화(쇼핑), 쇼핑장소(패션 거리..), 재래시장, 5일장(모란 시장), 홍정과 덤, 숙박 종류와 시설, 유명한 여행지, 여행의 종류(수학여행, 신혼여행 등), 한국 지방의 특징, 움직이는 관광 안내소, 가족형태(맞벌이, 1인 가족 등), 경조사, 맞선, 공공기관 이용(세금 납부 등), 은행(ATM 등), 은행 밖 환전소, 서울의 박물관, 서울 글로벌센터, 도와주세요!(전화번호 안내), 다산콜센터, 퀵서비스, 음식배달, 슈퍼마켓, 약국, 한국 대학생의 달라진 직장 선택의 기준, 직장과 서열 문화, 위계질서, 웰빙, 경제발전의 원동력, 설, 추석, 세계인의 새해 결심, 한국 명절과 음식(송편, 오곡밥..), 달과 소원(추석, 대보름), '한글'은 누가 만들었을까?, 한글날, 삼일절, 광복절, 제헌절, 개천절, 어린이날, 어버이날, 스승의 날, 부처님 오신 날, 크리스마스, 성년의 날, 서울, 부산, 경주, 제주도, 배, 버스전용차선, 지하철노선, 버스 종류, 환승, 교통카드, 명절 때의 기차 예약, 국기(태극기), 인삼, 무궁화, 출입국관리사무소, 외국인 등록증, 눈이 크면 겁이 많다고요?, 혈액형과 성격, 체했을 때 민간요법(손 따기..), 물건을 잃어버리는 꿈의 해몽, 아이구! 지하철에 물건을 놓고 내렸네, 한국 사람이 다 되었다고 느낄 때, 한국의 재미있는 선물 문화, 태안의 기적, 통신생활과 이모티콘

4급

주제	만남과 관계(새학기 시작 소감, 좋은 인간관계 유지 방법) / 나의 생활(사는 곳 소개 및 추천, 삶 돌이켜 보기, 시간 관리 및 계획, 가치 기준) / 인물 소개 / 외모, 복장 / 성격(성격 묘사, 적성, 성격과 환경과의 관계, 성격과 건강과의 관계) / 일상생활(집, 집안일, 집안일에 대한 불만) / 택배(택배회사에 물건 배달 신청) / 아파트 생활(아파트 관리-수리 요청) / 편의 시설(미용실 등 이용시 요구하기) / 식당 정보(맛집 정보 찾기, 맛집 소개 및 추천) / 이사(집 구하기, 집의 조건과 장단점, 포장이사 문의) / 일상의 문제(교환 및 환불, 점원의 계산실수, 피해, 분쟁, 계약시 주의사항, 기계 이상 및 고장 설명, 고객 서비스 센터) / 문제와 해결(물건 반품 요청, 공동생활 문제 해결) / 분실(물건 분실, 잃어버린 비행기 표, 분실물 신고, 신용카드 분실신고) / 연체(전화요금 연체 문의) / 주차(불법 주차된 차 빼 줄 것을 요청, 불법 주차 사과) / 부탁과 거절(부탁하기, 승낙, 거절하기) / 사과(실수와 사과, 사과 편지) / 이웃과 공동체(이웃돕기 행사, 더불어 사는 사회) / 현대 한국의 문화(놀이 문화, 음식 문화, 언어 문화, 여가 생활) / TV와 생활(TV 프로그램 선택, TV의 역기능 최소화) / 문화생활(시, 대중가요) / 여가 / 취미 / 공연과 감상(친구와 뮤지컬 관람, 공연 감상문, 공연 소개, 연극) / 영화(영화 소개 및 추천) / 시간과 변화(생활의 변화, 결혼관-연애/결혼, 감시카메라 문제, 사고방식 변화) / 결혼(결혼에 대한 생각, 자신이 원하는 배우자와 결혼식, 결혼관, 결혼 과정) / 지식과 사회(정보 이용, 컴퓨터와 인터넷, 대중매체, 텔레비전의 영향, 신문) / 미신(징크스,

	금기, 점, 꿈, 네잎 클로버를 2만 개나 딴 사람) / 생활 경제(돈 모으는 방법, 신용 카드, 광고) / 광고(공익광고) / 명절과 축제(명절–설날/추석, 풍습, 새해맞이 행사, 축제, 기념일, 새로운 기념일 문화) / 편리해진 현대 생활(편리한 물건, 첨단 제품, 미래 생활) / 현대인(현대인의 모습–일중독, 물질만능주의, 건강, 의사소통 단절, 소비습관, 현대사회의 경쟁) / 건강(불면증에 대한 충고, 건강 유지법) / 스트레스(스트레스의 원인· 증상·해소방법) / 신체 증상 / 운동 / 음식과 건강(건강을 위해 먹는 음식 추천, 건강에 좋은 음식) / 학교생활(친구, 선후배 관계, 방학, 교육 제도, 유학) / 사건, 사고, 재해(재난과 재해, 피해 상황) / 환경문제(유조선 침몰 뉴스, 쓰레기 종량제 등, 환경 보호 노력 및 사례) / 공공장소(기관) / 쇼핑 / 벼룩시장(중고품 매매, 중고품 광고) / 음식과 요리(김치 담그는 법) / 초대(초대장) / 돌잔치(초대, 선물) / 방문 / 모임 / 교통(지하철역, 버스, 교통카드 사용법, 교통정보 얻기, 편리한 교통 시스템, 지방도로) / 문화 차이(한국 사람들의 생각, 보신탕) / 봉사활동(복지 시설과 봉사 활동, 광고) / 감정 / 감사(감사 표현, 보답, 감사했던 일, 은혜 갚은 동물 이야기) / 날씨와 계절(기후, 계절 타기, 날씨와 생활) / 직장생활(직장 생활, 업무, 회의) / 직업 / 진로와 취업(진로 고민 친구에게 조언, 후회 없는 진로 선택, 면접, 취업준비) / 동료 간 갈등 / 여행(여행의 목적·일정, 여행지, 지리산 여행) / 숙박(숙소 예약) / 여행과 축제(조건에 맞는 여행지와 숙소 추천, 성공적인 축제) / 휴일 / 전화 / 옛날이야기(각 나라의 옛날이야기 비교, 추억의 옛날 놀이) / 추억(어린 시절·학창 시절의 추억) / 한글(여행지의 문자로 인한 어려움) / 한국어를 배운 경험(학습 유형, 조언 부탁) / 언어와 문화(관용 표현, 속담) / 동호회 소개(신입회원 자기소개) / 한국의 이미지 / 발표를 잘 하는 방법 / 고민 / 상담(인터넷 상담, 라디오 상담) / 오늘 일정 / 상대방 설득 / 미래 가정(복권 당첨, 제일 기뻤던 순간) / 행복 / 신화(건국신화) / 역사(에밀레종) / 속담 / 소중한 물건
문화	서울의 외국인 마을, 체질과 성격, 이웃사촌, 한국인의 정, 한국의 말맛, 한국의 가족, 인터넷 예절, 미신, 금기, 한국의 민간 신앙, 한국의 속담에 나타난 경제 의식, 정월대보름, 한식, 단오, 삼복, 칠석, 내 더위 사 가시오, 한국인의 여유, 유행, 현대의 주거 형태(아파트, 기숙사, 원룸 등), 풍수지리, 음식(김치 등, 계절 음식), 음식 궁합, 외국인이 뽑은 맛있는 먹거리 10가지, 소비문화(쇼핑), 온라인 쇼핑몰을 효과적으로 이용하는 방법, 외국인을 위한 벼룩시장, 홍정과 덤, 근검과 절약(자린고비), 유명한 여행지, 한국의 테마 관광, 인터넷 동호회, 응원(붉은 악마), 등산, 야구, 축구, 찜질방, 노래방, 비디오방, PC방, 한국 사람들이 어린 시절에 자주 하는 놀이, 가족형태(맞벌이, 1인 가족 등), 한국인과 TV, 한국 남성의 가사 참여, 출산, 육아, 아르바이트, 위계질서, 회식문화(뒤풀이, 음주, 스트레스 해소를 위한 한국인의 다양한 회식 문화 등), 사랑 받는 신입 사원 3계명, 빨리 빨리 문화, 생활 속의 관용 표현, 한국의 젊은이들이 자주 쓰는 은어·속어, 별명, 알쏭달쏭 인터넷 신조어, 웰빙, 민간요법, 목욕(대중탕), 퀵서비스, 음식배달, 경제 발전의 원동력, 생활 속의 녹색 성장, 점, 관혼상제, 관례, 성인식, 혼례, 결혼준비, 상견례, 결혼식, 함 사세요, 축의금, 경조사, 결혼정보회사, 장례, 제례, 대학입시제도(대학수학능력시험 등), 대안 학교, 책거리, 시대별 인기학과, 한글날, 삼일절, 광복절, 제헌절, 개천절, 신분증명방식, 공공기관 이용, 기후, 서울, 부산, 경주, 제주도, 아리랑, 판소리, 민요, K-POP, 마당놀이, B-BOY, 난타, 인기 한국 영화, 바쁜 한국인들이 문화를 즐기는

	방법, 공연의 거리 대학로, 현대소설, 수필, 경복궁, 숭례문, 기와, 초가, 온돌, 농악, 윷놀이, 태권도, 한국의 전통 무예, 세종대왕, 인삼, 효와 속담, 속담 속의 떡, 동물과 관련된 속담, 무궁화, 도자기, 한국인과 여행, 석굴암, 불국사, 해인사 장경판전, 종묘, 창덕궁, 수원 화성, 경주 역사 유적 지구, 고인돌 유적, 조선왕릉, 한국의 역사마을, 제주 화산섬과 용암동굴, 국가(애국가), 국기(태극기), 한국 남성의 병역 의무, '사랑의 열매'와 한국의 모금 문화, 상부상조의 정신, 품앗이, 외국인 자원봉사 안내 센터, 신문고

5급

주제	가정과 사회(가족 형태의 변화, 주거지의 변화) / 건강과 운동(현대인과 건강, 건강한 생활, 인체와 질병, 증상, 건강에 대한 상담, 운동, 스포츠 경기, 마라톤 대회) / 개인과 공동체(봉사, 국제 봉사활동, 기부, 기부 방법 변화) / 경제와 생활(경제 동향, 경제와 소비생활, 소비자 경제, 소비자 피해, 소비 성향, 소비 형태의 변화, 재테크, 시장의 변화, 경영) / 과학과 기술(생활 속 과학, 과학 상식, 과학 용어, 과학의 발달과 미래, 발명품, 과학 전시회, 인간의 뇌, 동물 복제) / 교육(삶과 배움, 학교생활, 학교 교육, 가르침과 배움, 한국의 교육열, 평생 학습, 유학 생활-각종 정보·문의·상담·안내) / 기후와 계절(일기예보, 날씨와 여행) / 대중문화와 대중매체(대중 매체와 사회, 신문, 방송, 영상매체와 종이매체의 장단점, 한국 영화, 영화배우, 방송 인터뷰) / 민속과 삶(풍습-한국의 결혼 절차, 꿈과 금기-꿈 해몽·금기·꿈의 예지력) / 문화 차이(국가별 문화 상징, 인사말 속의 문화, 언어 표현과 문화 차이, 문화차이 경험, 관념, 손짓·몸짓, 문화상대주의, 전통문화 계승 방법) / 언어와 생활(언어의 역사성-신조어·외래어·유행어, 몸짓언어, 언어와 사회, 언어 학습, 바람직한 대화법, 대화 시작의 전략) / 여행(여행지 추천과 여행 상담, 숙박, 서울의 명소) / 유행(옷차림과 유행, 패션과 경제) / 음식과 문화(요리법, 한국 음식) / 인터넷 이용(인터넷과 사생활, 인터넷의 장단점, 인터넷 정보 검색, 블로그, SNS) / 일상생활과 여가 문화(개인의 취미 생활, 가족과의 취미 생활, 습관, 연애, 유익한 생활 정보, 잘못된 생활 정보, 문제와 해결 방법) / 외모와 성격(외모와 행복의 관계, 성격 유형, 성격과 장단점, 환경과 성격, 성격의 변화) / 자연과 환경(자연과 인간, 환경 파괴와 보호, 숲, 자연친화적인 삶, 캠핑 문화, 환경 보호 활동, 도시와 사람, 도시의 특징, 살기 좋은 도시의 조건) / 직업과 직장(직업관, 직장생활-대화·업무·회식, 진로, 면접과 자기소개서) / 한국과 한국인(한국인의 종교 생활, 한국의 행정구역) / 한국어(한국어 학습의 어려움-높임법·발음, 한국인의 대화법, 호칭과 몸짓 언어, 사자성어와 속담) / 한국 역사의 이해(역사적인 인물, 문화재 해설, 한국의 왕조, 한국 현대사-6·25전쟁과 이산가족 문제·한국의 대통령) / 한국의 문학과 예술(문학-시·수필·소설·전래 동화, 한국의 전통 예술, 미술, 건축, 한국의 아리랑, 예술적 가치, 예술 치료) / 전통과 변화(전통과 현대의 조화, 현대 사회와 개인, 미래 사회, 변화된 사회 모습, 여성과 남성, 의식의 변화, 세계화 과정, 지역 구분·종교·문물 확산)
문화	건강(민간요법, 한의원-보약·침, 생활 체육) / 경제생활(한국 대학생들의 수입과 지출, 소비문화, 재테크, 근검절약-자린고비) / 관혼상제·절기·풍습(출생, 관례-성인식, 장례, 제례, 혼례-결혼 준비·상견례·결혼식·축의금·결혼정보회사, 점, 미신, 금기, 단오,

	삼복, 대보름, 칠석, 3년 상과 49재, 금줄) / 문화(문화 충격과 문화 지체) / 정보화 시대의 문자(한글-훈민정음, 글자의 변화-알파벳·한자·한글) / 직업과 직장(주 5일 근무제, 직업 풍속도, 한국 대학생들이 선호하는 직장) / 한국 사회의 변화(출산과 육아, 가치관의 변화-남존여비의 변화·직업의 변화·미의 기준 변화·결혼관의 변화, 다문화, 국제결혼, 원조 수혜국에서 원조국으로의 변화, 기부, 대중목욕탕, 쓰레기 종량제, 신분 증명 방식, 한국의 행정 구역, 선거와 투표) / 한국어(호칭이나 경어법, 생활의 지혜와 교훈이 담긴 사자성어, 〈미안합니다〉와 〈죄송합니다〉, '우리'의 사용) / 한국의 교육(조기 유학, 사교육 열풍, 대안교육, 평생교육, 대학입시제도-대학 수학 능력 시험) / 한국의 대중문화(K-POP, B-BOY, 난타) / 한국의 문화(도자기-고려청자, 기와, 초가, 온돌, 아리랑, 애국가) / 한국의 역사(고대, 근대, 현대) / 한국의 유명한 여행지(경복궁, 숭례문, 북촌과 서촌, 석굴암, 불국사, 해인사 장경판전, 종묘, 창덕궁, 수원 화성, 경주 역사유적 지구, 고인도 유적, 조선 왕릉, 제주 화산섬과 용암 동굴, 한국의 역사 마을) / 한국의 예술(문학-시〈꽃·나무·말의 힘·서시·승무·진달래꽃〉·수필〈나의 사랑하는 생활〉·근대 소설·현대 소설·전래 동화〈청개구리 이야기·해님 달님·흥부와 놀부〉, 한국인이 사랑하는 애송시, 재미있는 옛 그림) / 한국의 인물(화폐 인물, 역사적 위인, 대통령, 스포츠 스타, 한류 스타) / 한국의 전통놀이와 운동·무술(윷놀이, 강강술래, 마당놀이, 널뛰기, 그네타기, 공기놀이, 닭싸움, 제기차기, 태권도, 씨름) / 한국인(정(情), 한(恨), 화병, 종교 생활, 개성상인, 배움과 선비, 진정한 부자)

6급

주제	건강과 식사(건강 상담, 다이어트 식사법) / 기술 / 미래생활(자동화 사회, 미래형 인간) / 생활 과학 / 교육(대학교육의 필요성, 교육의 가치, 부모의 자녀 교육, 한국·다른 나라의 교육 문제, 평생교육, 학교의 사회적 기능) / 환경문제(환경오염과 환경 보호, 친환경 정책, 자원 고갈과 환경문제) / 공공사안 / 대중매체, 대중문화 / 사회제도 / 봉사 / 미술 / 진로와 취업(진로 상담, 취업면접, 적성) / 언어(한글 창제와 과학성, 한국어의 특징) / 역사와 유래(백제 시대의 유적지, 잘못 알려진 역사) / 언론 / 경영(판매 전략, 경영 전략, 기업의 서비스 개선) / 경제와 생활(취직 준비, 색깔 마케팅) / 종교 / 심리 / 건축(한옥의 냉방 방식, 주거 형태별 특징) / 사회 / 정치 / 문화와 예술(판소리 설명, 한국 문화의 특질, 문화 콘텐츠) / 과학(첨단 과학 기술과 우리의 생활, 동물 복제, 뇌과학) / 성 / 철학, 윤리(전통 윤리, 한국의 철학자) / 법 / 한국의 시와 수필 / 한국의 소설 / 스포츠 / 성공적인 삶(성공한 인물, 성공에 대한 가치관) / 더불어 사는 사회(지역 이기주의, 기업의 사회봉사활동) / 남성과 여성(여성의 경제활동 참여, 성역할) / 바른 선택(선거와 투표, 남북통일) / 가까워지는 세계(경제의 세계화) / 한국인의 생활(한국의 전통 주거문화, 한국의 사상) / 한국의 가족 / 남북의 현실(남북문제, 통일, 언어 차이, 남북한의 차이, 탈북자 등) / 기념일과 공휴일 / 현대인과 도시 생활(바쁜 일상, 바람직한 도시 조건) / 전통과 문화유산(한국 · 세계 문화유산 소개, 전통의 현대화, 무형 문화재) / 한국인의 여가생활(여가 활용, 여가활동의 필요성, 여가의 중요성) / 기업과 사회(기업의 사회공헌과 활동) / 인생관 / 한국인의 의식구조 / 한국의 민주화와 산업화 / 발명과 발견 / 변화하는 사회(사회변화 양상, 사회문제의 원인, 해결방안) / 발표(발표 연습,

	효과적인 발표) / 개인과 사회(재능기부, 사회에 기여한 사례) / 창의적 사고(창의력, 고정관념에서 벗어나기, 발상의 전환) / 한국의 맛과 멋(음식 체험 관광, 향토음식이 발달한 지리적 요인, 서울의 명소) / 한국인의 일생(한국인의 출생, 장례문화)
문화	재테크, 기부, '우리'의 사용, 정(情), 한(恨), 한의원, 보약, 침, 남존여비의 변화(직업의 변화), 미(美)의 기준 변화, 세대별 가치관의 변화, 결혼관의 변화, 기독교, 천주교, 불교, 38선, 비무장지대(DMZ), 햇볕정책, 통일, 남북교류(남북회담, 이산가족, 금강산 관광 등), 원조 주는 나라, 선거, 투표, 현금영수증, 소득공제, 조기유학, 사교육 열풍, 대안교육, 평생교육, 교권 추락, 주5일근무제, 의료보험, 고용보험, 국민연금, 쓰레기 종량제, 군복무, 출산장려정책, 강릉 단오제, 경주 신라 문화제, 남원 춘향제, 여주 도자기 축제, 보령 머드축제, 태백산 해돋이 축제, IT강국, 다문화 국제결혼, 이주 근로자, 환경, 고령화, 저출산, 이혼율, 청년 실업, 자살, 인터넷 중독, 외국인 차별, 전래 동요, 김홍도, 신윤복 등의 그림, 백남준의 비디오 아트, 고대 소설, 근대 소설, 시, 전래동화, 고대, 근대, 현대, 화폐인물, 대통령, 스포츠 스타, 한류 스타, 역사적 위인, 그네타기, 공기놀이, 닭싸움, 제기차기, 씨름, 한국의 기부 문화, 한국의 남성과 여성의 덕목, 한국의 정치제도, 한국의 무술 '택견', 외국인을 위한 배려, 한국의 문화재 보호, 한국인의 종교, 지난 20년간 사라진 것, 조선시대의 신분 제도, 영화 "아름다운 비행", 시인 김광규, 정약용, 1인 기부모금 활동가, 삼국유사, 달라지고 있는 한국인의 인생관, '눈치'로 알아보는 한국인, "꼬부랑 국수 좀 주시라요.", 한국인의 교육열, 시대적 화제작으로 본 한국 사회, 그때 그 시절, 한국의 위대한 발명, 한국 드라마에 이런 것 꼭 있다, 가족계획 표어 변천사

[부록 6] 각종 외국어 시험 유형 및 기능 분류

시험	과업(과제 유형)	번호	자료	대범주	기능	통합 영역	시험 등급	등급	비고
ESPT	Reading Passage • 단락 그대로 읽기	14	한 단락의 글	-	-	읽기		1	
PTE	Read aloud	2	한 단락의 글	-	-	읽기		1	
PTE	Repeat sentence	3	음성	-	-	듣기		1	
TEPS	소리내어 읽기	4	120~140단어 분량의 대화문	-	-	-		1	
TOEIC	문장 읽기	1, 2	읽기 자료 (한 단락 분량)	-	-	-		1	
TEPS	간단한 질문에 답하기	1~3	이름, 기분, 날씨 등에 대한 질문	사교적 활동하기	소개하기	-		1	
TSC, SJPT	자기소개	1(4문항)	지시문 (예: 이름, 직업 등)	사교적 활동하기	소개하기	-		1	
ESPT	Personal Information • 신분, 가족관계, 취미, 특기 등 개인 신상 (What kind of movies do you like?)	5~7	-	사교적 활동하기	소개하기	듣기		1	
G-TELP	Giving personal information: 개인 신상 정보에 관한 표현 능력	PART1 (1~13)	음성	사교적 활동하기	소개하기	듣기		1	
OPIc	자기소개하기	-	-	사교적 활동하기	소개하기	듣기		1	
PTE	Personal Information	1	-	사교적 활동하기	소개하기	읽기		1	
ESPT	Persuading • 상황에 맞게 상대방 설득하기 (You want to go to Australia for a vacation. Explain to your spouse why it's a good place to visit.)	12	-	설득하기와 권고하기	제안하기	듣기		1	
G-TELP	Presenting a solution to a specific problem: 두 사람 간의 의견 차이를 놓고 해결책을 제시할 수 있는 능력	PART10	두 사람의 대화	설득하기와 권고하기	제안하기	듣기		1	
TOEIC	해결책 제안하기	10	문제상황에 대한 음성 파일(예: ATM에서 은행카드를 돌려받을 수 없었다는 전화 통화 상황)	설득하기와 권고하기	제안하기	듣기		1	
OPIc	문제 해결하기 • 누군가에게 전화를 하거나 직접 찾아가서 어떤 문제가 생겼음을 밝히고 그 문제에 대한 해결책이나 대안을 제시할 것을 요구	-	-	설득하기와 권고하기	요구하기	듣기		2	
ESPT	Basic Survival Situation • 상황에 적절한 답을 하기 (You are very unhappy with the poor service you received at a restaurant. What will you say to the manager?)	10~11	-	설득하기와 권고하기	요청하기	듣기		2	

시험	과업(과제 유형)	번호	자료	대범주	기능	통합 영역	시험 등급	등급	비고
TEPS	일상 대화 상황에서 질문에 답하기	5~9	항공권이나 공연, 여행 관련 예약 및 문의에 관한 전화 대화, 질문	정보 요청하기와 정보 전달하기	질문하고 답하기	-		2	
TSC, SJPT	대화완성하기	3(5문항)	사진 또는 그림자료, 샘플 대화 음성 파일(간략한 대답, 상세한 대답 두 가지로 제시), 음성 파일 (예: 우리 산책할까?)	정보 요청하기와 정보 전달하기	질문하고 답하기	-		2	
TSC, SJPT	일상 화제에 대해 설명하기	4(5문항)	샘플 대화 음성 파일(간략한 대답, 상세한 대답 두 가지로 제시), 지시문 (예: 주말에 무엇을 해요?)	정보 요청하기와 정보 전달하기	질문하고 답하기	-		2	
ESPT	Yes/No Question (Are you hungry?)	1~2	-	정보 요청하기와 정보 전달하기	질문하고 답하기	듣기		2	
OPIc	질문 유도하기 • OPIc의 컴퓨터 프로그램 속 평가자인 '지원'이 응시자에게 어떤 주제에 대해 질문을 하라고 요구하면, 그에 맞추어 '지원'에게 다시 질문을 하는 유형 (전화/음성메시지 남기기제가 지금 거주하고 있는 곳에 대해 3~4가지 질문해 보십시오.)	-	-	정보 요청하기와 정보 전달하기	질문하고 답하기	듣기		2	
OPIc	질문 유도하기 • 응시자가 '역할극'을 하면서 역할극 속에 존재하는 가상의 인물에게 질문을 해야 하는 유형 (문자를 보내온 친구에게 전화를 걸어 친구에게 질문하기)	-	-	정보 요청하기와 정보 전달하기	질문하고 답하기	듣기		2	
PTE	Answer short question	6	음성 (그림)	정보 요청하기와 정보 전달하기	질문하고 답하기	듣기		2	
G-TELP	Responding to requests for information about places of interest: 특정 장소를 추천할 수 있는 능력 (일상생활과 관련된 장소 추천하고 정보 제공 1:1 대화 상황가정)	PART7	음성	설득하기와 권고하기	권유하기	듣기		3	
G-TELP	Discussing advantages/disadvantages of two related objects: 두 대상의 장·단점 표현 능력 (각 대상에 대해 2개 이상의 장단점 기술)	PART8	2개의 그림	정보 요청하기와 정보 전달하기	대조하기	듣기		3	채점 대상 아님
G-TELP	Narrating a story from pictures: 주어진 그림을 이용한 이야기 전개 능력	PART4	5컷 그림	정보 요청하기와 정보 전달하기	서술하기	듣기	중급	3	
OPIc	경험 기술하기	-	-	정보 요청하기와 정보 전달하기	서술하기	듣기	중급	3	
OPIc	사건의 순서 기술하기	-	-	정보 요청하기와 정보 전달하기	서술하기	듣기	중급	3	
TOEFL	개인적 선호에 대한 질문	1, 2	지시문	감정 표현하기	선호 표현하기	-	상급	3	

시험	과업(과제 유형)	번호	자료	대범주	기능	통합 영역	시험 등급	등급	비고
TOEIC	개인적 선호에 대한 질문	4~6	지시문(예: 근처에 식료품점이 있는가?, 언제가 식료품점에 가기 가장 좋은 시간인가? 왜 그렇게 생각하는가?	감정 표현하기	선호 표현하기	-	상급	3	
ESPT	Choice Question • 둘 중에 하나 선택하여 답하기 (Do you like being alone or with your friends?)	3~4	-	감정 표현하기	선호 표현하기	듣기		3	
G-TELP	Presenting solutions to complex hypothetical problems: 가상적으로 설정된 위기 상황 대처에 관련된 표현 능력	PART11	그림	설득하기와 권고하기	조언하기/구하기	듣기		3	
G-TELP	Expressing and supporting an opinion: 특정 주제에 대한 자기 의견 표현 능력	PART5	대화	태도 표현하기	동의하기	듣기		4	
TOEIC	사진 묘사	3	사진 자료 1개 (예: 시장에서 저울에 바나나 무게를 재고 있는 사진)	정보 요청하기와 정보 전달하기	묘사하기	-		4	
ESPT	Personal Information • 신분, 가족관계, 취미, 특기 등 개인 신상 (What kind of movies do you like?)	5~7	-	정보 요청하기와 정보 전달하기	묘사하기	듣기		4	
ESPT	Picture Identification • 사진이나 그림 묘사하기 (What is the weather like in this picture?)	8	1컷 사진/그림	정보 요청하기와 정보 전달하기	묘사하기	듣기		4	
ESPT	Situation Response • 주어진 상황을 설명 또는 묘사하기 (Talk about what these people are doing.)	13	동영상	정보 요청하기와 정보 전달하기	묘사하기	듣기		4	
G-TELP	Describing a familiar setting/objects: 특정 배경 또는 대상 묘사 능력	PART2	그림	정보 요청하기와 정보 전달하기	묘사하기	듣기		4	
G-TELP	Describing habitual activities: 일상생활 및 활동에 관한 표현 능력 (자주 가는 음식점과 자주 가는 이유, 취미가 무엇인지 등)	PART3	-	정보 요청하기와 정보 전달하기	묘사하기	듣기		4	
G-TELP	Giving autobiographical detail about a place/event: 자기 체험에 대한 표현 능력 (과거 경험에 대해 이야기, 여행했던 것 중에서 인상에 남았던 곳 등에 대해 묘사하듯 이야기, 1:1 대화 상황 가정)	PART6	음성	정보 요청하기와 정보 전달하기	묘사하기	듣기		4	
OPIc	자신이 여가에 즐겨하는 일 말하기	-	-	정보 요청하기와 정보 전달하기	묘사하기	듣기		4	
OPIc	자신이 미래에 하고 싶은 일에 대해 말하기	-	-	정보 요청하기와 정보 전달하기	묘사하기	듣기		4	
OPIc	가족의 성격과 외모에 대해 묘사하기	-	-	정보 요청하기와 정보 전달하기	묘사하기	듣기		4	

시험	과업(과제 유형)	번호	자료	대범주	기능	통합 영역	시험 등급	등급	비고
OPIc	가족 중 가장 친한 사람에 대해 이야기하기	-	-	정보 요청하기와 정보 전달하기	묘사하기	듣기		4	
OPIc	시간이 날 때 가족이 주로 하는 일 이야기하기	-	-	정보 요청하기와 정보 전달하기	묘사하기	듣기		4	
OPIc	주중과 주말의 활동에 대해 이야기하기	-	-	정보 요청하기와 정보 전달하기	묘사하기	듣기		4	
OPIc	자신이 근무하고 있는 회사 소개하기	-	-	정보 요청하기와 정보 전달하기	묘사하기	듣기		4	
OPIc	자신이 회사에서 주로 하는 업무에 대해 이야기하기	-	-	정보 요청하기와 정보 전달하기	묘사하기	듣기		4	
OPIc	회사의 연혁과 전망 이야기하기	-	-	정보 요청하기와 정보 전달하기	묘사하기	듣기		4	
OPIc	자신이 사는 동네 말하기	-	-	정보 요청하기와 정보 전달하기	묘사하기	듣기		4	
OPIc	자신이 사는 집에 대해 말하기	-	-	정보 요청하기와 정보 전달하기	묘사하기	듣기		4	
OPIc	자신이 강의를 듣는 교실에 대해 말하기	-	-	정보 요청하기와 정보 전달하기	묘사하기	듣기		4	
OPIc	자신이 즐겨 찾는 학교 식당에 대해 말하기	-	-	정보 요청하기와 정보 전달하기	묘사하기	듣기		4	
OPIc	자신의 교수님에 대해 말하기	-	-	정보 요청하기와 정보 전달하기	묘사하기	듣기		4	
OPIc	자신이 자주 사용하는 컴퓨터에 대해 말하기	-	-	정보 요청하기와 정보 전달하기	묘사하기	듣기		4	
OPIc	자신이 사는 곳의 날씨에 대해 말하기	-	-	정보 요청하기와 정보 전달하기	묘사하기	듣기		4	
PTE	Descrie Image	4	1컷 그림	정보 요청하기와 정보 전달하기	묘사하기	듣기		4	
TEPS	그림보고 이야기하기	10	6개의 순차적으로 배열된 그림	정보 요청하기와 정보 전달하기	묘사하기, 서술하기	-		4	
TSC, SJPT	그림보고 질문에 답하기	2(4문항)	사진 또는 그림자료, 질문 음성 파일 (예: 무엇이 보이나요?)	정보 요청하기와 정보 전달하기	묘사하기, 서술하기	-		4	
TSC, SJPT	스토리 구성	7(1문항)	4가지 연속된 그림, 지시문	정보 요청하기와 정보 전달하기	묘사하기, 서술하기	-		4	
TEPS	도표 보고 발표하기	11	표나 도표	정보 요청하기와 정보 전달하기	묘사하기, 서술하기, 비교하고 대조하기	-		4	
G-TELP	Expressing and supporting an opinion: 특정 주제에 대한 자기 의견 표현 능력	PART5	대화	태도 표현하기	반대하기	듣기	초급	4	
ESPT	Basic Survival Situation • 상황에 적절한 답을 하기 (You are very unhappy with the poor service you received at a restaurant. What will you say to the manager?)	10~11	-	감정 표현하기	불평, 불만 표현하기	듣기	초급	4	

시험	과업(과제 유형)	번호	자료	대범주	기능	통합 영역	시험 등급	등급	비고
G-TELP	Discussing advantages/disadvantages of two related objects: 두 대상의 장·단점 표현 능력 (각 대상에 대해 2개 이상의 장단점 기술)	PART8	2개의 그림	정보 요청하기와 정보 전달하기	비교하기	듣기	초급	4	
OPIc	좋아하는 두 음악가나 작곡가 비교해서 말하기	-	-	정보 요청하기와 정보 전달하기	비교하기, 대조하기	듣기	중급	4	
OPIc	지금 이용하는 은행과 과거에 이용했던 은행 차이점 말하기	-	-	정보 요청하기와 정보 전달하기	비교하기, 대조하기	듣기	중급	4	
OPIc	기술의 발전으로 인해 일어난 직장에서의 기술 변화	-	-	정보 요청하기와 정보 전달하기	비교하기, 대조하기	듣기	중급	4	
OPIc	어릴 적에 자주 찾던 장소와 최근에 방문한 곳 비교하기	-	-	정보 요청하기와 정보 전달하기	비교하기, 대조하기	듣기	중급	4	
TSC, SJPT	상황 대응	6(3문항)	그림자료, 지시문 (친구가 한국에 왔습니다. 한국의 사계절을 친구에게 설명해 주십시오)	정보 요청하기와 정보 전달하기	설명하기	-		4	
ESPT	Giving Direction • 제시된 장소에 가는 방법 설명하기	9	약도	정보 요청하기와 정보 전달하기	설명하기	듣기		4	
ESPT	Situation Response • 주어진 상황을 설명 또는 묘사하기 (Talk about what these people are doing.)	13	동영상	정보 요청하기와 정보 전달하기	설명하기	듣기		4	
G-TELP	Giving directions from a map: 지도를 보고 길 안내에 관련된 표현능력 (전화를 통해 상대방이 특정 장소까지 어떻게 가는지를 묻는 것을 듣고 방법 설명하기)	PART9	전화 음성	정보 요청하기와 정보 전달하기	설명하기	듣기		4	
TOEIC	제공된 정보를 사용하여 질문에 답하기(전화통화 상황 가정)	7~9	연회 안내문. 질문 음성 파일	정보요청하기와 정보 전달하기	설명하기	듣기, 읽기		4	
TEPS	의견말하기	12	-	태도 표현하기	의견을 표현하기	-		4	
TOEFL	요약 및 의견 제시하기 (캠퍼스 상황)	5	대화 음성 파일	태도 표현하기	의견을 표현하기	듣기		4	
TOEIC	의견 제시하기	11	음성 지시문	태도 표현하기	의견을 표현하기	듣기		4	
TSC, SJPT	의견 제시하기	5(4문항)	샘플 대화 음성 파일(간략한 대답, 상세한 대답 두 가지로 제시), 지시문 (예: 체중감량에 대해 어떻게 생각하십니까?)	태도 표현하기	의견을 표현하기	-		4	
ESPT	Basic Survival Situation • 상황에 적절한 답을 하기 (You are very unhappy with the poor service you received at a restaurant. What will you say to the manager?)	10~11	-	태도 표현하기	문제 제기하기	듣기		5	
PTE	Re-tell lecture	5	1컷 사진과 강의 음성	정보 요청하기와 정보 전달하기	보고하기	듣기	초급	5	

시험	과업(과제 유형)	번호	자료	대범주	기능	통합 영역	시험 등급	등급	비고
TOEFL	읽고 듣고 답하기(캠퍼스 상황)	3	읽기 자료, 대화 음성 파일	정보 요청하기와 정보 전달하기	진술하기	듣기, 읽기		6	
TOEFL	읽고 듣고 답하기 (학술적 상황, 강의)	4	학술적인 읽기 자료, 강의 음성 파일	정보 요청하기와 정보 전달하기	진술하기	듣기, 읽기		6	
TOEFL	요약하기(학술적 상황, 강의)	6	강의 자료, 강의 음성 파일	정보 요청하기와 정보 전달하기	진술하기	듣기, 읽기		6	

[부록 7] 각종 외국어 시험 안내 사이트 목록

ESPT	ESPT 홈페이지 http://www.espt.org/espt/general_01.aspx
G-TELP	G-TELP 홈페이지 https://www.g-telp.co.kr:335/
JSST	JSST 홈페이지 https://www.alc.co.jp/jsst/
OPIc	OPIc 홈페이지 https://www.opic.or.kr
PTE	PTE 홈페이지 https://pearsonpte.com/
TOEFL	TOEFL 홈페이지 https://www.ets.org/ko/toefl
TOEIC	TOEIC 홈페이지 http://exam.ybmnet.co.kr/toeicswt/introduce/overview.asp
TSC	TSC 홈페이지 http://exam.ybmnet.co.kr/tsc/abo_process.asp
SJPT	http://exam.ybmnet.co.kr/sjpt/abo_feature.asp
TEPS	https://www.teps.or.kr/Info/TepsSpeaking

[부록 8] 채점 편차를 줄이기 위한 동료 평가 문항 예시

제4주 과제 1 활동 순서

좋아하는 한국 스타에게 1) 생일을 축하하는 이메일을 쓰세요(400±40자). 2) 자신을 소개하고 3) 왜 그 스타를 좋아하는지를 설명하고 4) 또 다른 하고 싶은 이야기도 쓰세요.

순서 1 과제 이해

제3주 읽기 자료인 **애슐리 이야기**를 다시 한 번 읽으십시오.(한류 스타를 좋아하는 프랑스 여대생 이야기, 한국의 팬카페에 가입하여 한국 팬들의 다양한 활동에 대해 정보를 얻고 스타의 생일이나 가족사, 입대 등의 사건이 있을 때 적극적인 표현 행위를 하는 팬들을 부러워하며 자신도 그러한 표현을 해 보고 싶어서 한국어를 배우고 있다는 내용. 페이지 하단에 스타가 병이 나거나 상을 당했을 때 팬들의 활동을 다룬 기사 등 한국 팬들의 다양한 팬 활동을 소개하는 기사 링크를 첨부한다. 유명 한류 스타의 공식 팬카페 링크도 소개한다. 한류 스타들의 생일을 조사해서 소개한다.)

순서 2 초고 쓰기

생일을 축하하는 이메일에 필요한 내용을 써 넣어서 메일을 완성하세요.

받는 사람	
보내는 사람	
제　　목	

순서 3 평가 준거 학습

이메일이 어떻게 평가될지, 여러분은 친구가 쓴 이메일을 어떻게 평가할지 알아봅시다.

이 과제는 동료 평가로 진행됩니다. 여러분이 쓴 이메일은 3명의 동료가 평가해 줄 것입니다. 여러분 역시 다른 3명이 작성한 이메일을 평가해야 합니다. 아래에 2개의 이메일 〈보기〉 자료가 있습니다. 읽고 점수를 주세요. 정확하게 평가하는 연습을 해 봅시다.

〈보기 1〉

샘플 글

과제 수행

1. 생일 축하 이메일입니까?

○	아니오	(0점)
○	네	(1점)

2. 글자 수가 400±40자로 쓰였습니까?

○	아니오	(0점)
○	네	(1점)

내용 전개

3. 편지를 받는 사람과 보내는 사람, 제목의 내용을 잘 썼습니까?

○	하나 이상 안 쓴 것이 있다.	(0점)
○	쓰기는 썼지만 내용에 맞지 않는다.	(1점)
○	모두 썼고 내용과 잘 어울린다.	(2점)

4. 자신을 소개하는 내용이 있습니까?

○	자신을 소개하는 내용이 전혀 없다.	(0점)
○	자신을 1문장으로 간단히 소개하였다.	(1점)

○	자신을 2문장 이상으로 잘 소개하였다.	(2점)

5. 왜 그 스타를 좋아하는지 설명했습니까?

○	이유를 설명하는 내용이 전혀 없다.	(0점)
○	이유를 1문장으로 간단히 설명하였다.	(1점)
○	이유를 2문장 이상으로 잘 설명하였다.	(2점)

6. 또 다른 하고 싶은 이야기를 썼습니까?

○	다른 이야기가 전혀 없다.	(0점)
○	다른 이야기를 1문장으로 간단히 썼다.	(1점)
○	다른 이야기를 2문장 이상으로 충분히 썼다.	(2점)

7. 편지를 받는 사람이 한류 스타입니까?

○	받는 사람의 직업을 전혀 알 수 없다.	(0점)
○	받는 사람이 한류 스타인지 확실하지 않다.	(1점)
○	받는 사람은 한류 스타이다.	(2점)

8. 첫인사와 마지막 인사가 있습니까?

○	인사하는 내용이 전혀 없다.	(0점)
○	처음과 마지막 인사 가운데 하나가 부족하다.	(1점)
○	첫인사와 마지막 인사가 모두 있다.	(2점)

어휘의 정확성

9. 맞춤법과 어휘가 정확하게 쓰였습니까?

○	여러 군데 정확하지 않아 내용을 이해하기 어렵다.	(0점)
○	잘못 쓰인 데가 있지만 내용은 이해할 수 있다.	(1점)
○	맞춤법과 어휘 표현에 틀린 데가 거의 없다.	(2점)

문법과 문체

10. 문법이 정확하게 쓰였습니까?

○	여러 군데 정확하지 않아 내용을 이해하기 어렵다.	(0점)

○	잘못 쓰인 데가 있지만 내용은 이해할 수 있다.	(1점)

○	문법이 틀린 데가 거의 없다.	(2점)

11. 편지 내용의 변화에 따라서 문장의 길이를 다양하게 썼습니까?

○	문장의 길이가 모두 너무 짧거나 모두 너무 길다.	(0점)

○	문장의 길이를 다양하게 쓰려고 노력한 곳이 있다.	(1점)

○	편지 내용에 알맞게 문장의 길이를 다양하게 썼다.	(2점)

정답을 보여 주세요.

*〈보기 1〉의 글을 교사가 평가한 정·오답 결과를 보여주고 설명을 덧붙인다. 〈보기 2〉와 〈보기 3〉에는 〈보기 1〉과 다른 수준의 사례를 제시하고 동일한 평가 준거로 연습시켜서 이 과정에서 학습자가 평가 준거를 내면화하게 한다.

순서 4 과제 제출

동료 평가를 받기 위하여 여러분이 쓴 생일 축하 이메일을 제출하세요.

초고를 충분히 수정했으면 아래 답안 난에 써 넣고 제출하세요.

순서 5 동료 평가

친구가 쓴 이메일 3개를 평가하세요. 꼼꼼히 읽고 평가 문항마다 점수를 주면 됩니다. 그리고 제일 아래 빈 칸에는 친구가 한국말로 편지를 잘 쓸 수 있게 도움이 되는 말을 써 주세요.

친구의 이메일을 어떻게 평가해야 할지 잘 모르겠으면 앞 페이지의 평가 연습들을 다시 한 번 해 보세요. 다음 페이지에 소개된 평가 준거를 읽어 보는 것도 도움이 될 것입니다.

[부록 9] 연세온라인한국어평가 문항 삽화 등장인물

no	구분	이름	성별	나이	국적	직업	머리	눈동자	피부	기타 정보
1	내국인	강유나	여	38	한국	주부, 한국어강사	진갈색	검정	밝은	자녀(14세 딸, 7세 아들), 배우자(이지훈)
2	내국인	이지훈	남	40	한국	은행원	검정	검정	약간 어두운	강유나의 배우자
3	내국인	이수지	여	14	한국	중학생	검정	검정	밝은	이지훈, 강유나의 자녀
4	내국인	이지민	남	7	한국	유치원생	검정	검정	약간 어두운	이지훈, 강유나의 자녀
5	내국인	할아버지	남	65	한국	의사	은회색	검정	약간 어두운	강유나의 아버지
6	내국인	할머니	여	65	한국	전직 초등 교사	반백	검정	밝은	강유나의 어머니
7	내국인	정하늘	남	35	한국	회사원	밝은 갈색	밝은 갈색	밝은	강유나 옆집 사람, 이지훈 직장 동료
8	내국인	박민준	남	15	한국	중학생	검정	검정	약간 어두운	이수지의 학교 선배
9	내국인	남2	남	30	한국	은행 청원경찰	검정	검정		은행 청원경찰, 유니폼
10	내국인	남3	남	32	한국	한국어강사	검정	검정		정장, 미술관 방문, 유나의 직장동료
11	내국인	남4	남	35	한국	우체국 직원	검정	검정		우체국 직원, 유니폼, 명찰
12	내국인	여1	여	26	한국	미술관 직원	검정	검정		미술관 여직원, 유니폼, 명찰
13	내국인	여2	여	24	한국	백화점 판매원	검정	검정		백화점 판매원, 유니폼, 명찰
14	외국인	탕 샤오	여	30	중국	중국 식당 주인	분홍색	진갈색	밝은	강유나 동네 맛집 주인
15	외국인	앨리스	여	25	미국	학생	노랑	파랑		
16	외국인	에릭	남	23	영국	학생	노랑	파랑		강유나의 학생
17	외국인	흐엉	여	28	베트남	학생	보라색	검정	약간 어두운	강유나의 학생
18	외국인	마리아	여	23	브라질	학생	빨강, 긴머리	검정	약간 어두운	에릭의 여자친구, 한국대학교 대학생

지은이 소개

김성숙 연세대학교 국어국문학과 박사
전 한양대학교 창의융합교육원 조교수
연세대학교 언어연구교육원 한국어학당 교수

〈저서 및 논문 외〉

- 한국어 논리와 논술(연세대학교 대학출판문화원)
- 한국어 표현 교육의 이론과 실제(경진출판)
- 새 연세한국어 3 말하기와 쓰기(공저, 연세대학교 대학출판문화원)
- 윤동주와 배우는 한국 시 앱 개발(http://korean-literature.com)
- 한국어 숙달도에 대한 올인원 진단 모형 개발(2020) 외 다수

정여훈 연세대학교 국어국문학과 박사
연세대학교 언어연구교육원 한국어학당 교수

〈저서 및 논문 외〉

- 새 연세한국어 말하기와 쓰기 2(공저, 연세대학교 대학출판문화원)
- 새 연세한국어 어휘와 문법 교사용 지침서 5(공저, 연세대학교 대학출판문화원)
- 의사소통 능력 향상을 위한 한국어 초급 표현 교재 개발의 원리와 실제(2020)
- 한국어 학습 목적에 따른 단기 한국어 교육 과정 비교 연구(2020)
- 한국어 중급 교재 문법 설명에서의 화용 정보 기술에 대한 연구(2021) 외 다수

조인옥 연세대학교 국어국문학과 박사
연세대학교 언어연구교육원 한국어학당 교수

〈저서 및 논문 외〉

- 외국인 학습자를 위한 한국문화교실(공저, 보고사)
- 대학 강의 수강을 위한 한국어 말하기, 듣기, 쓰기, 읽기 중급 1(공저, 연세대학교 대학출판문화원)
- 새 연세한국어 듣기와 읽기 3(공저, 연세대학교 대학출판문화원)
- 메타분석을 통한 한국어 교수법 효과 분석(2018)
- 학습자 말뭉치에 기반한 문법 오류 수정 방식 분석(2022) 외 다수

한상미 연세대학교 국어국문학과 박사
전 연세대학교 언어연구교육원 한국어학당 교수
연세대학교 한국어학당 교학부장, 이중언어학회 부회장, 문화체육관광부 국어심의회 위원 역임

〈저서 및 논문 외〉

- 한국어 학습자의 의사소통문제 연구(커뮤니케이션북스)
- 한국어 말하기 평가론(공저, 경진출판)
- 새 연세한국어 어휘와 문법 2(공저, 연세대학교 대학출판문화원)
- Coursera MOOC 한국어 강좌 'Learn to Speak Korean 1' 책임 개발 및 강의
- 온라인 한국어 교육 콘텐츠 개발의 구성원리(2022) 외 다수

한국어 쓰기 평가론

한국어 교원을 위한 쓰기 숙달도 평가 안내서

1판 1쇄 인쇄_2025년 01월 01일
1판 1쇄 발행_2025년 01월 10일

지은이_김성숙·정여훈·조인옥·한상미
펴낸이_양정섭

펴낸곳_경진출판
등록_제2010-000004호
이메일_mykyungjin@daum.net
스마트스토어_https://smartstore.naver.com/kyungjinpub
사업장주소_서울특별시 금천구 시흥대로 57길 17(시흥동) 영광빌딩 203호
전화_070-7550-7776 **팩스**_02-806-7282

값 20,000원
ISBN 979-11-93985-44-1 93710